ライブラリ 会計学 15講-⑦

国際会計論 15講

西川 郁生 編著

樋口 尚文・井上 修・木村 太一・澤井 康毅
布施 伸章・福澤 恵二・小津 稚加子 著

Fifteen
Lectures on
Accounting

新世社

「ライブラリ 会計学 15 講」編者のことば

「21 世紀も 20 年が過ぎ，経済社会の変化や IT 技術の進化の影響から，会計学は新たな進展をみせており，こうした状況を捉え，これからの会計学の学修に向け，柱となる基礎科目について，これだけは確実に理解しておきたいという必須の内容をまとめたテキストと，そうした理解をもとにさらに詳しく斯学の発展科目を学んでゆく道案内となるテキストの両者を体系的に刊行する，というコンセプトから企画した」と新世社編集部企画者のいうこの「ライブラリ 会計学 15 講」は以下のように構成されている。

『簿記論 15 講』
『財務会計論 15 講——基礎篇』
『管理会計論 15 講』
『原価計算論 15 講』
『会計史 15 講』
『財務会計論 15 講——上級篇』
『国際会計論 15 講』
『会計監査論 15 講』
『経営分析論 15 講』
『非営利会計論 15 講』
『税務会計論 15 講』

この手の叢書は，諸般の事情（？）により，必ずしも予定通りに全巻が刊行されるとは限らないため，最初に全巻を紹介してしまうことは，あとで恥を掻く虞がある，という意味において賢明ではないかもしれないが，しかし，あえて明示することとした。

閑話休題。各巻の担い手については最適任の方にお願いしたが，大半の方（？）にご快諾いただくことができ，洵に有り難く思っている。

上掲の全 11 巻の構成は会計学における体系性に鑑みてこれがもたらされたが，ただしまた，あえていえば，各氏には本叢書の全体像には余り意を用いることなく，能う限り個性的な作品を仕上げていただきたく，期待させていただいた。個性的な作品，すなわち一冊の書として存在意義のある作品を期待させていただくことのできる諸氏を選ばせていただき，お願いした，といったほうがよいかもしれない。

時を経て，ここに期待通りの，といったら僭越ながら，正に期待通りの作品をお寄せいただくことができ，その巻頭にこの「編者のことば」を載せることができ，洵に嬉しい。

友岡　賛

はしがき

　大学において会計を学ぶ際に,「国際会計」の知識を習得することは避けて通れなくなっている。時代の要請といえるかもしれない。その一方で, 国際会計という言葉は昔からあるが, その意味は変わってきている。従前日本では米国会計基準（USGAAP）の基本が, 国際会計という名で教えられる時代があった。米国会計基準は世界の会計基準を長くリードし, 米国企業は米国基準のまま世界中で資金調達できる。ただ, USGAAP は, 米国企業のために米国人によって作られるローカル基準という性格を持つものである。

　それに比べると, 最近台頭してきた IFRS 会計基準はもともと世界各国の多くの企業に使用されることを目的として, 国際会計基準審議会（IASB）のボード・メンバーを世界各国から集めて開発されている。そして日本の開示制度の下でも, 国内の上場企業などが連結財務諸表を作成する際に, 日本基準に代えて任意に選択できる会計基準となっている。

　そのため, 本テキストでは記述の大半を IFRS 会計基準の考え方や内容を紹介するものとなっている。ただ, 日本で学ぶ学生のためのテキストである以上, 日本基準との比較が学生の理解に資する場合は, それを紹介することとしている。同様に USGAAP との比較に言及する場合もある。実はこれらの基準は, コンバージェンス（収斂）を標榜して基準を近づける作業を進めてきたものである。IFRS 基準, 日本基準, USGAAP の差異は少なくなってきているからこそ, それぞれの差異の意味を考えることは, 知見を深める意味で有用である。

　近年, 国際会計の講義が日本国内の多くの大学のカリキュラムに組み込まれるようになっている。ただ, 現在のところ, 国際会計の定番の教科書があるようにも思えない。本テキストはわかりやすさを追求することで, 定番の教科書たることを目標に執筆を進めてきた。本テキストが国際会計に興味を

持つ学生にとって真に有益な書籍となることを，祈念するものである。

　本書の編纂は慶應義塾大学友岡 賛教授（現名誉教授）に依頼された。引き受けた以上，質の高いテキストを作るしかないと肚をくくった私は，7人の学識経験者，基準作成経験者，実務家に執筆をお願いした。分担は適材適所を心掛けた。執筆者の皆さんが多忙な中で尽力してくださったことに心から感謝する次第である。加えて樋口尚文氏，小津稚加子氏においては編集の負荷を一部分担してくださった。大変ありがたく，助けられた。

　最後に株式会社新世社編集部の御園生晴彦氏及び谷口雅彦氏の激励と緻密な作業なしには本書の完成は見られなかったと思う。改めて深く感謝申し上げたい。

　　2024 年 8 月

　　　　　　　　　　　　　　　　　　　　編著者　西川　郁生

目　次

第 **1** 講　IFRS 会計基準と概念フレームワーク（FW）　1

1.1　IFRS 開発の枠組み…………………………………………………………… 2

1.2　IFRS の適用………………………………………………………………………… 5

1.3　概念フレームワーク（FW）とは何か？ …………………………………… 7

1.4　FW 第 1 章　財務報告の目的 ……………………………………………… 8

1.5　FW 第 2 章　有用な財務情報の質的特性 ………………………………… 10

1.6　FW 第 3 章　財務諸表と報告企業 ………………………………………… 13

1.7　FW 第 4 章　財務諸表の構成要素 ………………………………………… 14

1.8　FW 第 5 章　認識及び認識の中止 ………………………………………… 15

1.9　FW 第 6 章　測定 …………………………………………………………… 17

1.10　FW 第 7 章　表示及び開示 ……………………………………………… 18

1.11　FW に記載のない概念　原則主義………………………………………… 19

練習問題　20

第 **2** 講　財務諸表の表示〜基本財務諸表〜　21

2.1　財務諸表の使われ方と入手方法 …………………………………………… 22

2.2　財務諸表の構成 ……………………………………………………………… 23

2.3　損益計算書及び包括利益計算書（財務業績の計算書）………… 26

2.4　財政状態計算書 ……………………………………………………………… 31

2.5　持分変動計算書 ……………………………………………………………… 33

2.6　キャッシュ・フロー計算書 ………………………………………………… 33

iv　目　次

2.7	期中財務報告 ……………………………………………………………	37
	練習問題　37	

第**3**講　財務諸表の表示
〜非継続事業，事業セグメント，後発事象と作成の基礎〜　39

3.1	非継続事業の区分表示（IFRS5）…………………………………………	40
3.2	事業セグメント（IFRS8）…………………………………………………	42
3.3	後発事象（IAS10）…………………………………………………………	49
3.4	財務諸表作成の基礎（IAS8）……………………………………………	51
	練習問題　57	

第**4**講　顧客との契約から生じる収益　59

4.1	はじめに ……………………………………………………………………	60
4.2	基礎の確認 …………………………………………………………………	61
4.3	収益認識のための5つのステップ ………………………………………	64
	練習問題　75	

第**5**講　棚卸資産　78

5.1	工事進行基準 ………………………………………………………………	79
5.2	返品権 ………………………………………………………………………	83
5.3	棚卸資産の定義 ……………………………………………………………	85
5.4	棚卸資産の測定 ……………………………………………………………	85
	練習問題　90	

第**6**講　固定資産〜有形固定資産，リースなど〜　91

6.1	有形固定資産（IAS16）……………………………………………………	92

目　次　v

6.2 投資不動産（IAS40） ··· 97

6.3 リース（IFRS16） ·· 98

6.4 売却目的で保有する非流動資産（IFRS5） ····················· 105

　練習問題　107

第**7**講　固定資産～無形資産と減損～　109

7.1 無形資産 ·· 110

7.2 減　損 ·· 115

　練習問題　125

第**8**講　引当金と法人所得税　127

8.1 引当金の定義 ·· 128

8.2 引当金の認識 ·· 128

8.3 偶発負債と偶発資産 ·· 130

8.4 引当金の測定 ·· 131

8.5 リストラクチャリング ··· 135

8.6 税金費用 ·· 136

8.7 一時差異の性質 ··· 138

8.8 税務上の繰越欠損金 ·· 139

8.9 税金費用と繰延税金の測定 ··· 140

　練習問題　141

第**9**講　退職後給付とストック・オプション　143

9.1 はじめに ·· 144

9.2 退職後給付①——退職給付制度の概要と確定拠出制度における
　　　会計処理 ·· 145

vi 目 次

9.3 退職後給付②——確定給付制度における会計処理 ……………… 146

9.4 ストック・オプション①——定義と会計処理の位置づけ ……… 155

9.5 ストック・オプション②——基本的な考え方と会計処理 ……… 156

練習問題 161

第 **10** 講 金融商品～分類・測定と減損～ 163

10.1 金融資産及び金融負債の定義 ……………………………………… 164

10.2 金融資産の分類・測定 ……………………………………………… 165

10.3 金融負債の分類・測定 ……………………………………………… 171

10.4 金融資産の減損の概要 ……………………………………………… 172

練習問題 179

第 **11** 講 金融商品～認識の中止とヘッジ会計～ 181

11.1 認識の中止 …………………………………………………………… 182

11.2 ヘッジ会計 …………………………………………………………… 188

練習問題 197

第 **12** 講 公正価値測定と外貨換算 198

12.1 公正価値測定 ………………………………………………………… 199

12.2 外貨換算 ……………………………………………………………… 204

練習問題 210

第 **13** 講 企業結合 212

13.1 IFRS 第 3 号「企業結合」の適用範囲 ………………………… 213

13.2 取得法の概要 ………………………………………………………… 214

目 次　vii

13.3 取得企業の識別 ………………………………… 215

13.4 取得日の決定 ……………………………………… 217

13.5 移転された対価 …………………………………… 217

13.6 識別可能な取得した資産，引き受けた負債の認識及び測定　218

13.7 非支配持分の認識と測定 ………………………… 221

13.8 のれんまたは割安購入益の認識及び測定 ……… 222

13.9 測定期間 …………………………………………… 225

13.10 何が企業結合取引の一部であるかの判定 ……… 226

13.11 段階的に達成される企業結合 …………………… 227

13.12 事後（企業結合日後）の測定及び会計処理 …… 227

13.13 開　示 ……………………………………………… 229

　　練習問題　　231

第 **14** 講　連結財務諸表と持分法　　　　　232

14.1 連結財務諸表の作成 ……………………………… 234

14.2 子会社の判定（連結の範囲） …………………… 235

14.3 連結手続き（会計処理） ………………………… 237

14.4 投資企業の例外 …………………………………… 241

14.5 持分法 ……………………………………………… 242

14.6 共同支配の取決め ………………………………… 244

14.7 グループ会計の開示 ……………………………… 247

　　練習問題　　248

第 **15** 講　初度適用，関連当事者についての開示，
　　1 株当たり利益など　　　　　249

15.1 IFRS 第 1 号「国際財務報告基準の初度適用」 ………… 250

15.2 IAS 第 24 号「関連当事者についての開示」 …………… 254

15.3 IAS 第 33 号「1 株当たり利益」 ……………………… 256

viii　目　次

15.4　中小企業向け国際財務報告基準 ……………………………… 258

15.5　IFRS サステナビリティ開示基準 ……………………………… 262

練習問題　266

参考文献…………………………………………………………………… 267

索　引…………………………………………………………………… 269

＊各講末の練習問題の解答は，新世社ホームページ（https://www.saiensu.co.jp）か
らダウンロードできる（本書紹介ページより「サポート情報」欄を参照）。

❖コラム一覧 ──────────────────────────

コラム 1.1　FW と憲法（7）

コラム 1.2　経営者の役割と投資家の役割（9）

コラム 1.3　受託責任を財務報告の目的に含めなかった理由（9）

コラム 1.4　信頼性から忠実な表現への変更（11）

コラム 1.5　慎重性の意義（12）

コラム 1.6　検証可能性の役割（12）

コラム 1.7　経済的単一体説と親会社説（13）

コラム 1.8　資産負債アプローチ（15）

コラム 1.9　定義と認識基準（16）

コラム 1.10　その他の包括利益のリサイクリング（19）

コラム 1.11　原則主義 vs. 細則主義（19）

コラム 2.1　2024 年の IFRS 第 18 号の公表（29）

コラム 2.2　その他の包括利益の表示（米国会計基準との比較）（30）

コラム 2.3　正常営業循環期間（32）

コラム 2.4　直接法と間接法（35）

コラム 4.1　見積りの不確実性と変動対価（71）

コラム 5.1　後入先出法（87）

コラム 5.2　米国と日本の低価法（88）

コラム 6.1　減価償却方法の位置づけ（日本基準との比較）（96）

目 次　ix

コラム 6.2　リース取引のオンバランス化が実務に与える影響（104）

コラム 6.3　貸手の会計処理（105）

コラム 7.1　IASB におけるのれんの会計処理に関する検討状況（122）

コラム 8.1　米国と日本の引当金認識要件（130）

コラム 8.2　企業結合に伴うリストラクチャリングの会計処理（136）

コラム 9.1　過去勤務費用（154）

コラム 9.2　本源的価値と時間価値（160）

コラム 10.1　企業のビジネスモデル（167）

コラム 10.2　IFRS 第 9 号と日本基準の構造の違い（170）

コラム 10.3　金融負債に対する公正価値オプションの適用（172）

コラム 10.4　実効金利法（176）

コラム 10.5　発生損失モデルと予想損失モデル（178）

コラム 11.1　リスクと経済価値の移転（185）

コラム 11.2　譲受人が自由に売却できるかの判断（187）

コラム 11.3　固定・変動利付債券とヘッジ（193）

コラム 11.4　ヘッジの非有効部分の会計処理（196）

コラム 12.1　非金融資産への適用（最有効使用）（200）

コラム 12.2　在外営業活動体に対する純投資のヘッジ（209）

コラム 13.1　IASB におけるのれんの会計処理に関する検討状況（223）

コラム 14.1　実務上不可能（238）

コラム 14.2　投資企業（242）

コラム 15.1　財務報告のコストと便益（254）

コラム 15.2　関連当事者についての開示とアームズレングスの原則（255）

コラム 15.3　「関連当事者についての開示」作成の背景（255）

コラム 15.4　希薄化（257）

コラム 15.5　IAS 第 33 号「1 株当たり利益」と日本基準の違い（257）

コラム 15.6　マテリアリティ（263）

コラム 15.7　EU と日本におけるサステナビリティ開示の動向（264）

コラム 15.8　IASB 議長のスピーチ（264）

凡　例

■本テキストにおける IFRS のアップデートについて

　本テキストでは原則として 2024 年 7 月時点までの IFRS の公表，改訂，修正を織り込んでいる。

■基準書等の表記の意味について（例）

表記		意味
• IFRS9.5, 6-8, 10	→	IFRS 第 9 号第 5 項，第 6 項から第 8 項，第 10 項
• IFRS9.5.5.17	→	下線部のように項以下にピリオドで番号が続く場合，項より下層の呼称はないが，項から順に階層が下がっていく。
• IFRS15.BC40	→	IFRS 第 15 号結論の根拠第 40 項
• IFRS15.B4	→	IFRS 第 15 号付録 B 第 4 項
• IFRS S1	→	IFRS サステナビリティ開示基準第 1 号
• IAS7.10	→	IAS 第 7 号第 10 項
• FW.4.26	→	概念フレームワーク第 4 章第 26 項

　なお，本文中では IFRS 第 9 号のように原則として日本語の表記を用いている。IFRS サステナビリティ開示基準については本文中では IFRS S1 号などとし，第と S を並べる違和感を避けた。

■本テキストにおける用語の表記について

　日本の会計で用いられる用語と IFRS で用いられる用語の訳語が異なる場合がある。本テキストではそのような場合，考え方を統一して執筆者間の意思統一をしている。

- 「当期純利益」は日本の会計用語であるが，IFRS の訳語では損益計算書上の科目名で「当期利益」，文中の説明では「純損益」を用いることが多い。これらは全く同一の意味を持つものと解している。本テキストでは「当期利益」と「純損益」を使い分けることとした。

- 日本では「非支配株主持分」と呼ぶのに対し，IFRS では「非支配持分」としている。本テキストでは「非支配持分」に統一した。

- 日本では財務諸表の 1 つである「キャッシュ・フロー計算書」には中黒を付けることとなっている。このことから IFRS 適用企業も同様の扱いをしている。本テキストでも，「キャッシュ・フロー計算書」については同様の表記とすることとしている。一方で，計算書の名称で用いる場合以外は，1 ワードとして使っている場合が多いので「キャッシュフロー」「キャッシュインフロー」「キャッシュフローヘッジ」など中黒なしで使用している。

第1講

IFRS 会計基準と
概念フレームワーク（FW）

●学習のポイント

　本講では，IFRS 会計基準[1] の開発の枠組みと適用について概観する。概念フレームワーク（Conceptual Framework，以下本講では FW と略す）の目的に触れた後，FW を通じて IFRS の基本的な考え方を学ぶ。FW 第 1 章「財務報告の目的」では開示制度における財務報告が果たすべき役割を理解する。第 2 章「有用な財務情報の質的特性」では，財務報告の目的を達成するための情報のあり方を理解する。第 4 章「財務諸表の構成要素」では各構成要素の定義の関係性を理解する。第 5 章「認識と認識の中止」は定義を満たす項目の認識規準と認識の中止を理解する。第 6 章「測定」では財務諸表で利用される測定基礎の分類を理解する。第 7 章「表示及び開示」では純損益について考える。

●キーワード

IFRS 財団，IASB，IFRS，概念フレームワーク，意思決定有用性，受託責任，目的適合性（関連性），忠実な表現，慎重性，検証可能性，資産・負債・資本，収益・費用，歴史的原価，公正価値，使用価値，現在原価，包括利益，純損益

---

[1] IFRS（International Financial Reporting Standards）は一般的に「国際財務報告基準」と邦訳されている。ただし，日本の制度（財務諸表等規則や企業会計審議会の意見書など）では IASC（International Accounting Standards Committee，国際会計基準委員会）時代から用いられている「国際会計基準」が引き続き使われている。2 つの訳語は同じものを指している。IASB（International Accounting Standards Board，国際会計基準審議会）の前身である IASC が開発し，IASB が発足時に受け継いだ IAS（International Accounting Standards，国際会計基準）と，その後に IASB 自身が開発した IFRS とあわせた基準全体の呼称が IFRS である。

　なお，2021 年，IFRS 財団は内部に ISSB（国際サステナビリティ基準審議会）を設置し，新たに IFRS サステナビリティ開示基準を開発することとなった。それにより 2 種類の IFRS が存在することとなり，従来の IFRS は IFRS 会計基準と呼ばれることとなった。本テキストでは，断りのない限り IFRS という用語を IFRS 会計基準の意味で用いる。

2　第 1 講　IFRS 会計基準と概念フレームワーク（FW）

● 検討する公表文書 ―――――――――――――――――――――――――

「概念フレームワーク」

1.1　IFRS 開発の枠組み

1.1.1　IFRS 財団の組織

　IFRS 会計基準は IFRS 財団の内部機関である IASB（国際会計基準審議会）によって開発される。2001 年に設立された IFRS 財団（設立当初は IASC Foundation（国際会計基準委員会財団）と称された）は，内部に評議員会，モニタリングボード，IASB，IFRS 解釈指針委員会，IFRS 諮問会議を有している。

　IFRS 財団の運営にあたる評議員会は，資金調達，予算承認，IASB 等のメンバーの任命などを行っている。モニタリングボードは，規制当局から構成されるもので評議員会を監視し，評議員の選任の承認を行う。

　IFRS 解釈指針委員会は会計基準の解釈指針を公表している。IFRS 諮問会議は幅広く評議員会，IASB に助言を行う。

　また，定款にはないが，各国の会計基準設定主体等からの助言を受ける会計基準アドバイザリーフォーラムがある。

1.1.2　IFRS とデュープロセス

　会計基準の信頼性を担保するものとして開発改正プロセスにおける手続きの公正性が求められる。IFRS におけるデュープロセスの原則は，透明性，十分で公正な協議，説明責任からなる。

　実際の基準開発においては，①調査研究，②作業計画へのプロジェクトの追加，③公開草案の公表と基準の開発，④適用後レビューなどが求められている。

　①調査研究には，問題点の分析評価などで，討議書（discussion paper）などの公表を含む。②作業アジェンダに組み込んで優先順位を明確にする。③は公開草案後のコメントレターのレビューやアウトリーチ（訪問形式の意見

聴取）の実施などを含む。基準公表にあたっては IASB ボードメンバーの単純過半数を超える賛成[2]を必要としている。④は新規基準や大幅な修正基準の適用後 2 年を経過したときに適用上の問題点を分析するものである。

1.1.3 会計基準一覧

IFRS は FW の下に以下の会計基準が適用される。

図表 1.1　IFRS 基準書

号　数	表　題
IFRS 第 1 号	国際財務報告基準の初度適用 (First-time Adoption of International Financial Reporting Standards)
IFRS 第 2 号	株式に基づく報酬（Share-based Payment）
IFRS 第 3 号	企業結合（Business Combinations）
IFRS 第 5 号	売却目的で保有する非流動資産及び非継続事業 (Non-current Assets Held for Sale and Discontinued Operations)
IFRS 第 6 号	鉱物資源の探査及び評価 (Exploration for and Evaluation of Mineral Resources)
IFRS 第 7 号	金融商品：開示（Financial Instruments : Disclosures）
IFRS 第 8 号	事業セグメント（Operating Segments）
IFRS 第 9 号	金融商品（Financial Instruments）
IFRS 第 10 号	連結財務諸表（Consolidated Financial Statements）
IFRS 第 11 号	共同支配の取決め（Joint Arrangements）
IFRS 第 12 号	他の企業への関与の開示 (Disclosure of Interests in Other Entities)
IFRS 第 13 号	公正価値測定（Fair Value Measurements）
IFRS 第 14 号	規制繰延勘定（Regulatory Deferral Accounts）
IFRS 第 15 号	顧客との契約から生じる利益 (Revenue from Contracts with Customers)
IFRS 第 16 号	リース（Leases）
IFRS 第 17 号	保険契約（Insurance Contracts）
IFRS 第 18 号	財務諸表における表示及び開示 (Presentation and Disclosure in Financial Statements)
IFRS 第 19 号	公的責任のない子会社：開示 (Subsidiaries without Public Accountability : Disclosures)

---

[2] ボードメンバーの総数が 13 名以内の場合 8 名，14 名の場合 9 名。

4　第 1 講　IFRS 会計基準と概念フレームワーク（FW）

図表 1.2　IAS 基準書

号　数	表　題
IAS 第 2 号	棚卸資産（Inventories）
IAS 第 7 号	キャッシュ・フロー計算書（Statement of Cash Flows）
IAS 第 8 号	財務諸表作成の基礎 （Basis of Preparation of Financial Statements）
IAS 第 10 号	後発事象（Events after the Reporting Period）
IAS 第 12 号	法人所得税（Income Taxes）
IAS 第 16 号	有形固定資産（Property, Plant and Equipment）
IAS 第 19 号	従業員給付（Employee Benefits）
IAS 第 20 号	政府補助金の会計処理及び政府援助の開示（Accounting for Government Grants and Disclosure of Government Assistance）
IAS 第 21 号	外国為替レート変動の影響 （The Effects of Changes in Foreign Exchange Rates）
IAS 第 23 号	借入コスト（Borrowing Costs）
IAS 第 24 号	関連当事者についての開示（Related Party Disclosures）
IAS 第 26 号	退職給付制度の会計及び報告 （Accounting and Reporting by Retirement Benefit Plans）
IAS 第 27 号	個別財務諸表（Separate Financial Statements）
IAS 第 28 号	関連会社及び共同支配企業に対する投資 （Investments in Associates and Joint Ventures）
IAS 第 29 号	超インフレ経済下における財務報告 （Financial Reporting in Hyperinflationary Economies）
IAS 第 32 号	金融商品：表示（Financial Instruments: Presentation）
IAS 第 33 号	1 株当たり利益（Earnings per Share）
IAS 第 34 号	期中財務報告（Interim Financial Reporting）
IAS 第 36 号	資産の減損（Impairment of Assets）
IAS 第 37 号	引当金，偶発負債及び偶発資産 （Provisions, Contingent Liabilities and Contingent Assets）
IAS 第 38 号	無形資産（Intangible Assets）
IAS 第 39 号	金融商品：認識及び測定 （Financial Instruments: Recognition and Measurement） *ヘッジ会計の一部の規定を選択適用可
IAS 第 40 号	投資不動産（Investment Property）
IAS 第 41 号	農業（Agriculture）

　この他，解釈指針として IFRIC（International Financial Reporting Interpretation Committee）解釈指針などがある。

1.2 IFRS の適用

1.2.1 IFRS の沿革

まず，国際的な開示制度の下でどのように地位を築いたかをたどってみたい。

IASB の前身となる IASC は 1973 年に国際的な会計士の団体として設立された。**日本公認会計士協会**は設立当初からのメンバーだった。IASC では，各国の会計基準の**国際的調和**を標榜し，世界中の企業が IAS によった財務報告を作成すれば，海外のどこの国でも資金調達が可能となる，という目標を掲げた。目標達成のために，各国の市場監督者からなる IOSCO（International Organization of Securities Comissions，証券監督者国際機構）の承認が必須と考えていた。

IAS は，コアスタンダードプロジェクトの完成を受けて 2000 年に IOSCO の承認を受けた。その達成を成果に IASC は発展的に解消した。

その頃，EC（European Comission，欧州委員会）では，欧州資本市場のインフラ統合を目指していた。インフラの一つである会計基準の統合に関しては，欧州基準を一から作るより，IAS を利用する方が現実的と考えていた。そのためには強い基盤を持つ常設の国際組織が必要と考え，2001 年の IASC 財団立上げの動きを後押しした。IFRS 財団内に設置された IASB は，会計基準の国際的調和に代えて，**コンバージェンス**（会計基準の国際的収斂）を標榜した。

EC の目標は，域内企業が欧州市場で統一基準を用いることだけではなく，米国市場にも向いていた。それまで米国外の企業が米国市場で資金調達する場合 USGAAP（US-Generally Accepted Accounting Principles，米国会計基準）で作成した（または USGAAP による純利益への調整を加えた）財務諸表が求められていた。これを IFRS については，純利益の調整等が不要と米国に認めさせることも目標としていた。

IASB は，2002 年に米国財務会計基準審議会（Financial Accounting Standards Board，FASB）との間でノーウォーク合意を締結した。その後，両

者は2006年に覚書（MoU）を交わし，共同の会議を通じた基準開発を本格化することとなった。

　欧州市場の域内企業へのIFRS強制適用は2005年に開始された。それを契機に英連邦の豪州に加え，韓国などが自国基準を捨ててIFRSを国内市場において適用する決定を行った。また，従前から自国の会計基準を持たない発展途上国などもIFRSの適用を表明した。

　米国SEC（Securities and Exchange Comission，米国証券取引委員会）は2007年，米国市場において在外企業に対し，純粋（pure）IFRSを米国基準の純利益に調整することなく使用可能とする決定を行った。さらにSECは，米国企業について2008年にIFRSの適用に関する公開草案を公表し，強制適用に向かう場合のロードマップを示した。日本はこの動きに反応し，2009年6月に**企業会計審議会**がIFRSの強制適用のロードマップを含み，任意適用の即時開始を提言する中間報告を公表し，法的整備がなされた。

　その後，米国SECは米国企業へのIFRS適用の議論を打ち切り，米国企業にはIFRSを認めないことで今日に至っている。日本においては，2013年に企業会計審議会からIFRSの強制適用は当面行わず，任意適用を加速する提言（当面の方針）が公表され，今日に至っている。

1.2.2　わが国におけるIFRSの適用の法的整備

　2009年の中間報告を受けて同年12月に**連結財務諸表規則**を改正し，2010年3月末以降の連結決算において，一定の要件を満たす会社（特定会社）が**指定国際会計基準**に従うことができるとした。指定国際会計基準とは**公表されたIFRSを，公正妥当な企業会計の基準として認められることが見込まれるものと金融庁長官が定めたもの**をいう。実質的には，ピュアIFRSを金融庁長官が指定しなかった事例はない。

　特定会社の要件については，2013年の当面の方針を受けた連結財務諸表規則の改正により，開示制度に対応するほとんどすべての企業の連結財務諸表[3]において適用可能な状況にある。

---

[3] 単体財務諸表については従前どおり日本基準を採用しなければならない。

1.3　概念フレームワーク（FW）とは何か？

　概念フレームワークとは，財務報告の目的を含め，会計の基本的な考え方を集約した文書である[4]。IFRS の FW は，IASC 時代の 1989 年に公表され，2010 年に最初の改訂（FASB とのコンバージェンスプロジェクト），2018 年に現在に至る改訂（単独プロジェクト）が行われた。

　なぜ FW が必要なのか？　IFRS の FW では，その目的として①首尾一貫した概念による基準開発を支援すること，②当てはまる基準がないときなどに作成者が首尾一貫した会計方針を策定するよう支援すること，③すべての関係者が IFRS を理解し解釈することを支援することを挙げている。

　①は IASB 自身の基準開発活動のあり方に向けられている。FW に示された首尾一貫した概念を IASB は基準開発において守るべきこととなる。このような目的は，憲法に似ているといわれる。

❖ コラム 1.1　FW と憲法 ────────────

　各国の立法者は，憲法違反となる法律を作成してはならない。憲法が権力に対する規制であるといわれる所以である。会計基準設定者（この場合，IASB）にとって FW はどう意味を持つか。会計基準はアジェンダに従い，一つひとつの基準を，時間をかけて完成ないし改訂するものである。その間に IASB のメンバーは任期を迎え絶えず入れ替わっていく。理論的な拠り所がなければ，基準毎に共通した考え方を貫けるか保証されない。FW の基本的な考え方に沿わない基準ができれば会計基準間の一貫性，整合性に欠けることになる。そこで，FW には，IASB 自身の基準開発活動に制約を課す役割がある。

　一方で，憲法が法律，しかも最高法規であるのに対し，FW は会計基準ですらない。特定の IFRS が FW に反していたとしてもその点をもって基準改訂を求める仕組みはない。

────────────────────────────

[4] FW を説明するにあたっては，筆者の主観が入りがちになる。本文は記述を短くし，主観を最小限に留めたうえで，コラムの形で自由な表現で説明することとした。このため，本講ではコラムを多用する結果となっている。

②③に関しては，財務報告の作成者の会計方針策定において，また財務報告の利用者の解釈などにおいて利用されるべきものとしている。作成者や利用者は，市場参加者の中で最も会計基準との関わりが深い。FW が彼らに直接的にどのように資するかを示したといえる。

財務諸表作成者の判断においては，IAS 第 8 号にある GAAP ヒエラルキーに従って利用されることになる。これは作成者の基準適用における優先順位を示すものである。その手順 1 によれば，状況的に適用すべき基準が存在するときは，IFRS 基準（FW は含まれない）を適用して会計方針を決定するとしている。また，それがないときは，手順 2 で情報源として⑦類似または関連する論点を扱う IFRS 基準の要求事項，④ FW の定義，認識，測定概念の順に考慮する，としている。

1.4　FW 第 1 章　財務報告の目的

財務報告の目的は，主要な利用者である現在及び潜在的な投資家，融資者，その他の債権者が資金の提供などの意思決定を行うに際して，報告企業が有用な情報を提供することにある。一般投資家を想定すれば，財務報告公表企業の資本性ないし負債性証券の売買，または保有の意思決定がある。また彼らが有する経営者に関する議決権やその他の権利行使も含まれるとされる。それらの意思決定に資することは財務報告の**情報提供機能**とか**意思決定支援機能**と呼ばれる。

主要な利用者が必要とする情報として，(a) 企業の経済的資源（資産），企業に対する請求権（負債または持分）及びそれらの変動，(b) 企業の経営者が企業の資源を利用する責任をどれだけ効率的かつ効果的に果たしたのか，が挙げられる。

(a) の報告企業の経済的資源及び請求権の変動には，財務業績から生じる（収益・費用の発生の）場合と持分請求者からの拠出（持分の直接的な増減）などから生じる場合があり，両者（損益取引と資本取引）を識別する必要がある

としている。これらの情報が適切に開示されることで意思決定有用な情報になるとされる。

また，(b)の資源を利用する責任に関する記述は，持分権者への受託責任の遂行状況の報告である。受託責任については，1989 年の FW に明確に記述されていたが，2010 年の改訂 FW では一切触れられなかった。それに関しては反対意見が多く，2018 年に一定の言及をすることなった。ただ，受託責任を財務報告の目的とすることは誤解を招くと IASB は考えた。その結果，2018 年改訂においても，受託責任の報告は財務報告の目的としては位置づけられていない。

❖ **コラム 1.2　経営者の役割と投資家の役割** ────────────

投資家の意思決定は自己責任を伴うが，一般的な投資家は企業に対する十分な情報を有していない。必要な情報を得られなかった者には自己責任を問いようがない。経営者が作成した財務情報を提供することで**情報の非対称性**が解消（緩和）される。自己責任を問うために必要な前提の充足である。

経営者が財務報告において提供する情報は直近の成果の情報である。投資家が得られる意思決定に有用な情報は財務報告に限らないが，財務報告の情報の信頼度は高い。それは，基本的に過去情報（事実の報告）であり，公的な制度の下で信頼付与者（監査人）の関与や虚偽表示への罰則を伴って組み立てられているからである。

株価は市場において投資家の主観の一致点として形成される。それぞれの投資家は，企業が生み出す将来キャッシュフローへの期待に基づき，主観的な株式価値を想定する。主観は有用な情報を得るごとに変動し，それによって株価も変動し続けることになる。財務業績という直近の成果を提供するところまでが経営者の役割であり，将来予測は投資家の役割となる。

❖ **コラム 1.3　受託責任を財務報告の目的に含めなかった理由** ─────

意思決定情報の提供は株式の売買が市場で自由に行われる時代の市場のインフラであり，潜在的な持分権者も対象に含む。一方，既存の持分権者への経営者の受託責任は市場のない時代から存在していた。つまり，FW のようなものが存在しなかった時代には，受託責任の解除が財務報告の目的であった時代は確実に存在していた。また，今日でもこれを財務報告の目的に位置づけるべきという声は根強い。

IFRSは，受託責任に関する報告に関し，経営者を交代させるという意思決定につながる場合があるとして，意思決定の範囲を投資意思決定から拡張させたとしている。

筆者は，受託責任に関わる経営者への評価も，最終的には自己の資金の配分（新たにその企業に投資を振り向けるか，保有を継続するか，他の投資に移るかの投資意思決定）を判断することに帰結するという説明もできると考える。

1.5　FW第2章　有用な財務情報の質的特性

財務報告の目的は意思決定有用情報の提供である。ではその目的を満たすために，財務情報がどのような特性を有すべきかを記すのがFW第2章である。

基本的な質的特性には，①目的適合性（relevance）と②忠実な表現（faithful representation）があるとされる。

①　目的適合性　IFRSで使われるrelevanceの日本語訳は「目的適合性」とされるが，2006年の日本の概念フレームワーク（討議資料）でrelevanceと英訳される原語（日本語）は関連性である。株式価値との関連性という意味である。つまりrelevanceのある情報とは，利用者の意思決定に相違を生じさせる（価値に変化をもたらす）可能性があるものとされる。

予測価値，確認価値がある情報はrelevanceがあるといえる。予測価値とは，利用者の将来予測のインプットとして利用できることである。確認価値とは，過去に行った評価を確認できるか変更できる（フィードバックできる）ことを指す。

②　忠実な表現　基本的な質的特性の一つが信頼性から忠実な表現に置き換わったのは，2010年のFWからである。現行2018年FWはそれを引き継いでいる。

忠実な表現とは，会計が表現する経済事象の実質を忠実に表現することをいう。忠実な表現は，(a)完全性，(b)中立性，(c)無謬性の3つをすべて備え

ている特徴があるとされる。

(a)**完全性**とは，描写事象を理解するのに必要な情報を完全に描写していることをいう。数値的な描写には描写の意味（測定基礎など）の記述も含むとされる。

(b)**中立性**とはバイアスがないことを指す。また，中立性は**慎重性**（prudence）に支えられるとしている。慎重性の行使とは，資産・収益を過大表示せず，負債・費用を過少表示しないことを意味するとされる。一方で逆ならば認めるということではない，とされる。

慎重性には，注意深さを求めるというものと非対称性を求めるものという解釈があるとされる。前者について異論はないが，後者については，FWでは非対称性を求めないとしている。そのうえで，特定の基準において非対称性を含んだ要求が含まれる可能性があるとしている。

(c)**無謬性**とは，完全に正確であることを意味せず，誤謬や脱漏がないこと，見積りであれば明確にその旨が示され，適切なプロセスが選択されていることを指すとしている。

❖ **コラム1.4　信頼性から忠実な表現への変更** ─────────

基本的特性の一つを信頼性から忠実な表現に置き換えたとき，信頼性は広すぎてどこに焦点を当てるべきか理解が分かれたことが変更理由とされている。変更の議論が出たとき，日本では主に2つの懸念が生じた。一つは忠実な表現は，時価会計を志向するものという見解である。FWの第6章「測定」で，測定基礎に歴史的原価と現在の価値を併存させているが，前段の第2章で忠実な表現が入ることで時価が広く使用されるように将来なっていくという懸念である。2010年以降の基準開発では，時価志向への方向転換は見られていない。

二つ目はトレードオフに関する点である。目的適合性と信頼性は同格の基本的特性で，トレードオフ関係があった点が評価されていた。忠実な表現は目的適合性に従属した下位概念で，信頼性が果たしていた役割を果たせないとする懸念であった。これについては，見積りに関する測定の不確実性が大きい場合，それが忠実な表現として許容可能なものといえるかは，目的適合性との間にトレードオフが生じるとしている。

一般的に，情報の質的特性の議論は，関連しあう用語の意味を定性的に論じるもので，定量的な解決はほぼ不可能である。したがって広く市場関係者に異論を

12 第1講 IFRS会計基準と概念フレームワーク（FW）

残さない議論はほぼ不可能と考えられる。

❖ **コラム 1.5　慎重性の意義** ─────────────

　日本では慎重性（保守主義）に関しては違和感なく受け入れられているが，欧米では必ずしもそうではない。ドイツなど過度な保守主義が受け入れられていた時代があったことへの警戒心や，時価会計とは相容れない概念であることなど，財務情報の特性として書き込むことに消極的である。慎重性は 2010 年 FW で排除され，2018 年に復活した。だが，中立性を支えるものという位置づけには納得感を感じない日本の識者も多いかもしれない。

---

　③　**補強的な質的特性**　　上記の基本的な質的特性を支えるものに，補強的な質的特性といわれる比較可能性，検証可能性，適時性，理解可能性がある。補強的な特性は可能な限り最大化すべきとされる。

　比較可能性とは，他の企業との比較，同一企業の他の期間との比較が可能であることを指す。**検証可能性**とは，独立した別の者が同じ経済事象を表現しようとしたとき合意を得られることを指す。適時性とは情報が古くなっていないことをいう。理解可能性とは，明瞭な表示などによって理解可能なことをいう。

❖ **コラム 1.6　検証可能性の役割** ─────────────

　会計情報の基本的特性の一つが信頼性であったときには検証可能性は信頼性の要件の一部とされていた。

　今日，忠実な表現の要件として検証可能性は求められていない。例えば合理的な判断に基づく公正価値であると主張しても誰も検証できないのであれば，それを公正価値と呼べるだろうか。そのような情報が誤った意思決定に導く可能性があれば，目的適合性にも疑義が生じる。

　忠実な表現を検証可能性に結びつけなかった IASB の判断には危うさが感じられるという見解がある。

　FW 第 2 章の最後に，情報の提供に関しては一般的な制約であるコストの存在を挙げている。情報はコストを上回る便益が提供されるべきであるというものである。この場合のコストは情報の提供者が直接的に負担するものを

指す。コストを便益の制約としてとらえるのは，当然なことであるが，同時にコストとベネフィットの測定が困難なことも明らかである。IASB は基準開発にあたり，財務情報の作成者などの市場関係者から予測されるコストと便益の情報を入手するよう FW で求められている。

1.6 FW 第 3 章　財務諸表と報告企業

　財務諸表の範囲として**財政状態計算書**[5]（statement of financial position）や**財務業績計算書**（statement of financial performance）が含まれるが，それぞれ資産，負債，持分を認識するもの，収益と費用を認識するものとなる。その他，認識した項目や未認識の資産・負債の性質やリスクに関する情報，キャッシュフロー，資本の拠出と分配，見積りに使用した方法，仮定及びその変更などを，その他の計算書と注記で開示することとしている。

　財務諸表は特定の報告期間について作成される。利用者が変動やトレンドを理解するために少なくとも 1 期前の**比較情報**を提供すべきとされる。

　将来予測情報は，報告期間（末）の資産・負債・資本・収益・費用に関連するもので利用者に有用な情報について含められる。経営者の期待，戦略などの説明は含めない。

　財務諸表は報告企業全体の観点から報告される。報告企業が利用者とは別個の存在だからとされる。

　また，財務諸表は，通常，予見可能な将来にわたって報告企業が**継続企業**である前提で作成される。これは報告企業が清算等を行う意図も必要性もないと仮定されるためである。もし，仮定が当てはまらない場合は，継続企業とは異なるベースで財務諸表を作成し，その方法を記述しなければならない。

❖ **コラム 1.7　経済的単一体説と親会社説** ────────────

　財務諸表を企業全体の観点から報告する立場は，**経済的単一体説**と呼ばれる。

---

[5] 財政状態計算書の名称については**第 2 講 2.4 節**を参照のこと。

そしてそれと対峙する立場として**親会社説**が挙げられる。IFRS の連結は経済的単一体説であると評価される一方で，IFRS の FW では経済的単一体説を用いた説明をしていない。その理由として，それらの用語の意義についての合意が得られていないことを挙げている。企業全体の観点からの報告とは，子会社を連結財務諸表に含める場合，**非支配持分**（子会社株主の持分）を連結財政状態計算書の資本（持分）に含めたうえで，資産負債収益費用の全体を表示することを指すものであろう。しかし，連結財務諸表の主たる利用者は**親会社に対する投資家**である。子会社株主にとって親会社の連結財務諸表の利用価値は限定的である。IFRS が開示を求める指標として 1 株当たり利益[6]（Earnings per Share, EPS）がある。分子の Earnings は基本的に親会社株主に帰属する当期利益である。最も抽象化された数値においては親会社株主向けの情報の価値が高まるのである。

1.7 FW 第 4 章　財務諸表の構成要素

　財務諸表の構成要素は資産・負債・持分・収益・費用からなる。最初に**資産**を「**過去の事象の結果として企業が支配している現在の経済的資源**」と定義する。次に**負債**を「**過去の経済的資源を移転する事象の結果として経済的資源を移転するという企業の現在の義務**」としている。持分については，「**企業のすべての負債を控除した後の資産に対する残余持分**」として消極的に定義している。財政状態計算書の左右でいえば資産＝負債＋持分であるが，先に定義された資産・負債を用い，資産−負債＝持分のように決まるということである。

　収益と費用は，資産・負債・持分を用いて定義する。**収益**（**費用**）とは，「**持分の増加を生じる資産の増加（減少）または負債の減少（増加）のうち，持分請求権の保有者からの拠出（への分配）に係るものを除いたもの**」とされる。持分請求権の保有者との間の拠出や分配は**資本取引**と呼ばれるもので，それを除いた資産や負債の増減は，収益や費用をもたらすということである。

---

[6] 第 15 講 15.3 節を参照のこと。なお，株価収益率（Price Earnings Ratio, PER）は，株価を EPS で除したものである。

❖ コラム 1.8　資産負債アプローチ

　資産負債アプローチには少なくとも2つの解釈があるとされる。一つは，資産負債を先に定義したうえで，残余を持分とし，資産負債の増減から（資本取引による増減を除いて）収益費用を導くことをいう。資産負債アプローチの当初の考え方であり，本テキストが考えるものは，資産負債の増減（評価差額が生じる場合を含む）に着目して利益を導くというものである。具体性のある資産負債の増減を追いかければ抽象的な利益が導かれると言い換えてもいい。日本の簿記では資産負債の増減から利益を出すことを静態法と結びつけるが，静態法による利益を指しているわけではない。決算は取引記録の集積であって，資産負債の増減を追えば，抽象的な概念である利益を的確に掴めると考えればいい。現金主義会計で現金の増減内容を記録していけば利益が掴めることとのアナロジーといえる。

　ただ，資産負債は，現金主義における現金のように価値が一定ではない（現金の価値が一定というのも会計上の前提にすぎないが）。つまり，資産負債の増減は量の増減によってもたらされるだけでなく，資産負債の価値の増減からももたらされるということである。その場合には評価損益が発生する。

　このことから，資産負債アプローチは資産負債の時価会計の方向を目指す考え方ではないかと疑念を持つ者もいる。時価会計を追求するのが資産負債アプローチの第2の解釈といえる。

　日本の討議資料「概念フレームワーク」では，資産負債の原価と時価（fair value）の使い分けについての考え方を示しており，時価会計を追求するものではないという立場が明確である。

1.8　FW 第5章　認識及び認識の中止

1.8.1　認　識

　それぞれの定義を満たす資産や負債が認識規準を満たしたとき，当該資産・負債は財政状態計算書に計上される。

　2018 年の認識基準は，資産負債等の認識が，**目的適合性があり，忠実な表現をもたらす場合のみ**行われる。

16　第 1 講　IFRS 会計基準と概念フレームワーク（FW）

❖ コラム 1.9　定義と認識基準 ————————————————————

　FW の資産や負債の定義を読むと，オンバランスされる資産や負債の定義のようにも見える。もしそうなら，認識規準は不要となる。定義を満たすと同時に認識され，満たさなくなったと同時に認識が中止されればよいからである。確かに，オンバランスされない項目のすべてが資産や負債の定義を満たしていないといえるのであれば，認識規準はいらないかもしれない。だが，例えば偶発負債については負債の定義を満たしている可能性があるとすれば，偶発負債をオフバランスにするために，定義とは別に認識規準（偶発負債を排除するもの）が必要となる。FW は，別個の認識規準を必要とする立場である。

　認識規準は，2018 年以前には，①その項目に関連する将来の経済的便益が流入または流出する可能性が高く（蓋然性規準），かつ②その項目が信頼性を以て原価または価値を有している（測定の信頼性規準）場合に認識するもの，としていた。この表現は，IAS 第 16 号「有形固定資産」の認識要件として現在も使われている。従前の FW は個別基準と共通の認識要件であった。このため，期待値などで測定されるものには蓋然性は求められないなど，FW の記述として相応しくないとする意見があったという。

　従来の FW の抽象度は，第 2 章の財務情報の質的特性までが高く，具体的な会計処理に係るその後の章からは抽象度が下がっていた。2018 年 FW の認識規準において質的特性の基本的特性を使用することで，第 4 章の構成要素においてより具体的となった定義が，第 5 章の認識において抽象度が再び上昇した印象がある。

1.8.2　認識の中止

　認識の中止は認識とは逆に資産や負債が財政状態計算書から消滅することを意味する。当該資産・負債が定義を満たさなくなったとき（資産における支配の喪失時や負債における現在の義務の消滅時）に認識の中止が生じる。

　認識の中止が認識より複雑とされるのは支配の喪失が資産の構成部分の一部に生じることがあるからである。その場合，保持した構成部分が別個の会計処理単位として資産に残ることになる。

1.9 FW 第6章 測定

測定基礎（measurement basis）を2つに大別している。歴史的原価（historical cost）と現在の価値（current value）である。

1.9.1 歴史的原価

歴史的原価は取得原価と同義と考えてよく，取得等に発生した対価に取引コストを加算（負債の場合，減算）したものである。市場条件の取引ではない結果として，資産を取得または創出した（負債を発生または引き受けた）場合等において，目的適合性のある情報が提供できない場合があるとされる。その場合，現在の価値をみなし原価として，事後は歴史的原価としての扱いをする。

歴史的原価については更新することがあるとしている。有形無形資産の償却，減損などが含まれる。

1.9.2 現在の価値

これに対し，現在の価値には①公正価値，②資産の使用価値（value in use），負債の履行価値（performance value），③現在原価（current cost）がある。

公正価値とは，測定日において，市場参加者間の秩序ある取引として資産を売却（負債を移転）した場合に受け取るであろう（支払うであろう）価格をいう。

使用価値（履行価値）とは，資産の利用及び最終的処分によって得られる（負債の履行にあたり移転しなければならない）と企業が見込む現金等の経済的便益の現在価値（present value）である。

現在原価とは，測定日において同一の資産（負債）について支払った（受け取った）であろう対価に発生したであろう取引コストを加算（負債の場合，減算）したものである。

18　第 1 講　IFRS 会計基準と概念フレームワーク（FW）

1.9.3　資本の測定

　資本の B/S 合計額は，資産と負債の簿価の差額と一致する。資本の定義から当然そうなる。全体としては直接測定で測られていないことになるが，個別要素については直接測定することはあるとしている。例えば自社の株式の取得のために対価を支払った場合は直接測定される。

1.10　FW 第 7 章　表示及び開示

　2018 年の FW で新たに追加されたのが，第 7 章「表示及び開示」である。この章は情報の効果的なコミュニケーションの観点から記載されている。表示と開示に関する目的と原則に焦点を当てる，類似する項目をまとめ類似しない項目は別にする，不必要な詳細等で情報が不明瞭とならないよう合算するなどが挙げられている。

　損益計算書[7] は，財務業績に関する情報の主要な情報源であり，（当期）純利益は財務業績に関する高度に要約された描写を提供するものとしている。IFRS の FW においてこれまで純利益に関する記述は一切なかった。現在でも定義まではされていないが，初めてその性格が示されることとなった。

　収益費用を表示する本来の場所は損益計算書であるが，例外的な状況では**その他の包括利益**に含めることがある[8] としている。また，その他の包括利益に含まれた項目が消滅するとき，純損益に振替えることを**リサイクル**と呼び，原則としてリサイクルする[9] としている。ただし，IFRS は基準の規定上，リ

---

[7] 損益計算書は，前述の財務業績計算書のうち，当期利益までの前段部分と考えればいい。後段部分は包括利益計算書になる。

[8] その他の包括利益を利用する状況の説明が抽象的なため，切り離してここに記載しておく。「損益計算書がより目的適合性のある情報を提供することになるか，その期間の財務業績をより忠実に表現する場合」に IASB が決定する可能性があるとしている。

[9] 原則としてリサイクルすべき状況は次のように説明される。「損益計算書がより目的適合性のある情報を提供することになるか，将来の期間の財務業績をより忠実に表現する場合」としている。将来の期間とあるのは，IASB がその他の包括利益の適用させたときには，将来リサイクルするか否かを基準上決めておかなければならないからである。

サイクルするものとノンリサイクルのものが混在している。この点は，リサイクルを求める日米の会計基準と異なるところである。

❖ コラム 1.10　その他の包括利益のリサイクリング —————————

　その他の包括利益をリサイクルすることであらゆる収益費用は，一度は純損益を通ることになる。リサイクルされた純損益は包括利益を導く過程の中間利益ではなく，損益の帰属期間が異なるもう一つのボトムラインといえる。

　その場合，純損益は，資産負債の増減差額にある期間内で単純にクリーンに一致しない。

　純利益は定義できないと IASB は言い続けてきたが，それはリサイクルを必須としていないことと関連する。リサイクルしたりしなかったりするものは定義できない。

　リサイクルを必須とすれば資産負債の増減と純利益の関係が説明できる。それを利用して純利益を定義したのが日本の FW である。

1.11　FW に記載のない概念　原則主義

　IFRS は原則主義（principles-based approach）であるとされる。基準に詳細なルールを設けず，基準の適用にあたっては最終的に専門家の判断に委ねるという概念である。英国の伝統的な考え方とされ，同じく英国の「真実かつ適正な概観」（true and fair view）という表現との親和性があるとされる。また，世界中の各法域に合わせた細則を作るのは困難であるし，法域ごとの細則が単一の国際基準という IFRS の目標に馴染まないというのも確かである。

❖ コラム 1.11　原則主義 vs. 細則主義 —————————

　原則主義が注目を集めたのは，米国で起きたエンロン事件などの会計不祥事に関連したものだった。英国人であった当時の IASB 議長が，不祥事は USGAAP の細則主義（rules-based approach）に起因すると指摘したのである。議長は当時の IFRS 基準書を掲げてその薄さを強調したともいわれる。そのときから IFRS は原則主義，USGAAP は細則主義というレッテルが張られた。

20 第1講　IFRS会計基準と概念フレームワーク（FW）

当時に比べたら IFRS 基準書は分厚くなっているし，金融商品などは米国基準と変わらない膨大な分量がある。このため，原則主義と細則主義はもはや意味のある議論にはならない，という見解もある。

●練習問題●

□ 1.1　次のそれぞれの内容について，正しいものには○を，誤っているものには×を付けなさい。

(1)　IFRS の FW の財務報告の目的には受託責任の解除が含まれる。

(2)　IFRS の FW での会計情報の基本的特性は目的適合性と信頼性である。

(3)　IFRS の FW では慎重性は中立性を支えているとされる。

(4)　資本の部の合計額は自社の株式の時価と一致する。

(5)　IFRS では純利益のリサイクルは認められない。

(6)　IFRS では純利益のリサイクルが強制される。

(7)　資産負債アプローチの本来の意義は時価会計へのパラダイムシフトである。

□ 1.2　以下の問に答えなさい。

(1)　概念フレームワーク（FW）の作成者は該当する基準を作成する会計基準設定主体（IFRS であれば IASB）である。作成された FW は，設定主体に対しどのような制約を課すか？

(2)　財務報告の主要な目的は，利用者の意思決定に有用な情報を提供することにあるとされる。ある法域の開示制度の下での財務諸表作成者と投資家の役割に基づいて，財務報告の目的を説明せよ。

(3)　財務諸表の5つの構成要素を挙げ，それらが積極的に定義されているか否かによって分けたうえ，資産負債アプローチに言及せよ。

(4)　資産の測定を念頭に，歴史的原価，公正価値，使用価値について説明し，資産の測定に使用される局面を例示せよ。

(5)　その他の包括利益から純利益へのリサイクリングを説明せよ。また，リサイクルする場合としない場合で純利益の位置づけはどのように変わるか？

※(4)と(5)については本テキストを最後まで学習した後に解答することでよい。

第2講

財務諸表の表示
～基本財務諸表～

●学習のポイント

　IFRS で企業が公表する基本財務諸表は，損益計算書及び包括利益計算書（財務業績の計算書），財政状態計算書，持分変動計算書，ならびにキャッシュ・フロー計算書で構成されている。

　本講では，この基本的な財務諸表を学ぶほかに，その前提としての財務諸表の使われ方と入手の方法などについてもふれる。

　なお，IASB が取り組んできた基本財務諸表の改善プロジェクトが 2024 年に終了し 2027 年 1 月 1 日以後開始事業年度から IFRS 第 18 号が適用となるので，その概要を中心に解説する。

●キーワード

基本財務諸表，経営者が定義した業績指標

●検討する会計基準

IFRS 第 18 号	「財務諸表における表示及び開示」
IAS 第 7 号	「キャッシュ・フロー計算書」
IAS 第 34 号	「期中財務報告」

2.1 財務諸表の使われ方と入手方法

　現在の資本市場における**企業内容開示制度**では，どこの国でも少なくとも1年に1度，**財務諸表**を株主や投資家などの利用者に対して公表・開示する。財務諸表の目的は，利用者が，決算書によって過去の実績を確認・分析し，投融資の判断，投融資の成果の測定や，経営者の能力と実績の評価のための情報を提供することにある。この点については，**第1講の1.4節「FW第1章財務報告の目的」**を参照されたい。

　すなわち，IFRSにおいて，「財務諸表の目的は，報告企業の資産，負債，資本，収益及び費用に関する財務情報を提供することであり，これは財務諸表の利用者が企業に流入する将来の純キャッシュフローの見込みを評価し，企業の経済的資源に対する経営者の受託責任を評価する上で有用である」とされている（IFRS18.9）。

　財務諸表利用者は，ストック情報やフロー情報の変動を，期間比較したり，他社と比較したりすることによって，意思決定をすることが想定されているし，現在の日本の金融商品取引法に基づくディスクロージャー制度もそのような前提がある。

　日本では，**図表2.1**のようなインターネットを用いた開示の仕組みを通じて，利用者に情報開示がなされる。日本の上場企業数は，変動はあるが，約4,000社前後で推移しており，そのうち約300社がIFRSを適用している。会社数では少ないが，時価総額の大きい，大規模な上場企業がIFRSを適用していることが比較的多い。

　日本の上場企業のIFRSの適用社数については，日本取引所グループが定期的に分析し報告書の形で公表している（https://www.jpx.co.jp/equities/improvements/ifrs/index.html）。

　IFRSで公表された財務諸表を見たい場合は，まず日本取引所グループのIFRS適用会社一覧で社名を確認し，EDINETシステム（Electronic Disclosure for Investors' NETwork system, https://disclosure2.edinet-fsa.go.jp/week0010.

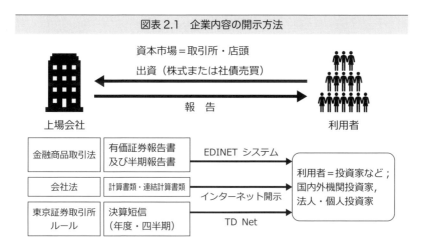

図表2.1　企業内容の開示方法

aspx）で検索すればよいだろう。

　海外については，アメリカのEDGARシステムを除いて統一的な開示システムはないようであり，個別の会社のウェブサイトのIR（Investors Relations）欄を見て探すことが多い。

2.2　財務諸表の構成

2.2.1　財務諸表の構成

　IFRS財務諸表は，完全な1組の財務諸表でならなければならず，以下で構成される（IFRS18.10）。

　損益計算書及び包括利益計算書とキャッシュ・フロー計算書はいわゆるフロー情報であり，ある期間の経営成績や資金の流れを表す。

　財政状態計算書は，いわゆるストック情報であり，①企業が保有する資産，②義務を示す負債，③資本の3つの要素から構成される。

　持分変動計算書は，持分変動計算書は，その期間の財政状態計算書の③資本の増減を表す。

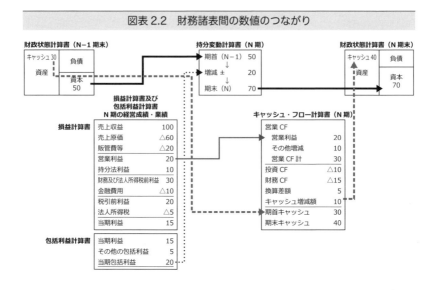

図表 2.2　財務諸表間の数値のつながり

　これら4つの財務諸表が基本財務諸表と呼ばれる。注記開示は追加的に情報提供し，基本財務諸表を補足するものである。

　図表 2.2 は財務諸表間のつながりを示すものである。紙幅の関係から数値の記載は簡素化している。財政状態計算書の資本の増加は包括利益による20（70-50）のみとし，出資者との取引はないものとしている。

　資本の増減には，出資者との直接的な取引（いわゆる資本取引）によるものと，損益計算書及び包括利益計算書に記録される取引（いわゆる損益取引）によるものがある。持分変動計算書の表示に関しては **2.5 節** で詳しく説明している。

　読者には，基本財務諸表間の数値の連携性を確認することを薦める。本講 **2.3 節**，**2.4 節**，**2.5 節** などの説明を読み，IFRS 適用企業の財務諸表の実例を手元において確認してほしい。

　財務諸表の構成について，日本基準と対比した表を **図表 2.3** に示す。

図表2.3　IFRSと日本基準の財務諸表の対比表

IFRS	日本基準
損益計算書※1 包括利益計算書※1	損益計算書 包括利益計算書
財政状態計算書※2	貸借対照表
持分変動計算書	株主資本等変動計算書
キャッシュ・フロー計算書	キャッシュ・フロー計算書
注　記	注　記

注記を除く上記の計算書を基本財務表と呼ぶ（IFRS18. 付録A）。
（※1）　財務業績の計算書を構成する。
（※2）　貸借対照表という名称も使用できる。

2.2.2　財務諸表の表示の方法

　重要性がある項目は区分表示をすることが求められるほか，重要性に欠ける項目は集約表示すること，IFRSの特定の要求事項で認められていない限り相殺表示はできないことなどが定められている。世界中の上場企業等がIFRSに従って財務諸表を作成することが想定されており，表示については，各社の財務諸表の表示方法や重要性の判断によるところも多い。そのため，上場企業の間でも表示方法にばらつきが生じ，結果的に利用者が複数社の財務諸表を比較する際の妨げとなるかもしれない。この点，日本基準では，法令で財務諸表等規則，連結財務諸表規則，計算書類規則などが定められており，企業による判断の余地が比較的少ないと考えられる。

　報告の頻度は少なくとも年に1回（1年間）であり，四半期など期中に報告する場合は別途IAS第34号「期中財務報告」という基準が設けられている。

　企業自体の財政状態や業績の変動を利用者に理解させるために，すべての財務諸表につき最低2期間の比較情報の開示が求められる（IFRS18.32）。それ以外にも，会計方針の変更などがある場合は，比較対象期間の期首の財政状態を示すために，3期間の開示が必要な場合がある（IFRS18.37）。

2.2.3　集約と分解の原則

　IFRS第18号では，表示される勘定科目についての**集約**と**分解**の原則を以下の囲み書きのように設けている（IFRS18.41）。

> (a) 共有している特性に基づいて，資産，負債，資本，収益，費用または
>   キャッシュフローを項目に分類・集約すること。
> (b) 共有していない特性に基づいて，項目を分解（細分化）すること。
> (c) 有用な体系化された要約を提供するという基本財務諸表の役割を果た
>   すために，項目を集約または分解すること。
> (d) 重要な情報を提供するという注記の役割を果たす情報を注記において
>   開示するために，項目を集約または分解すること。
> (e) 財務諸表における集約と分解によって重要な情報が曖昧にならないよ
>   うにすること。

　従来の基準では，企業の裁量で内訳項目を開示せずに「その他」として集約することや，逆に過度に詳細に分解することによって財務諸表利用者の理解を妨げていた可能性があった。そこで IFRS 第 18 号では，財務諸表の項目の集約と分解に関する原則を定めることで，財務諸表利用者に対して適切に集約または分解された情報が提供されることが期待されている（IFRS18. BC71）。

2.3　損益計算書及び包括利益計算書（財務業績の計算書）

　損益計算書は企業の 1 年間の経営成績・業績である。損益計算書がもたらすフロー情報は，利用者の意思決定に影響を及ぼすことも多いことから，利用者の中でもとりわけ株式の投資者にとっては重要な情報といえる。もっとも，利用者は単年度だけでなく，期間比較や同業他社との比較を行う他，財政状態を加味する ROE（自己資本利益率）や ROA（総資本利益率），PER（株価収益率），EBITDA（Earning Before Interest, Taxes, Depreciation and Amortization，税引前利益＋支払利息＋減価償却）といった経営分析指標を考慮しながら企業の業績評価を行うものである。

　なお，損益計算書はキャッシュフローの先行指標とも考えられる。さらに，

2.3 損益計算書及び包括利益計算書（財務業績の計算書）　　27

企業価値評価の実務においても，DCF（Discouted Cash Flow）法などを用いて将来のキャッシュフローを推計する際には，キャッシュ・フロー計算書ではなく，損益計算書の情報を出発点として利用することがほとんどである。

損益計算書及び包括利益計算書に以下を表示しなければならない。

---

① 当期利益

② その他の包括利益（OCI）の発生額合計

③ 当期包括利益

　数値間の関係性としては，①＋②＝③である。

（OCI：Other Comprehensive Income）

上記の①及び③については，非支配持分と親会社（企業）の所有者のそれぞれに帰属する金額の配分額を表示しなければならない（IFRS18.76，87）。

2.3.1　損益計算書における営業利益の表示要求

損益計算書は，例えば以下のような科目を含み，**企業の収益（売上）や，収益から費用を差し引いた利益（稼ぐ力）を示す**ものである。企業の稼ぐ力は，既述のとおり，配当や株価に影響を及ぼす。

IFRS 第 18 号では，損益計算書に，営業，投資，財務，法人所得税及び非継続事業（**第 3 講参照**）の 5 つの区分項目を設けることとした。さらに，**総計としての当期利益と，小計としての営業利益ならびに財務及び法人所得税前利益の 2 つを表示することとした**（IFRS18.69）。営業利益は，IFRS 第 18 号によりはじめて導入された概念であり，他の 4 つの区分に含まれない収益及び費用が含まれる。

IFRS 第 18 号に従うと，損益計算書は**図表 2.4** のように表示される（非継続事業損益（**第 3 講参照**）は含めていない）。

営業項目は，企業の主要活動から生じる収益及び費用であり，繰り返しになるが投資，財務，法人所得税及び非継続事業の区分に含まれないものすべてである（IFRS18.52）。これには，例えば，日本基準でいえば特別損益項目などとされる収益及び費用も含まれることがあるだろう。

投資項目は，持分法損益等と，主に他の資源からは独立したリターンを生

第 2 講　財務諸表の表示〜基本財務諸表〜

図表 2.4　一般的な損益計算書の例

区　分	損益計算書
営業項目	収益 売上原価 売上総利益 その他の営業収益 販売費 研究開発費 一般管理費 のれんの減損損失 その他の営業費用
	営業利益
投資項目	関連会社及び共同支配企業の純損益に対する持分相当額（持分法損益）等
	財務及び法人所得税前利益
財務項目	借入金に係る利息費用（金融費用） 負債及び引当金の巻き戻しによる利息費用
	税引前利益
法人所得税	法人所得税
	当期利益

(出所)　IFRS 財団の "Project Summary, IFRS18 Presentation and Disclosure in Financial Statements" を翻訳・加工

むもので，後者はいわば本業以外の投資から生じる損益である。

　財務項目は，金融資産・負債から生じる損益や，資産・負債を割引現在価値で評価し，巻き戻した結果生じる利息収益・費用などが含まれる。

　これらの区分により，キャッシュ・フロー計算書ともある程度平仄がとられている。

2.3.2　経営者が定義した業績指標（MPMs）

　MPMs（Management Performance Measures）は，IR（Investor Relations）活動などのために経営者が定義した指標であり，経営者の見方を伝えるために，財務諸表外で利用され，IFRS 第 18 号では示されていない収益及び費用の小計とされている（IFRS18.117 (a)）。IFRS 第 18 号の補足資料（Project Summary）では，調整後営業利益，調整後 EBITDA（利息，税金，減価償却及び償却前利益）と調整後純利益などが例示されている。

2.3　損益計算書及び包括利益計算書（財務業績の計算書）　29

図表2.5　IFRSとMPMs（調整後営業利益及び調整後当期利益）の間の調整表

	IFRS	減損損失	リストラ費用	固定資産売却益	MPMs
営業利益／調整後営業利益	57,000	6,100	3,800	(1,800)	65,100
法人所得税		—	(589)	297	
当期利益／調整後当期利益	32,100	6,100	3,211	(1,503)	39,908

（出所）　IFRS第18号のIllustrative Exampleのp.15を抜粋・加工

　MPMsの開示が禁止されているわけではなく，注記によって，MPMsが経営者の見方を反映したものである旨，計算方法，IFRSで定義された小計（営業利益など）との調整表などの開示が必要となる（IFRS18.123）。

　調整後営業利益及び調整後当期利益を例にとると，2.3.1項で定められたIFRSに基づく営業利益及び当期利益との差額を示した調整表を作成・開示する。例えば，図表2.5のようになる。

❖ コラム2.1　2024年のIFRS第18号の公表 ─────────

　2015年から開始されたIFRSの基本財務諸表プロジェクトが最終化され，損益計算書における営業利益の表示義務化及び，いわゆる経営者が定義した業績指標（MPMs），情報の集約及び分解に関するガイダンスが強化された。このプロジェクトは，財務業績の表示方法を改善することに主眼がおかれていた。

　例えば，従来のIFRSにおいては，必ずしも営業利益などの表示が要求されていなかったこと，また営業利益を表示していたとしても，例えば持分法による投資損益などの構成要素をどの区分に表示するか，営業利益か，それとも営業利益の枠外かについて，実務にばらつきがあり，比較可能性を損ねているという懸念があった。

　また，経営者が定義した業績指標は財務諸表の枠外で計算・公表されており，しかも，会計監査の対象でもなかった。それが公表されている財務諸表とどのような関係にあるかや，計算方法が明確ではなかったために，利用者を誤導するおそれも懸念されていた。これを，財務諸表の注記に取り込む形で，要は経営者が利用者にアピールしたい数値によるいいとこ取りを封じたかった面もあるのではないかと考えられる。

　IFRS第18号により一定のルールが設定される結果，業種内または業種間の比較可能性が高まるものと期待される。

2.3.3 包括利益計算書

　既述のとおり当期利益を起点とし，その他の包括利益の発生額を加減算したものが包括利益である。

　その他の包括利益[1]は，退職後給付の再測定差額，金融商品の公正価値測定差額，在外営業活動体の換算などの発生または解消に伴い認識される項目である。その他の包括利益は，性質別に分類し，個別の基準におけるノンリサイクルとリサイクルの分類に従って以下にグループ分けする（IFRS18.88）。

---

① その後に特定の条件を満たしたときに純損益に振り替えられるもの（リサイクル）

② その後に純損益に振り替えられることのないもの（ノンリサイクル）

❖ コラム 2.2　その他の包括利益の表示（米国会計基準との比較）━━━━━

　第 1 講で学習したように，資産・負債の取得原価と公正価値との差額を，その他の包括利益（OCI）を利用して認識することがある。この OCI を事後的に純損益にリサイクルすることもあればしないこともある。この点，米国会計基準では，基本的にすべての OCI 項目を事後的にリサイクルする。この IFRS 第 18 号第 88 項は米国会計基準適用会社との比較可能性を考慮してグループ分けして表示することを要求したものである。

2.3.4　費用の表示方法

　費用の分類は**費用性質法**と**費用機能法**の 2 つがある。

　費用性質法は，費用の内訳を，減価償却，従業員給付，減損損失，棚卸資産の評価減などに分類して表示する方法である。他方，費用機能法は，売上原価，研究開発費，販売費，一般管理費などの機能別で分類して表示する方法である。

　例えば，売上原価や販売費，管理費または研究開発費など，営業費用を機能別に表示することを選択する場合，以下を注記にて開示する（IFRS18.83）。

・減価償却費，無形資産償却費，従業員給付（人件費），減損損失と戻入，及

---

[1] これらのその他の包括利益項目の意味については，それぞれ**第 9 講**，**第 10 講**，**第 12 講**で学習する。

び，棚卸資産の評価減と戻入について，これらの項目別の合計額
・売上原価などの科目別に関連する金額

2.4 財政状態計算書

財政状態計算書は，日本基準の貸借対照表に相当し，**企業のある時点のストック情報である財政状態を示す**。財政状態計算書は，企業が保有する資産，他者から企業への請求権（企業にとっての債務や義務）を示す負債，株主から

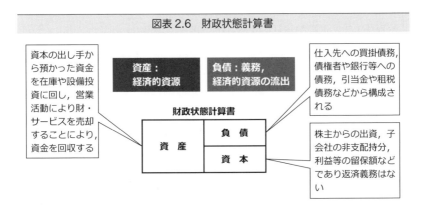

図表2.6 財政状態計算書

図表2.7 表示科目の例

〈資　産〉
・有形固定資産
・投資不動産
・無形資産
・のれん
・金融資産
・持分法投資
・棚卸資産
・売掛金及びその他の債権
・現金及び現金同等物
・売却目的保有に分類される資産と，売却目的保有に分類される処分グループ資産との合計額

〈負　債〉
・買掛金及びその他の未払金
・引当金
・金融負債
・当期税金に係る負債及び資産
・繰延税金負債及び繰延税金資産
・売却目的保有に分類される処分グループに含まれる負債

〈資　本〉
・非支配持分
・親会社の所有者に帰属する発行済資本金及び剰余金

32 第2講 財務諸表の表示〜基本財務諸表〜

の出資や企業が留保した利益などを示す資本（持分とも）の大きく3つから構成される（**図表2.6**）。

第1講の概念フレームワークでふれたとおり，IFRSでは資産負債アプローチを採用し，ストック項目である資産と負債を定義し，資本は資産と負債の差額である。

財政状態計算書に示す項目は**図表2.7**とされている（IFRS18.103，一部省略）。

財政状態計算書で，流動資産と非流動資産，流動負債と非流動負債を，別々の区分として表示しなければならない（IFRS18.96）。流動項目とは，報告期間後12か月以内に回収または決済されるものであり，固定項目は流動ではない項目となる。ただし，**正常営業循環期間**に入る資産・負債や売買目的の資産・負債は流動項目となる（IFRS18.99，101）。

IFRS**第18号**は，**固定性配列法**の順番で例示しているが，**流動性配列法**が禁止されているわけではない。一方，日本基準では，一部の業種を除き流動性配列法とされている。英連邦系の国のIFRS財務諸表では固定性配列法を採用することが多いが，IFRSにおいてどちらの配列方法が正解とされているわけではなく，実務慣行という側面もあるだろう。

なお，借入金や社債など長期契約となる金融負債については，企業が負債の決済を報告期間後少なくとも12か月にわたり延期できる権利を有していない場合も流動負債となる（IFRS18.101(d)）。例えば，企業の資金繰りの都合などにより利払いの遅延などが生じたために，借入金の契約条項に抵触し即時に返済などを求められることがある。そのような場合に，期末日時点で12か月を超える支払延期や猶予の交渉が成立していないような場合には短期借入金に分類されることになる。

❖ **コラム2.3 正常営業循環期間**

　資産では売掛金や棚卸資産など，負債では買掛金や人件費その他の営業費用の未払額などは，正常営業循環期間に入っていれば流動項目となる。これらは，いわゆる運転資本とされる項目であって，回収または決済期間が報告期間後12か月以内かどうかは問われない。日本基準でも同様である。

2.5 持分変動計算書

持分変動計算書は，財政状態計算書の資本の期首から期末までの増減を表す目的で作成される。これにより，企業の株主との間の取引（例えば，増資，減資，配当，自社株式の取得と売却）の内容，資本内部の振り替え，包括利益と資本との関係も分かるようになる。

実務上，持分変動計算書においてその期中増減が示される内訳項目は，財政状態計算書の資本の内訳項目と一致する。

日本企業の実務では，資本の内訳項目は**図表 2.7** のように単純ではなく，資本金，資本剰余金，利益剰余金，その他の包括利益累計額，自己株式（ここまでが親会社株主持分），非支配持分といったものが並ぶことが多い。

持分変動計算書において，これらの内訳項目を横に展開した場合，縦には期首残高，当期の変動理由，期末残高が並び，それぞれの欄に該当する金額が示される。縦に並ぶ変動理由には，当期利益，その他の包括利益から利益剰余金への振替（ノンリサイクル），その他の包括利益，配当金（親会社株主に対するものと非支配株主に対するもの），自己株式の取得，売却，消却などがある。

2.6 キャッシュ・フロー計算書

キャッシュ・フロー計算書は，**実際のキャッシュの変動を示し，損益計算書では示さない情報を提供する**意義がある。なぜならば，損益計算書は，発生主義会計に基づくためキャッシュの出入りとは一致しないことが多いからである。

従来の IAS 第 7 号と日本基準の間に大きな基準差異はなかったが，IFRS 第 18 号の公表と同時に修正された結果，受取利息・配当金及び支払利息・配当

34 第2講 財務諸表の表示～基本財務諸表～

金の区分表示の選択がなくなったほか，間接法によるキャッシュ・フロー計算書における出発点は営業利益となっている。

2.6.1 目 的

キャッシュ・フロー計算書の目的は，期中のキャッシュフローを，営業活動，投資活動及び財務活動からのキャッシュフローに分類したキャッシュ・フロー計算書によって，企業の現金及び現金同等物の変動実績に関する情報の提供をすることである（IAS 第7号の目的より）。

2.6.2 現金及び現金同等物の定義

キャッシュは，現金及び現金同等物を意味し，現金は，手許現金と要求払預金であり，現金同等物は，短期の流動性の高い投資のうち，容易に一定の金額に換金可能であり，かつ，価値の変動について僅少なリスクしか負わないものをいう（IAS7.6）。

2.6.3 表示区分

キャッシュ・フロー計算書は，(1)営業活動，(2)投資活動及び(3)財務活動に区分して，期中のキャッシュフローを報告する（IAS7.6）。

(1) 営業　企業の主たる収益獲得活動またはその他の活動で，投資または財務活動以外のもの

主に以下の項目である。
・収益認識に伴うもの，
・売上原価，管理費や人件費などコストの支払に伴うもの，
・法人所得税の支払または還付。

(2) 投資　長期性資産及び現金同等物には含まれないその他の投資の取得及び処分ならびに利息及び配当の受取り額

主に以下の項目である。
・有形固定資産や無形資産などへの設備投資または売却収入
・他社の株式または債券などの金融商品の取得支出または売却収入

・配当及び利息の受取りなど

(3) 財務　企業の拠出資本及び借入の規模と構成に変動をもたらす活動ならびに利息及び配当の支配額

主に以下の項目である。

・増資などによる株式発行収入

・自社株式取得などへの支出

・リースを含む新規借入など資金調達または返済

・配当及び利息の支払いなど

❖ コラム 2.4　直接法と間接法 ─────────────────

営業活動によるキャッシュフローは，直接法と間接法の2つの表示方法の選択が認められている。ただし，直接法は，将来キャッシュフローを見積もるうえで有用な，かつ，間接法では得られない独自の情報を提供するため，IAS第7号では，営業活動によるキャッシュフローの報告方法について直接法が推奨されている（IAS7.19）。ただし，IASBの主張が正しいかどうかは，はっきりわからない。

直接法は，主要な種類ごとの収入総額と支出総額を開示する方法である。収益を例とすると，①期首の売掛金等の回収に，②当期販売して当期中にキャッシュを回収した額を加算することで収益認識に伴うキャッシュインフローを開示する。直接法はこれをすべての営業項目において実践し表示するわけである。これにより，営業項目（収益・仕入・人件費等）のどれでキャッシュの出入りがあるかは分かる。

他方，間接法は，直接法より簡便な方法といえる。間接法では営業利益（IFRS第18号の公表と同時に修正された結果，税引前利益から変更となった）に営業債権債務・棚卸資産の増減と，減価償却などの非資金収支項目を加減することで算定する。

少なくともIFRSを適用している日本企業のほとんどは間接法を採用しているようである。間接法の利点は，直接法よりは作成の手間がかからないことと，利益を出発点にするため，損益計算書とキャッシュフローの関係性の端的な把握が可能ということもあるだろう。

2.6.4　総額または純額によるキャッシュフローの表示

投資及び財務活動によって生じるキャッシュフローは主要な区分に基づい

て総額によって表示する（IAS7.21）。ただし，以下の場合には純額によって
キャッシュフローを表示することが認められる（IAS7.22）。

(1) キャッシュフローが当該企業の活動ではなく，顧客の活動を反映して
いる（代理しているにすぎない）場合。例えば，銀行の要求払預金の受入
れ及び払戻しなど。

(2) 回転が早く，金額が大きく，かつ期日が短い項目。例えば，借入期間
が3か月以内の借入れとその返済など。

2.6.5 受取利息，受取配当金，支払利息及び支払配当金

銀行業や保険業などの業種を除くと，利息・配当の受取りを投資活動，利
息・配当の支払いを財務活動に分類する（IAS7.34A）。

2.6.6 法人所得税

税金支出は営業，投資，財務活動それぞれから発生するが，関連する税金
のキャッシュフローを識別することは実務上不可能であることも多いため，
法人所得税から生じるキャッシュフローは営業活動によるキャッシュフロー
に表示する（IAS7.35）。

ただし，財務及び投資活動に明確に結びつけられる場合は，投資または財
務活動に報告することができる（IAS7.36）。

2.6.7 非資金取引

キャッシュフローを伴わない投資活動や財務活動に係る取引は，キャッシ
ュ・フロー計算書の報告の対象外となる。しかし，その取引の中には，資本
や資産の構成に重要な影響を及ぼす取引もある。この場合，注記によってそ
の非資金取引の内容を開示する。例えば，財政状態計算書に認識されたリー
ス資産の取得などである。リース資産を取得した時点では，キャッシュフロ
ーを伴っていないことを利用者に理解させるためである。

2.7 期中財務報告

　一般的に企業は1年に1度，財務諸表を作成し，利害関係者に公表する。ただし，四半期または半期の頻度で期中の経過を報告する制度が定められている法域は多い。そのような場合に，年度の財務諸表と同じように作成するのは企業側のコストもかかるし，適時性にもかけるため，**要約財務諸表**で差し支えないと考えられる。IFRSにおいても，IAS第34号「期中財務報告」を設けており，同基準に従った期中財務報告書は，最低限以下の構成でなければならない（IAS34.8）。

(a)　要約財務業績計算書（損益計算書及びその他の包括利益計算書）
(b)　要約財政状態計算書
(c)　要約持分変動計算書
(d)　要約キャッシュ・フロー計算書
(e)　精選された説明的注記

●練習問題●

□**2.1**　次のそれぞれの内容について，正しいものには○を，誤っているものには×を付けなさい。

(1)　IFRS財務諸表の資本（持分）は，株主資本，非支配持分と評価・換算差額に分類して表示しなければならない。

(2)　IFRS財務諸表では，特別損益が表示されることはない。

(3)　IFRSのキャッシュ・フロー計算書の営業キャッシュフローについては，直接法が原則であり，間接法は例外という扱いである。

(4)　IFRS財務諸表において表示される勘定科目は，企業の裁量に任されており，利用者のニーズを企業側で考慮する必要は一切ない。

(5)　IFRS第18号は，原則主義を広めるために，純損益計算書の表示に多様性を持たせるべく公表された。

38   第2講　財務諸表の表示～基本財務諸表～

□ 2.2　損益計算書及びその他の包括利益計算書の，その他の包括利益項目について，事後的に純損益に振り替えられることのない項目と振替えられる可能性がある項目に分類する理由を記述しなさい。

□ 2.3　A社は製造業を営む上場企業である。以下の数値をもとに，IFRS 第 18 号ベースでの営業利益，税引前利益，当期利益，及び包括利益を求めなさい。なお，子会社に非支配持分はなく，非継続事業もないものとする。

　売上収益 10,000　製造原価 5,000，棚卸資産の期首期末の増減 1,000（費用を減らす方向に働く），販売費 2,000，一般管理費 1,000，新規事業の研究開発費（既存の事業とは関係がない）1,000，固定資産の減損損失 500（一過性かつ巨額），持分法投資利益 300（事業と関連が深い），財務損益 500（利益を増やす方向に働く），法人所得税 300，株式の公正価値測定差額 500（前期と比較して評価が下がった（差額はその他の包括利益において認識）），退職後給付の再測定差額 400（期首の予測より負債が増えた）。税率 30％，繰延税金は，全額，将来の回収または支払が見込まれている。

第3講

財務諸表の表示
～非継続事業，事業セグメント，後発事象と作成の基礎～

●学習のポイント

　本講では財務諸表の表示のうち，1.非継続事業の区分表示，2.セグメント情報と3.後発事象，4.財務諸表作成の基礎について学習する。1.非継続事業の区分表示は，日本基準にはない表示形式となるため，IFRSに基づいて作成された財務諸表を分析し，業績を評価するうえで重要な学習内容となる。2.セグメント情報は，ボリュームが多いが，計算問題と合せて学習することで効率的に理解を深めることができる。4.本講の財務諸表作成の基礎は，2024年4月に公表されたIFRS第18号「財務諸表における表示及び開示」の内容に基づいている。

●キーワード

非継続事業，注記，事業セグメント，後発事象，
会計方針，会計上の見積り，過年度の誤謬

●検討する会計基準

IFRS第18号	「財務諸表における表示及び開示」
IFRS第5号	「売却目的で保有する非流動資産及び非継続事業」
IFRS第8号	「事業セグメント」
IAS第10号	「後発事象」
IAS第8号	「財務諸表作成の基礎」

3.1 非継続事業の区分表示 (IFRS5)

　2024 年 4 月に公表された財務諸表の表示基準である IFRS 第 18 号「財務諸表における表示及び開示」(以下，新基準) が 2027 年 1 月 1 日以後に開始する事業年度から適用される。新基準では，**財務業績計算書** (損益計算書及び包括利益計算書) において，**営業・投資・財務の 3 区分**が新たに導入され，営業利益など新たな小計が要求されることとなった。**純損益**については，従来と同様に**継続事業**と**非継続事業**の区分に分けて開示することが求められている (IFRS18.47)。非継続事業の区分では，IFRS 第 5 号「売却目的で保有する非流動資産及び非継続事業」に基づいて非継続事業からの純損益が分類される (IFRS18.68)。

3.1.1　非継続事業の定義

　非継続事業とは，すでに処分されたか，または売却目的に分類される企業の構成単位 (component) であり，次のいずれかに該当するものである (IFRS5.32)。

---

① 独立した主要な事業分野または営業地域を表す。
② 独立した主要な事業分野または営業地域を処分する統一された計画の一部である。
③ 転売することのみのために取得した子会社である。

　なお，「企業の構成要素」とは，当該企業の営業活動上及び財務報告上の目的のために，企業の他の部分から，明確に区別できる営業及びキャッシュフローをいい，継続使用にある資金の生成単位またはそのグループとなる (IFRS5.31)。企業が様々な事業を展開している場合，リストラなどを理由に，ある事業を廃止したり売却したりするなどの意思決定をすることがある。このような企業から切り離される予定の事業のことを「非継続事業」という (**図表 3.1** 参照)。通常，事業は複数の資産及び負債によって構成されているた

3.1 非継続事業の区分表示（IFRS5）　41

図表3.1　事業Cを廃止予定の場合

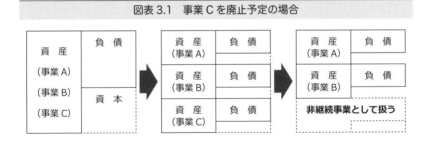

め，1つの小規模な企業をイメージするとよい。

3.1.2　非継続事業を区分表示する意義

　非継続事業から発生すると見込まれるキャッシュフローは限定的であるため，継続事業と非継続事業とでは見込まれるキャッシュフローは大きく異なる。そこで，非継続事業の業績について区分して表示することにより，企業が生み出す将来キャッシュフローの継続的な能力を評価する際に有用な情報を提供するという意義がある。

3.1.3　非継続事業からの純損益の開示

　企業は，非継続事業について継続事業と区別して次の事項を包括利益計算書及び注記により開示しなければならない（IFRS5.33）。

---

① 次の合計額からなる包括利益計算書上の単一の金額
　(i) 非継続事業の税引後損益
　(ii) 非継続事業を構成する資産または処分グループを，売却コスト控除後の公正価値で測定したことまたは処分したことにより認識した税引後の利得または損失
② ①の単一の金額の内訳（包括利益計算書もしくは注記により開示）
　(i) 非継続事業の収益，費用，及び税引前損益
　(ii) 関連する税金費用
　(iii) 非継続事業を構成する資産または処分グループを，売却コスト控除

第3講　財務諸表の表示〜非継続事業，事業セグメント，後発事象と作成の基礎〜

> 後の公正価値で測定したこと，または処分したことにより認識した
> 利得または損失
> ③　非継続事業の営業活動，投資活動，財務活動に帰属する正味のキャッ
> シュフロー
> ④　親会社の所有者に帰属する継続企業及び非継続事業からの利益

　上記の①及び②に関する理解を深めるために，非継続事業の損益と注記による内訳の開示に関する数値例を**図表 3.2** に示す。

図表 3.2　非継続事業の損益と注記による内訳の開示の例

包括利益計算書

	2023年度	2024年度
売上高	80,000	90,000
売上原価	70,000	75,000
売上総利益	10,000	15,000
販売費及び一般管理費	3,000	4,000
営業利益	7,000	11,000
持分法による投資損益	1,000	1,000
金融費用	(2,000)	(3,000)
税引前利益	6,000	9,000
税金費用	2,000	3,000
継続事業の純損益	4,000	6,000
非継続事業の純損益	(500)	250
純損益	3,500	6,250
純損益の帰属：		
親会社の所有者	3,200	4,800
非支配持分	(500)	250
親会社の所有者に帰属する純損益	2,700	5,050
非支配株主に帰属する継続事業の純損益	800	1,200
純損益	3,500	6,250

注　記

非継続事業の計算書

	2023年度	2024年度
売上高	5,000	400
売上原価	5,200	30
売上総利益	(200)	370
販売費及び一般管理費	200	50
営業利益	(400)	320
持分法による投資損益	10	—
金融費用	160	50
税引前利益	(550)	270
税金費用	(50)	20
純損益	(500)	250

3.2　事業セグメント（IFRS8）

　IFRS 第 8 号「事業セグメント」は，企業の事業活動，企業が事業を行う経済環境の性質及び財務的な影響を財務諸表利用者が評価できるような情報を開示することを目的として，企業が複数の事業を経営している場合に，各事業ついての損益等に関する情報の開示について規定している。**事業セグメ**

3.2　事業セグメント（IFRS8）　　43

図表 3.3　事業セグメント情報の開示例

	食品事業	ヘルスケア事業	バイオ事業	調整額	連結財務諸表
Ⅰ. 売上収益					
(1) 外部売上高	100,000	50,000	30,000	－	180,000
(2) 内部売上高	10,000	2,000	1,000	△ 13,000	－
計	110,000	52,000	31,000	△ 13,000	180,000
セグメント利益	52,000	20,000	11,000	△ 3,000	80,000
Ⅱ. その他の項目					
(1) 減価償却費	13,000	7,000	5,000	1,000	26,000
(2) 減損損失	5,000	－	2,000	－	7,000

ントは，「企業の構成単位」と定義され（IFRS8.5），企業が営む複数の事業を個別に分けたものを意味する。例えば，ある企業が，食品事業，ヘルスケア事業，バイオ事業自動車を営んでいた場合，図表 3.3 のように，事業セグメントごとに売上や利益といった項目が開示される。

　事業セグメント情報は，内部管理目的に利用される事業別の主要な会計項目が示されるため，経営判断の基礎となる情報を財務諸表利用者に開示する点に特徴が表われている（3.2.1 項「マネジメント・アプローチ」参照）。

3.2.1　マネジメント・アプローチ

　マネジメント・アプローチとは，経営上の意思決定を行い，業績を評価するために，経営者が企業を事業の構成単位に分別した方法をいう（IFRS8.BC4）。従来の事業セグメント基準（IAS14）は，企業の財務諸表を関連した製品及びサービスならびに地域に基づいたセグメントに分解することを要求していた。このような基準は，同じ製品サービスを提供する他社との比較可能性が確保されやすいという長所を有している。特に，地域別（国別）の売上利益の情報については客観的な基準で分類された情報である。しかしながら，従来の基準では極端に報告セグメント数が少ないなどの実務的な問題が指摘されており，財務諸表利用者が企業のキャッシュフローの予測に資するような企業内部の構成を基礎とした情報が提供されていないと批判されていた。この点，IFRS 第 8 号において採用されたマネジメント・アプローチの考え方によれば，以下のような長所が期待されている（IFRS8.BC9）。

① 内部の管理報告に基づきセグメントが提供される。

② 年次報告書の他の箇所とより整合的なセグメント情報が提供される。

③ より多くのセグメントが報告される。

④ 経営者が使用するためにすでに作成されているセグメント情報を使用するため，企業にとって情報を分解して提供するコストが低減する。

　企業が意思決定に利用する内部管理情報を，外部の財務諸表利用者も同じ視点で利用できるという点で，有用性が高い情報であると考えられている。また，従来の事業セグメント基準は，基本的に経営者の裁量的な判断で報告セグメントが決定される余地があったため，報告セグメントの数が少ないことも許容されていたという問題が指摘されていた。この点，マネジメント・アプローチによれば，実際の投資意思決定の単位が基本となるため，報告されるセグメント数が多くなるという点も長所として評価されている。

3.2.2　事業セグメントの決定の概要

　報告セグメントを決定するプロセスは次のようになる。まず企業は，1.基本原則（IFRS8.1）に照らして，2.事業セグメントを識別し（IFRS8.5），3.識別した事業セグメントを集約基準に基づいて集約し（IFRS8.12），4.集約された事業セグメントを量的基準に従って重要性のあるセグメントに絞り込むことにより（IFRS8.13-19），報告セグメント（reportable segments）を決定する。

1. 基本原則（IFRS8.1）
  ↓
2. 事業セグメントの識別（IFRS8.5）
  ↓
3. 集約基準（IFRS8.12）
  ↓
4. 量的基準（IFRS8.13-19）
  ↓
報告すべき事業セグメント

3.2.3 事業セグメントの基本原則（IFRS8.1）

企業が従事する事業活動及び企業が事業を行っている経済環境の性質や財務的な影響を，財務諸表利用者が評価できるように企業は情報を開示しなければならない（IFRS8.1）。

図表 3.4 開示される事業セグメントの決定プロセス（全体像）

1. 基本原則：財務諸表利用者が経営者の視点で企業の評価を可能にするため，経営者が実際の意思決定や業績評価に使用される情報に基づいた開示を要請

2. 事業セグメントの識別（企業の構成単位で以下の要件をすべて充たすもの）

① 事業活動に従事することによって，収益を獲得し，費用（他の構成要素との取引による損益を含む）を負担している。
② 最高業務意思決定者がその構成要素への資源配分に関する意思決定を行い，業績を評価するために，営業成績を定期的に検討している。
③ 当該構成要素を他の構成要素から分離した業務情報が入手可能である。

3. 集約基準（以下の要件を充たす場合に複数の事業セグメントを集約できる）

(1) 基本原則と整合している。
(2) 経済的特性が概ね類似している。
(3) 次の要素が概ね類似している。
　① 製品・サービスの性質
　② 製造過程の性質と技術
　③ 製品・サービスが販売・提供される顧客の類型または種類
　④ 製品を流通させる，あるいはサービスを提供する方法
　⑤ 銀行，保険，公共事業など一部の事業に関連する特殊な法律・規制環境

4. 量的基準（以下の量的基準のいずれかを充たす事業セグメントを報告セグメントとして開示）

① そのセグメントの「外部顧客への売上げ」と「セグメント間の売上高・振替高」の合計が，全セグメントの総収益の 10％以上である（収益テスト）。
② そのセグメントの損益が（利益を稼得したか，損失を計上したかに関わりなく），次の2つのうち，大きい方の 10％以上である（損益テスト）。
・利益を獲得したセグメントを抽出し，それらの利益を合計して算出された額の絶対値
・損失を計上したセグメントを抽出し，それらの損失を合計して算出された額の絶対値
③ そのセグメントの資産が，全セグメント資産合計の 10％以上である（資産テスト）。

開示される事業セグメント（報告セグメント）

46　第3講　財務諸表の表示～非継続事業，事業セグメント，後発事象と作成の基礎～

3.2.4　事業セグメントの識別（IFRS8.5）

事業セグメントは，次の3要件を満たすものとして識別される。

> ①　事業活動に従事することによって，収益を獲得し，費用（他の構成要素との取引による損益を含む）を負担している。
> ②　最高業務意思決定者*がその構成要素への資源配分に関する意思決定を行い，業績を評価するために，経営成績を定期的に検討している。
> ③　当該構成要素を他の構成要素から分離した財務情報が入手可能である。

*特定の役職に就く管理者ではなく，資源配分・業績評価を行う職能を持つ者。

3.2.5　集約基準（IFRS8.12）

複数の事業セグメントについて，その経済的特徴が類似していれば，例えば長期平均売上総利益などの長期的財務業績も類似すると予想される。そのため，集約することが「基本原則（IFRS8.1）」と整合し，各セグメントの経済的特徴が類似していて，かつ，以下の①～④のすべての点で複数の事業セグメントが類似していれば，それら複数の事業セグメントを1つのセグメントに集約することができる（IFRS8.12）。

> ①　製品・サービスの性質
> ②　製造過程の性質と技術
> ③　製品・サービスが販売・提供される顧客の類型または種類
> ④　製品を流通させる，あるいはサービスを提供する方法
> ⑤　銀行，保険，公益事業など一部の事業に関連する特殊な法律・規制環境

3.2.6　量的基準（IFRS8.13-19）

事業セグメントに固有の財務情報を開示するセグメントについては，前述の事業セグメントの3要件を充足し，「集約基準」に該当する場合に加えて，「量的基準」に照らしてその事業セグメントの所定の財務数値が量的基準を超える場合に，別個に報告する事業セグメントとして決定される。

> **量的基準**：以下のいずれかを満たす事業セグメントについての情報を別個に報告しなければならない。

① そのセグメントの「外部顧客への売上」と「セグメント間の売上高・振替高」の合計が，全セグメントの総収益の10％以上である（収益テスト）。

② そのセグメントの損益が（利益を稼得したか，損失を計上したかに関わりなく），次の2つのうち，大きい方の10％以上である（損益テスト）。

・利益を稼得したセグメントを抽出し，それらの利益を合計して算出された額の絶対値。

・損失を計上したセグメントを抽出し，それらの損失を合計して算出された額の絶対値。

③ そのセグメントの資産が，全セグメント資産合計の10％以上である（資産テスト）。

3.2.7 その他の留意事項 (IFRS8.13-19)

財務諸表の利用者にとって，当該セグメントに関する情報が有用であると経営者が考える場合には，「量的基準」を満たさない事業セグメントを別個に開示できる（IFRS8.13）。

・経済的特徴が類似し，「集約基準」の過半数を共有していれば，「量的基準」を満たさない事業セグメント同士をあわせて報告セグメントとすることができる（IFRS8.14）。

・事業セグメントにより報告された外部収益合計額が，企業収益合計額の75％未満であれば，企業収益合計額の少なくとも75％に達するまで「量的基準」を満たさないセグメントを報告セグメントとして追加認識しなければならない（IFRS8.15）。

・報告セグメントに含まれない他の事業活動及び事業セグメントに関する情報は，差異調整の中で，他の調整項目とは区分して，「その他」の区分に一括して開示しなければならない。この場合，「その他」に含まれる主要な事業の名称等をあわせて開示しなければならない（IFRS8.16）。

48 第3講 財務諸表の表示～非継続事業，事業セグメント，後発事象と作成の基礎～

・当期に「量的基準」を満たしたセグメントについては，情報が利用不可能であるか，情報作成コストが過度でない限り，比較のため，前年データも提供する（IFRS8.18）。

・報告セグメント数に上限を設けないが，報告セグメントが10を超える場合，セグメントが細分化されすぎて実践上問題が生じないか検討する（IFRS8.19）。

設例3-1 報告すべき事業セグメントの決定

以下の各事業に関する資料に基づいて，量的基準により報告すべき事業セグメントを答えなさい。なお，セグメント利益として営業利益を開示しており，報告セグメントを追加する場合には，売上高の大きい事業から追加すること。また，連結損益計算書の売上高は73,000円であった。判定には小数点第2位を四捨五入すること。

	事業A	事業B	事業C	事業D	合 計
外部売上高	6,000	6,800	53,500	6,700	73,000
営業利益	1,150	1,030	14,000	620	16,800
セグメント資産	72,000	76,000	675,000	50,000	873,000

（1）10％ルール（量的基準）

① 売上高基準

事業A：6,000÷73,000＝8.2％＜10％

事業B：6,800÷73,000＝9.3％＜10％

事業C：53,500÷73,000＝73.3％＞10％

事業D：6,700÷73,000＝9.2％＜10％

② 利益基準

事業A：1,150÷16,800＝6.8％＜10％

事業B：1,030÷16,800＝6.1％＜10％

事業C：14,000÷16,800＝83.3％＞10％

事業D：620÷16,800＝3.7％＜10％

③ 資産基準

事業A：72,000÷873,000＝8.2％＜10％

事業B：76,000÷873,000＝8.7％＜10％

事業C：675,000÷873,000＝77.3％＞10％

事業D：50,000÷873,000＝5.7％＜10％

以上より，事業Cは10％ルールを満たしているので，報告セグメントとなる。

(2) 75％ルール（IFRS8.15）

事業Cの外部売上高は75％ルールを満たしていないので，次に売上高が大きい事業Bを報告セグメントとして追加する。

事業C 53,500÷連結損益計算書の売上高 73,000＝73.3％＜75％

次に，事業Bと事業Cの外部売上高合計は75％ルールを満たしているので，事業セグメントの追加は不要となり，そのまま報告セグメントとなる。

（事業C 53,500＋事業B 6,800）÷連結損益計算書の売上高 73,000
　　＝82.6％＞75％

以上より，事業B及び事業Cが報告セグメントとなり，事業A及び事業Dは「その他」の区分に一括して開示される。

3.3　後発事象（IAS10）

3.3.1　後発事象の意義

後発事象とは，期末日後，財務諸表の公表が承認される日までの期間に発生する事象で，企業にとって有利な事象と不利な事象の双方をいう（IAS10.3）。

後発事象は財務諸表の対象とする期間後に発生した事象であり，本来的には当期の財務諸表に記載されるものではない。しかし，後発事象の中には，当期末時点における将来の見積り項目などの前提条件に影響を与えるものもある。この場合，当期の財務諸表自体を修正することが求められる（IAS10.8）。

これに対して，当期の財務諸表を修正するものではない後発事象であるもの（IAS10.10），その内容が重要な場合には，企業の将来の財政状態及び経営成績の予測に役立つ有用な情報であるため，企業の将来の財政状態及び経

図表3.5　重要な後発事象の会計上の対応

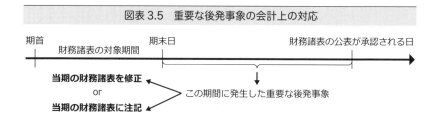

営成績を理解するための補足情報として注記よって開示される（IAS10.21）。

なお，企業は，期末日後に提案または宣言された配当の額を注記において開示しなければならない（IAS8.137(a)）。

3.3.2　修正を要する後発事象（IAS10.3(a)）

修正を要する後発事象とは，報告期間の末日と財務諸表の公表の承認日との間に発生する報告期間末日に存在した状況についての証拠を提供する事象をいう。企業は，修正を要する後発事象を反映するように，財務諸表に認識した金額を修正しなければならない（IAS10.8）。

【具体例】（IAS10.9）

・期末日において，現在の債務を有していたことを証明する訴訟等の解決
・期末日において，ある資産がすでに減損していたことを示す情報の入手
・期末日前の資産の購入原価または売却価額の期末日後の決定
・期末日前の事象の結果として，法的または推定債務を期末日時点で有する場合の支払額の期末日後の決定
・財務諸表が誤っていたことを示す不正または誤謬の発見

3.3.3　修正を要しない後発事象（IAS10.3(b)）

修正を要しない後発事象とは，報告期間後に発生した状況を示す事象をいう。企業は，財務諸表に認識した金額を，修正を要しない後発事象を反映するために修正してはならない（IAS10.10）。

【具体例】（IAS10.11）
・貸借対照表日と財務諸表の公表が承認される日との間に発生した投資の市場価値の下落

3.4　財務諸表作成の基礎（IAS8）

　IAS第8号「財務諸表作成の基礎」の目的は，以下の財務諸表作成の基礎を規定することで，企業が作成する財務諸表の価値関連性，信頼性，比較可能性を高めることである（IAS8.1）。

(a)　財務諸表作成に関する一般的な事項
(b)　会計方針の選択，変更及び開示のための規準
(c)　会計方針の変更，会計上の見積りの変更及び誤謬の訂正に関する会計処理及び開示

　なお，従来のIAS第8号は「会計方針，会計上の見積りの変更及び誤謬」として規定されていた。改正後IAS第8号「財務諸表作成の基礎」についても従来の基準と同様に，会計方針の選択と適用，会計方針の変更，会計上の見積りの変更，過去の誤謬の訂正を含む財務諸表作成の基礎を決定する際にも適用される（IAS8.3）。

3.4.1　一般的な事項
3.4.1.1　公正な表示とIFRSへの準拠（IAS8. 6D）
　財務諸表は，企業の財政状態，財務実績及びキャッシュフローを公正に表示しなければならない。**公正な表示**のためには，財務報告の概念フレームワークに定められた資産，負債，収益及び費用の定義及び認識基準に従って，取引の影響，その他の事象及び条件を忠実に表示する必要がある。
　企業がIFRSに準拠して財務諸表を作成している場合には，その旨を注記

において明示的に表明する必要がある。ほぼすべての状況において，企業は IFRS を遵守することによって公正な表示が達成されるため，作成された財務諸表が IFRS のすべての要件に準拠していない限り，「IFRS に準拠して財務諸表を作成している」と記載してはならない。ただし，公正な表示を達成するためには，次のような事項も考慮する必要がある。

(a)　会計方針を選択し適用するために，ある項目に具体的に適用される IFRS がない場合，権威ある規定の階層（優先順位）を考慮すること。
(b)　価値関連性，信頼性，比較可能で理解可能な情報を提供する方法で，会計方針を含む情報を提示すること。
(c)　IFRS の特定の要件に準拠してもなお，財務諸表利用者が理解するに不十分である場合には，追加の開示を提供すること。

3.4.1.2　離脱規定（IAS8.6E）

　極めてまれな状況において，IFRS の規定の遵守によって作成される財務諸表が，財務諸表利用者に著しく誤解を招くおそれがあり，概念フレームワークに定められた財務諸表の目的と矛盾すると経営者が結論づけた場合，企業は定められた方法でその規定から逸脱しなければならない（離脱規定）。

　企業が IFRS の要件から逸脱する場合には，以下の内容を開示しなければならない（IAS8. 6F）。

(a)　経営者は，財務諸表が企業の財務状況，財務実績，及びキャッシュフローを公正に示していると結論づけたこと。
(b)　公正な表示を達成するための特定の要件から逸脱した場合を除き，適用される IFRS に遵守していること。
(c)　企業が離脱した IFRS の規定の内容，概念フレームワークの目的と矛盾するほど誤解を招く理由。
(d)　仮に会計基準の要件に従って報告した場合に作成される財務諸表の各項目に与える影響額。

3.4.1.3 継続企業の前提（IAS8. 6K）

　財務諸表を作成する際，経営者は企業が**継続企業**として営業をする能力を評価しなければならない。企業は，経営者が企業を解散する意図がある場合や，またはそうする以外に現実的な選択肢がない場合を除き，継続企業を前提として財務諸表を作成しなければならない。

　企業が継続企業の前提に重要な疑義を抱かせる事象や重大な不確実性があると認識した場合には，企業はそれらの事象や不確実性を開示する。仮に，企業が継続企業ベースで財務諸表を作成していない場合には，継続企業と評価できない理由とともに，その事実を開示しなければならない。

3.4.1.4 発生主義会計（IAS8. 6M）

　企業はキャッシュ・フロー計算書を除き，「発生主義会計」の考え方に基づいて財務諸表を作成しなければならない。**発生主義**とは，キャッシュの収入や支出時点ではなく，**経済的な価値の増加や減少した時点に着目する考え方**であり，発生主義会計の考え方を前提として，概念フレームワークが要求する定義及び認識を満たした場合に，資産，負債，資本，収益及び費用（財務諸表の要素）の各項目が認識される。

3.4.2 会計方針（IAS8.5）

　会計方針とは，企業が財務諸表を作成表示するにあたって採用する特定の原則，基礎，慣行，ルール及び実務をいう（IAS8.5）。ある取引その他の事象または状況に具体的に当てはまるIFRSがある場合には，当該IFRSを選択適用しなければならない（IAS8.7）。これに対して，具体的に当てはまるIFRSが存在しない場合には，①利用者の経済的意思決定のニーズに対する目的適合性と，②信頼性をもたらすような会計方針を選択適用することが求められる（IAS8.10）。これら①②の判断を行うにあたっては，経営者は以下の(a)及び(b)の内容を順に参照し，その適用可能性を検討する必要がある（IAS8. 11）。

54 第3講 財務諸表の表示〜非継続事業，事業セグメント，後発事象と作成の基礎〜

> (a) 類似の事項や関連する事項を扱っている IFRS の定め
> (b) 概念フレームワークにおける資産，負債，収益及び費用に関する定義，認識規準及び測定概念

なお，経営者は，「会計基準を開発するために類似の概念フレームワークを使用している他の会計基準設定主体の直近の基準等の文書」，「その他の会計上の専門的文献」，及び「一般に認められている業界実務慣行」も，上記(a)及び(b)に反しない範囲において考慮できる（IAS8.12）。

3.4.3 会計方針の変更（IAS8.14）

企業は，会計方針の変更が以下に該当する場合にのみ，会計方針を変更しなければならない（IAS8.14）。

> ① IFRS が要求している場合（会計基準の新設や改訂による強制的な適用）
> ② 企業の財政状態，経営成績またはキャッシュフローに対し取引その他の事象または状況が及ぼす影響について，信頼性があり，より目的適合性のある情報を提供する財務諸表となる場合（自発的な変更）

3.4.4 遡及適用（IAS8.14）

企業は会計方針を変更した場合，経過措置に従う場合や実務上不可能な場合を除き，当該変更を遡及適用しなければならない（IAS8.19(b)）。**遡及適用（retrospective application）とは，新しい会計方針をその方針が過去から常に適用されていたかのように，取引その他の事象及び状況に適用することをいう**（IAS8.5）。

遡及適用される場合には，企業は表示されている最も古い年度の資本項目のうち影響を受ける期首残高及び各過年度に開示されているその他の比較情報を，新しい会計方針がすでに適用されていたかのように修正する（IAS8.22）。ただし，変更要因ごとに会計方針を変更した場合の扱いは**図表3.6**のように異なる（IAS8.19）。

3.4 財務諸表作成の基礎（IAS8）　55

図表 3.6　会計方針を変更した場合の扱い

① IFRS が要求している変更の場合	② 自発的な変更の場合
・具体的な経過措置がある場合には，それに従った会計処理をする。 ・具体的な経過措置を設けていない IFRS を初めて適用することによる会計方針の変更の場合，当該変更を遡及適用する。	当該変更を遡及適用する。

3.4.5　会計上の見積り（IAS8.32）

　会計上の見積りとは，**財務諸表上の貨幣金額のうち測定の不確実性に晒されているもの**をいう。事業活動には不確実性が存在するため，財務諸表の項目には，正確に測定できず，見積りのみで測定される項目も多くある。見積りは，最新の入手可能な信頼のおける情報に基づく判断が必要となる。会計上の見積りが要求される例としては以下のものが挙げられる（IAS8.32）。

・不良債権
・棚卸資産の陳腐化
・金融資産または金融負債の公正価値
・償却資産の耐用年数または内包される経済的便益の費消の予想パターン
・製品保証債務

3.4.6　会計上の見積りの変更（IAS8.32）

　会計上の見積りの変更とは，**資産や負債の現状の評価，及び資産や負債に関連して予測される将来の便益及び義務を評価した結果生じる資産または負債の帳簿価額または資産の定期的な費消額の調整**をいう（IAS8.5）。

　見積りの基礎となった状況の変化，または，新しい情報やより多くの経験により，見積りの修正が必要となる場合がある（IAS8.34）。会計上の見積りの変更は新しい情報や新しい展開から生じるものであり，誤謬の訂正とは異なる（IAS8.34）。

　会計上の見積りの変更の影響は，影響を与える期間の純損益に含めることによって当期及び将来に向かって認識する（IAS8.36）。具体的には，変更が

当期のみ影響を与える場合には，当期の純損益に含めて認識し，変更が当期及び将来に影響を与える場合，当期及び将来の純損益に含めて認識する。

なお，会計上の見積りの変更が資産，負債及び資本項目に関連する場合は，変更期に関連する資産，負債，資本の帳簿価額を修正し当該変更を認識する（IAS8.37）。

3.4.7 過年度の誤謬

過年度の誤謬とは，信頼性の高い情報の不使用または誤用により生じた，過去の期間に係る企業の財務諸表における脱漏または誤表示をいう（IAS8.5）。

財務諸表は，下記のような誤謬を含んでいる場合，IFRSに準拠していないことになる（IAS8.41）。

- ・重要な誤謬を含んでいる場合
- ・重要性はないが企業の財政状態，経営成績またはキャッシュフローの特定の表示を達成するために意図的に誤謬を犯した場合

3.4.8 誤謬の会計処理（遡及的修正再表示）

当期の誤謬が発見された場合，財務諸表が承認されるまでに修正しなければならない。これに対して，過年度の重要な誤謬が発見された場合には，その後に最初の承認される財務諸表において，遡及的修正再表示しなければならない。遡及的修正再表示（retrospective restatement）とは，財務諸表要素の金額の認識，測定及び開示を，過年度の誤謬が発生していなかったように訂正することをいう（IAS8.5）。

3.4 財務諸表作成の基礎（IAS8） 57

●練習問題●

□ **3.1** 次のそれぞれの内容について，正しいものには○を，誤っているものには×を付けなさい。

(1) 転売することのみのために取得した子会社は，非継続事業に該当しない。

(2) IFRS を遵守することによって公正な表示が達成されるため，IFRS の規定を逸脱して財務諸表を作成することは認められていない。

(3) マネジメント・アプローチの長所として，マネジメント方法が企業によって同じであるため，企業間の比較可能性が高いことが挙げられる。

(4) 財務諸表の利用者にとって，当該セグメントに関する情報が有用であると経営者が考える場合には，量的基準を満たさない事業セグメントを別個に開示できる。

(5) 経済的特徴が類似し，集計基準の過半数を共有していれば，量的基準を満たさない事業セグメント同士をあわせて報告セグメントとすることができる。

(6) 報告できる事業セグメント数は 10 が上限であり，それを超えることはできない。

(7) 後発事象は，期末日後，財務諸表の公表が承認される日までの期間に発生する事象で，企業にとって不利な事象のみが開示の対象となる。

(8) 貸借対照表日と財務諸表の公表が承認される日との間に投資の市場価値が下落した場合，財務諸表を修正することが求められる。

(9) 過年度の重要な誤謬が発見された場合には，その後に最初の承認される財務諸表において，遡及適用しなければならない。

(10) 会計上の見積りが変更された場合，新しい見積りが過去から常に適用されていたかのように，取引その他の事象及び状況に適用する必要がある。

□ **3.2** 以下の問に答えなさい。

(1) 非継続事業を継続事業と区分して表示する意義を説明しなさい。

(2) マネジメント・アプローチの長所を 4 つ挙げなさい。

(3) 企業が会計方針の変更をしなければならない場合を 2 つ挙げなさい。

(4) 会計上の見積りの変更は，誤謬の訂正とは異なる理由を説明しなさい。

□ **3.3** X社とその事業セグメントは，製造業にのみ従事している。次に示す当期の財務データにおいて，総収益は外部顧客への売上から生じた収益の合計で

58   第3講　財務諸表の表示～非継続事業，事業セグメント，後発事象と作成の基礎～

ある。そこで，X社の個別に報告される事業セグメントは，A～Fのうちどの
事業セグメントか答えなさい。

部　門	総収益	営業利益	資　産
A	10,000	1,900	20,000
B	8,000	1,400	17,500
C	6,000	1,200	12,500
D	3,000	500	8,000
E	4,000	600	9,000
F	2,000	400	3,000

第4講
顧客との契約から生じる収益

●学習のポイント

　本講では，収益認識について検討する。収益を認識するに際しては，5つのステップを踏むことになっている。学習にあたっては，そうした5つのステップが，なぜ必要となるのか，それぞれのステップで何を判断しているのかを理解することが学習のポイントである。また，IFRSでは，大きな考え方の一つとして，資産負債アプローチが採用されている。本講で学ぶ収益認識についても，資産負債アプローチがどのように適用されているのかを意識して，学習を進めることが大切である。

●キーワード

広義の収益，収益，契約，顧客，履行義務

●検討する会計基準

| IFRS第15号 | 「顧客との契約から生じる収益」 |

4.1 はじめに

　収益とは，営業活動の結果生じた経済的便益の増価のことである。IFRS では，企業が営業活動を行う中で，当該経済的便益の増価（＝収益）を，どのタイミングで認識するか，あるいは，いくらで認識するかを決定するにあたって，以下に掲げる 5 つのステップを踏むことが要求されている。

ステップ①：契約の識別
ステップ②：契約における履行義務の識別
ステップ③：取引価格の算定
ステップ④：取引価格の履行義務への配分
ステップ⑤：履行義務の充足に伴う収益の認識

　本講における最終的な目標は，上記のステップを理解することにある。しかし，本講では，いきなりこのステップを頭から解説することは行わない。まずは，こうしたステップが不要ともいえるようなシンプルな営業活動を題材に，収益認識の基礎を確認する。次いで，より複雑な営業活動を取り上げ，なぜ，上記のようなステップが必要なのかを説明する。そのうえで，各論として上記の各ステップの詳細な内容を見ていくことにしたい。

　なお，会計基準の名称は「顧客との契約から生じる収益」となっているが，契約に基づかない収益というものは通常想定され得ない。それゆえ，当該基準の名称は，契約の締結が収益認識の契機となることを強調するものであって，何か特別な条件を満たした収益のみを対象とするという意味ではない（＝扱う対象となる収益の範囲は，あくまで包括的なものである）。

4.2 基礎の確認

　一般的に他社から仕入れた商品や自社で製造した製品を販売することを目的として活動を行う企業の場合，当該商製品を販売した時点で収益を認識する。ここで，販売時点とは，商製品の引き渡しと，対価の受け取りがあった時点と考えることができるだろう。また，ここで「対価」には，現金だけでなく，将来において現金を受け取る権利（例えば，売掛金）も含まれる。例えば，簡単な取引例とその場合の会計処理とを示せば以下のとおりである。

> **設例4-1**
> 　X1年4月1日，商品を10,000円で販売し，代金は後日受け取ることとした。

4/1　（借）売掛金　10,000　　（貸）売　上　10,000

　また，商製品の販売ではなくサービス業を営んでいる場合，一定期間にわたって当該サービスを提供し，対価を得ることもある。以下のような取引例を考えてみる。

> **設例4-2**
> 　X1年9月1日，設備の保守サービスを行う契約を3,000円で締結した。契約期間は1年であり，代金は契約終了後に受け取ることとした。なお，決算日は，12月31日である。

　この場合，X1年12月期においては，契約締結時のX1年9月1日から決算日のX1年12月31日までの4か月にわたって，保守サービスの提供が行われている。したがって，当期においては，（1年間のサービス提供に対する）対価の金額である3,000円のうち，4か月分の1,000円について成果があがったと考えられるだろう。したがって，以下のように仕訳が行われると考えられる。

12/31　（借）未収収益　1,000　　（貸）売　上　1,000

こうしてみると，収益の認識について，特に冒頭紹介したステップなど不要のように思える。

しかし，商製品の販売とサービスの提供とが一体的に行われていた場合はどうだろうか。例えば，当期に，製品の販売と2年間にわたって当該製品を保守するサービスの提供とを，あわせて12,000円で請け負った場合が，これに当たる。この場合，当期にいくらの収益を認識すればよいだろうか。12,000円ではないだろう。このうちいくらかは，保守サービスの提供に対して支払われている。そして，保守サービスが期を跨いで行われるのであれば，対価のうち保守サービスの提供に対して支払われている部分の中で，次期に保守サービスを提供する分は，当期の収益としてカウントすべきではない。

問題はこれだけではない。設例4-2の説明では，対価の金額を，単純にサービス提供期間（12か月）で割り，当期に帰属している4か月分を乗じて当期の収益としていた。しかし，本当にそれでよいのだろうか。保守サービスの場合にはそれでもよいかもしれないが，例えば，請負工事のようにサービスの提供具合を作業の進捗度で測る方が妥当といえる場合もあるだろう。

こうしてみると収益の認識を決定するという問題は，様々な取引に目を向けると数多くの検討事項を孕んでいるといえる。そして，そうした様々な取引の収益認識に対して，（個々別々に基準を設けるのではなく）1つの体系だった基準を設定するために，冒頭のステップが必要になる[1]。

また，こうしたステップの背景には，収益認識を資産負債アプローチの下で行うという意図も存在する。すなわち，収益を義務の減少で捉え，さらに義務の減少を支配の移転で捉えるのである。例えば，設例4-1の場合，商品を販売する契約を締結した時点で，当社には，「10,000円の現金を受け取る権利」と「10,000円の商品を引き渡す義務」とが同時に存在することになる（図表4.1参照）。この時点では，権利と義務とが両建てで生じ，資産と負債との差額で定義される純資産に対する影響は「±0」である。それゆえ，純資産の増加で定義される収益は「0」である。そして，商品を引き渡すと，「10,000円の商品を引き渡す義務」が消滅し，「10,000円の現金を受け取る権

---

[1] IASB（2008），S1項参照。

図表 4.1　収益認識の基本モデル

利」のみが残る。この時点で純資産への影響は「＋10,000」となり，その分だけ，収益が認識されるという論理構成である。

　また，なぜ，この時点で「10,000円の商品を引き渡す義務」が消滅すると考えるかといえば，この時点で販売の対象となっている商品への支配が移転したからとされる。こうした，根拠づけの流れは，概念フレームワークにおける財務諸表構成要素の規定関係に沿うものになっているといえるだろう。すなわち，概念フレームワークでは，資産が定義され，これに基づいて負債が導かれ，さらに資産と負債との差額で純資産が導かれる。そして，純資産の増減によって包括利益が導かれている。そして，ここで見た，収益が認識されること（＝包括利益が増加すること）の根拠として，純資産の増加が挙げられ，純資産の増加を認識することの根拠として，負債の減少（＝履行義務の消滅）が挙げられている。さらに，負債の減少が認識される根拠として，資産の減少（＝支配の移転）が挙げられている。このように，「資産→負債→純資産→包括利益」という規定関係が，収益認識という具体的な会計処理においても，その背景に存在していることが分かる（この段落については，**第1講1.7節**，および，**コラム1.8**も参照）。

　ここまでが，各ステップが必要とされる背景である。それでは，次節にて，それぞれのステップを検討する。

64 第4講 顧客との契約から生じる収益

4.3 収益認識のための5つのステップ

4.2節では，収益認識のため冒頭に示した5つのステップが必要となる理由（あるいは，こうしたステップを設けずに収益認識を行う場合に生じる問題）をいくつか紹介した。本節では，5つのステップを具体的に解説していく。まずは，4.3.1項にて，4.2節での議論を敷衍する形で，当該諸ステップが，それぞれの何を決めるためのステップなのかを，大きくつかんでいく。その後，4.3.2項以降で，各ステップについてより詳しく解説を行う。

4.3.1 5つのステップの概観

まず，設例を用意して，この設例における取引に5つのステップを適用しながら，当該ステップについて概観しよう。以下では，設例4-1で見た商製品の販売と，設例4-2で見たサービスの提供とを，あわせて請け負った場合を想定する。

設例4-3

・X1年1月1日，製品である機械の販売と，当該機械に対する2年間の保守サービスの提供とを，あわせて12,000円で行う契約を顧客と交わした。

・X1年3月1日に，製品が引き渡され，同時に保守サービスの提供が開始された。

・なお，保守サービスなしで当該機械を販売する場合の販売価格は10,000円であり，機械の販売なしで，保守サービスのみを提供する場合の価格は3,000円である。また，決算日は，12月31日である。

ステップ①「契約の識別」（⇒4.3.2項）/ ステップ③「取引価格の算定」（⇒4.3.4項）

まず（設例4-3では，自明に近いが），この取引においては，機械の販売と保守サービスの提供とをもって1つの契約であることを確認する。詳しくは

後述するが，当事者間で「1つの契約」として交わされたものが，必ずしも会計上も，そのまま「1つの契約」とみなされるわけではない。それゆえ，「**そもそも会計処理しようとしている取引が，会計処理可能か**」を判断したり，「**会計上，どこまでを1つの契約と考えるか**」を判断したりする必要がある。これが，ステップ①「契約の識別」である。

また，設例4-3では，「機械の販売と保守サービスの提供」という1つの契約の全体に対して，12,000円の対価がもたらされる。このように，**1つの契約全体から得られる対価の金額**を判断するのが，ステップ③「取引価格の算定」である。

ステップ②「契約における履行義務の識別」（⇒4.3.3項）/ ステップ④「取引価格の履行義務への配分」（⇒4.3.5項）

こうして，契約と契約の金額とが確定したら，「**その契約を結ぶことで，どのような義務を負うことになるか**」，そして，「**それぞれの義務はいくらか**」を判断する。このうち，前者の，「その契約を結ぶことで，どのような義務を負うことになるか」を判断するのが，ステップ②「契約における履行義務の識別」である。設例4-3では，当該契約によって，「機械を引き渡す義務と保守サービスを提供する義務とを負う」と判断される。

また，「契約全体の金額12,000円のうち，いくら分が機械を引き渡す義務によるもので，いくら分が保守サービスを提供する義務によるものか」を判断するのが，ステップ④「取引価格の履行義務への配分」である。設例4-3では，契約全体の金額12,000円を，機械の引き渡しと保守サービスの提供とを，独立して行う場合の価格の比に基づいて計算する。すなわち，

機械の引き渡し義務：$12,000 円 \times \dfrac{10,000円}{10,000円 + 3,000円} = 9,231 円$

保守サービスの提供義務：$12,000 円 \times \dfrac{3,000円}{10,000円 + 3,000円} = 2,769 円$

と計算する。

ステップ⑤「履行義務の充足に伴う収益の認識」（⇒4.3.6項）

最後に，それぞれの義務が果たされる（「充足される」という）タイミング

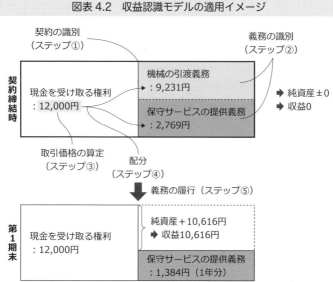

図表4.2 収益認識モデルの適用イメージ

を判断する。これが，ステップ⑤「履行義務の充足に伴う収益の認識」である。設例4-3では，機械の引き渡し義務は当該引き渡し時点で，保守サービス提供義務は当該サービスの提供期間である2年間にわたって，それぞれ充足される。したがって，X1年12月期においては，当期に充足された機械の引き渡し義務に係る9,231円と，保守サービスの提供義務に係る2,769円のうち，当期に充足されたと考えられる1,385円（ここでは，2,769円を2年間で均等配分した）とをあわせた10,616円が，収益として認識される。

4.3.2 契約の識別——ステップ①

ステップ①では，「そもそも会計処理しようとしている取引が，会計処理可能か」を判断したり，「会計上，どこまでを1つの契約と考えるか」を判断したりする。具体的な，契約の識別要件は以下の5つである。

契約の識別要件（IFRS15.9）
(a) 契約の当事者が，契約を（書面，口頭または他の取引慣行に従って）承

認しており，それぞれの義務の履行を確約している。

(b) 企業が，移転すべき財またはサービスに関する各当事者の権利を識別できる。

(c) 企業が，移転すべき財・サービスに関する支払条件を識別できる。

(d) 契約に経済的実質がある（すなわち，契約の結果として，企業の将来キャッシュフローのリスク，時期または金額が変動すると見込まれる）。

(e) 企業が，顧客に移転する財またはサービスと交換に権利を得ることとなる対価を回収する可能性が高い。

　(a)〜(c)は，これ以降の各ステップを行うための前提条件といえる。(d)が要求されているのは，「この要求を設けないと，複数の企業が収益を人為的に水増しするために，相互への財またはサービスの往復（多くの場合，現金対価が少額または皆無）を行うおそれがある」（IFRS15.BC40）からとしている。また，(e)の要件は，一般に，対価の回収可能性の低い顧客との契約は有効ではない（あるいは，そうした顧客とは契約を行わない）ことから，契約の有効性を判断する一つの規準とされている（IFRS15.BC43 参照）。このように，ステップ①が求められる背景には，各ステップの前提条件を揃えることに加えて，実態の伴わない架空の契約に基づいて収益認識を行うことを防ぐという目的が存在する。

　また，設例4-3 でいえば，機械販売の契約書と保守サービス提供の契約書とを別々に作成し，各契約書において，機械を 11,999 円で販売し，2 年間の保守サービスを 1 円で提供する旨を定めることもできる。この場合，「契約書が別＝契約が別」と機械的に解釈し，収益を認識すると，機械の販売時点で 11,999 円の収益を認識することができてしまう。このように，契約書の内容を自由に構成し，取引の実態が全く同じでありながら，各期に認識する収益の金額を自由に決定できるのは不合理である。そこで，契約の構成に関係なく，単一の契約を判断するべきであると述べられている（IFRS15.BC68 も参照）。

　このように，ステップ①で行う判断のうち，「会計上，どこまでを 1 つの契約と考えるか」に関する判断においても，やはり，契約の実質に基づいて行

68 第4講 顧客との契約から生じる収益

うことが求められている。なお，実質的な判断が可能になるように，IFRS第15号では，以下のいずれかに該当する場合には，契約を結合し，単一の契約として会計処理することを定めている。

契約を結合するかどうかの判断基準（IFRS15.17）

(a) 契約が，単一の商業的目的を有するものとして交渉されている。

(b) 1つの契約で支払われる対価の金額が，他の契約の価格または履行に左右される。

(c) 複数の契約で約束した財またはサービスが，単一の履行義務となる。

4.3.3 契約における履行義務の識別——ステップ②

ステップ②では，「その契約を結ぶことで，どのような（履行）義務を負うことになるか」を判断する。4.3.1項で見たとおり，IFRS第15号においては，履行義務の充足に応じて収益が認識されるため，契約によって交わされた約束のうち，どの約束を1つの履行義務と捉えるかによって，各期に認識される収益の金額が変わってくる。そして，IFRS第15号における**履行義務**とは，**顧客に別個の財またはサービス移転する約束**，とされている（IFRS15.付録A参照）から，「どの約束を1つの履行義務と捉えるか」は，「移転することが約束されている財またはサービスについて，どの財またはサービスを，"別個"のものとして捉えるか」と同義であるといえる。設例4-3でいえば，機械と保守サービスとを，1つの財またはサービスと捉えるか，はたまた，別個のものと捉えるか，を判断することになる。

それでは，どのような場合に，財またはサービスは別個のものと捉えられるのか。具体的には，以下の要件の両方に該当する場合には，別個の財またはサービスであるとされる。

財またはサービスが別個のものであると判断されるための要件
（IFRS15.27）

(a) 顧客が，それ単独で，または容易に利用可能な他の資産と組み合わせて，その財またはサービスからの便益を得ることができる。

(b) 財またはサービスを移転する約束が，契約の中の他の約束と区分して
識別可能である。

　例えば，**設例4-3**における，機械の販売と保守サービスの提供でいえば，
当該機械が保守サービスを不可欠とする（当該保守サービスなしでは，機械を
使用し続けられない）場合で，しかも，当該保守サービスを提供できるのが当
社のみである場合を考えよう。この場合，顧客からすれば，当社から保守サ
ービスの提供を受けずに当該機械のみを購入する選択肢は事実上，存在しな
い。それゆえ，こうした場合には，機械と保守サービスとをあわせて1つの
（＝別個の）財またはサービスと考えることになる。それゆえ，これらを販売
あるいは提供する約束が，1つの履行義務として識別される。
　また，自社によるアップデートを行わずに，顧客がソフトウェアを利用し
続けることができない場合における，ソフトウェア・ライセンスの供与とア
ップデート・サービスの提供もまた，両者をあわせて1つの（＝別個の）財
またはサービスと考えることになるだろう。さらに，機械の据え付けにあた
って，当該機械を顧客向けに大幅にカスタマイズする場合における，機械の
販売と据え付けサービスの提供も，両者をあわせて1つの（＝別個の）財ま
たはサービスであると考えられる。
　他方で，当該機械の利用にあたって保守サービスが不可欠ではなかったり，
保守サービスが当社以外の企業によっても提供可能な一般的なものであった
りする場合，顧客からすれば，保守サービスの提供を受けずに機械だけ購入
することも可能といえる。それゆえ，(a)「顧客が，それ単独で，または容易
に利用可能な他の資産（他社からの保守サービス）と組み合わせて，その財
またはサービスからの便益を得ることができ」るといえる。また，(b)「財また
はサービスを移転する約束が，契約の中の他の約束と区分して識別可能であ
る」ともいえるだろう。それゆえ，この場合には，機械と保守サービスとは，
それぞれ別個の財またはサービスと判断される。したがって，それぞれの財
またはサービスを販売したり提供したりする約束が，それぞれ履行義務とし
て識別される。

70　第４講　顧客との契約から生じる収益

4.3.4　取引価格の算定——ステップ③

　ステップ③では，取引価格を算定する。取引価格とは，顧客と約束した財ま
たはサービスの移転と交換に，企業が権利を得ると見込んでいる対価の金額
である。取引価格の算定にあたっては，以下の影響を考慮する。

取引価格の算定にあたって考慮すべき事項（IFRS15.48 参照）
①　変動対価
②　重大な金融要素の存在
③　現金以外の対価
④　顧客に支払われる対価

　まず，①変動対価であるが，これは**契約によって約束された対価のうち，
その金額が変動する可能性があるもの**を指す。対価の金額が変動するという
事態をイメージするのは難しいかもしれないが，我々にとって馴染み深いも
のでいえば，返金，価格譲歩（値引き）の可能性がある場合や，ショッピン
グモールにおける店舗に対するテナント料のように家賃が売上高に連動する
場合なども，対価の金額が変動する可能性がある場合に含められる。

　このように，対価の金額が変動する可能性がある場合には，当該可能性を
考慮して対価の金額を見積もる必要がある。その見積りにあたっては，(a) 期
待値または，(b) 最頻値のいずれかの方法のうち，より適切に予測できる方法
によって見積りを行うことを求めてられている[2]。

　②の重大な**金融要素**の存在を考慮するとは，以下のとおりである。すなわ
ち，顧客が財やサービスの移転よりも後に代金を支払う場合には，当該財や
サービスの移転から代金支払時点まで，支払いを猶予する（要するに，資金を
貸し付ける）のに伴って，当該期間に発生した利息が販売代金に上乗せされ
る。したがって，**代金が後払いされる場合には，多かれ少なかれそうした利
息（＝金融要素）が代金に含まれている**と考えられる。そして，そうした利
息の重要性が高い場合には，当該利息を除いて対価の金額を決定することが
求められている。具体的には，仮に顧客が当該当該財やサービスの移転と同

---

[2] 引当金の場合，期待値か最頻値かの使い分けが示されている（第８講 8.4.1 項参照）。

時に代金の支払う場合の価格を，当該契約の取引価格とする（IFRS15.61）。

③の対価が現金以外の場合には，それらの対価を公正価値で評価し，取引価格とすることが求められている（IFRS15.66）。また，④顧客に対価が支払われる場合がある。その場合，取引価格の減額として取り扱う（IFRS15.71）。

❖ コラム 4.1　見積りの不確実性と変動対価 ─────────────

　概念フレームワークでは，見積りの不確実性が極めて高いがために，当該見積りが経済事象を忠実に表現するかどうかが疑わしい場合がある（概念FW.2.22）としている。そうした考え方と軌を一にして，変動対価についても，その見積りの不確実性が極めて高い場合には，契約における対価を忠実に表現しない可能性があるとしている（IFRS15.BC203）。

　そこで，取引価格に含めるのは，「見積もられた変動対価の金額の一部または全部を，変動対価に関する不確実性がその後に解消される際に，認識した収益の累計額の重大な戻し入れが生じない可能性が非常に高い範囲」（IFRS15.56）に限定している。つまり，対価の金額（延いては，収益の金額）を過大に評価した結果，後で収益を取り消すようなことがないように求めているわけである。逆にいえば，IFRSにおいて，見積りに制限が設けられているのは，対価や収益の金額が過大に評価された結果，収益が下方修正される可能性だけであって，収益が上方修正される可能性ついては，特に制限されていない。

　この点，収益が下方修正される可能性だけを制限していることをもって，見積りに偏りがもたらされること，延いては，概念フレームワークにおける中立性の概念と緊張関係が生じることをIASBは認めている（IFRS15.BC207参照）。しかし，将来に重大な戻し入れのおそれがないと見込まれるならば，収益の目的適合性が高まるといった主張を，財務諸表利用者が述べたことをもって，この偏りは合理的であるとしている（IFRS15.BC207参照）。このように，測定における偏りを積極的に認める場合も存在する（この段落については，第1講1.5節も参照）。

4.3.5　取引価格の履行義務への配分──ステップ④

　ステップ④では，ステップ②にて認識した履行義務に，ステップ③で算定した取引価格を配分する。配分の方法は，4.3.1項にて示したとおり，取引価格を，**企業が約束した財またはサービスを独立に顧客に販売した場合の価格**である，**独立販売価格**の比率で配分する（IFRS15.76）。なお，独立販売価格が，客観的に観察可能でない場合，類似の財またはサービスについて競争相手が

設定している価格を参照したり，履行義務を充足するためのコストに適切なマージンを上乗せしたりして，独立販売価格を見積もることが要求されている（IFRS15.79）。

4.3.6　履行義務の充足に伴う収益の認識──ステップ⑤

　最後のステップ⑤では，履行義務が充足されるタイミングを判断し，当該タイミングで収益を認識する。

　なお，**履行義務が充足されるタイミング**とは，企業が顧客に財またはサービスを移転するタイミングとされ，**企業が財またはサービス移転するタイミングは，顧客が当該財またはサービスの支配を獲得する（＝顧客に財またはサービスの支配が移転する）タイミングと同義である**とIFRSでは解されている（IFRS15.31 参照）。この点を念頭に置いておくと，以下の解説も理解しやすいと考えられる。なお，ここで支配とは，「**当該資産の使用を指図し，当該資産からの残りの便益のほとんどすべてを獲得する能力**を指す。支配には，他の企業が資産の使用を指図して資産から便益を得ることを妨げる能力が含まれる」（IFRS15.33）とされる。

　さて，履行義務が充足されるパターンとして，IFRS第15号は2つのパターンを想定している。

---

① 履行義務が一定期間にわたって充足される場合
② 履行義務が一時点で充足される場合

---

　① 履行義務が一定期間にわたって充足される場合　　契約によって移転することになっている財またはサービスへの支配がどのように移転するかについては，以下のいずれかの要件を満たした場合には，当該履行義務は一定期間にわたって充足されると判断され，それ以外の履行義務が一時点で充足されると判断される。

履行義務が一定期間にわたって充足される場合（IFRS15.35）

(a) 顧客が，企業の履行によって提供される便益を，企業が履行するにつれて同時に受け取って消費する。

(b) 企業の履行が，資産（例えば，仕掛品）を創出するか，または増価させ，顧客が当該資産の創出または増価につれてそれを支配する。

(c) 企業の履行が，企業が他に転用できる資産を創出せず，かつ，企業が現在までに完了した履行に対する支払いを受ける強制可能な権利を有している。

(a)の要件は，**設例4-3**の保守サービスのように，一定期間（**設例4-3**の場合，2年間）にわたって，日常的，反復的に提供されるサービスが念頭に置かれている（IFRS15.B3）。これは，サービスは受け取った瞬間に消費される資産であると解されていることから[3]，このような要件を設けることで，一定期間にわたって提供されるサービスを提供する義務が，一定期間にわたって充足される履行義務として判断されることになる。

なお，顧客が，企業の履行によって提供される便益を，企業が履行するにつれて同時に受け取って消費するかどうかの判断基準として，「仮に他の企業が顧客に対する残存履行義務を履行することになったとしても，作業の大幅なやり直しをする必要がないと企業が判断する場合には，履行義務は一定期間にわたり充足される」（IFRS15.B4）とされる。例えば，青森から山口まで荷物を運ぶというサービスを提供する場合に，何らかの理由で東京までしか荷物を輸送できず，途中から別の企業が当該荷物を運ぶ場合でも，当該別の企業は，わざわざ青森まで戻ってから山口に運ぶ必要はない。こうした輸送サービスを提供する義務は，残りの履行義務を履行するにあたって，作業のやり直しが必要ないので，一定期間にわたり充足される履行義務と判断される（IFRS15.BC126参照）。

(b)と(c)の要件は，主に，長期請負工事に代表される，長期にわたって行われる資産の創出が念頭に置かれている。基本的には，(b)の要件で判断が為されるが，それが難しい場合には，(c)の要件を用いて判断される。

(c)は「企業が他に転用できる資産を創出せず」の部分と，「企業が現在までに完了した履行に対する支払いを受ける強制可能な権利を有している」の

---

[3] この点については，**第9講9.5節**も参照。

74 第4講 顧客との契約から生じる収益

部分に分けられる。前者については，企業が他に転用可能な資産を創出している場合には，顧客には，企業が当該資産を別の顧客に振り向けることを制約する能力がないため，顧客は当該資産の創出につれて当該資産に対する支配を獲得しているとはいえない，と判断される（IFRS15.BC134 参照）。それゆえ，企業が別の顧客との契約でも代用できるような標準的な資産を創出する場合は，要件(c)に該当しない。他方で，企業が特定の顧客のために高度にカスタマイズされた資産を創出する場合には，この要件に当てはまる。

　また，後者の文言の意図するところは，以下のとおりである。契約によって他の契約に転用不可能な（転用するとしてもコストが莫大に掛かる）資産を創出している場合，仮に顧客との契約が途中で解約されると，自社には何の価値もない（作りかけの）資産だけが残ることになってしまう。こうした事態を回避するために，転用不能な資産の創出を行っている場合には，仮に途中解約があったとしても，そこまでの支払いを要求することが想定される（IFRS15.BC142 参照）。裏を返せば，現在までに完了した履行に対する支払いを行う義務を顧客が負っている場合には，その履行に伴って（履行期間にわたって）支配が移転していると考えられるというものである（IFRS15.BC142 参照）。

　このような3つの要件のいずれかを満たした場合には，①履行義務が一定期間にわたって充足されると判断され，それ以外の場合には，②履行義務が一時点で充足されると判断される。

　ここで解説した，履行義務が一定期間にわたって充足される契約については，ある期間に当該義務がどれほど履行されたか（＝進捗度）を，どのように測るかという重要な論点が存在する。この進捗度に関する議論は，履行義務が一定期間にわたって充足される契約の代表例である，長期請負工事に係る会計処理の解説とともに，次講にて行われる。

　②　履行義務が一時点で充足される場合

　履行義務が一時点で充足される場合，当該充足時点で収益を認識する。履行義務がいつ充足されたのかを判断するために，考慮すべき指標として，以下の5つが例示されている。

　こうした例示においては，先に述べたとおり，履行義務の充足時点と顧客

4.3 収益認識のための５つのステップ 75

が財またはサービスの支配を獲得した時点とが同義である，という考え方が強く反映されている。

履行義務が一時点で充足される場合（IFRS15.38）
(a) 企業が資産に対する支払いを受ける現在の権利を有している。
(b) 顧客が資産に対する法的所有権を有している。
(c) 企業が資産の物理的占有を移転した。
(d) 顧客が資産の所有に伴う重大なリスクと経済価値とを有している。
(e) 顧客が資産を検収した。

●練習問題●

□ 4.1 IFRS においては，収益認識を行うまでに，5つのステップを踏むことになっている。その5つのステップを答えなさい。

□ 4.2 次のそれぞれの内容について，正しいものには○を，誤っているものには×を付けなさい。

(1) 機械の製造や販売を行っている企業が，機械の販売を300円で，当該機械の据え付けサービスの提供を60円で行う契約を，同一の顧客と同じ時点で交わしたとする。この場合，仮に，当該機械の据え付けにあたって，当該顧客向けに大幅な修正やカスタマイズが不可欠であったとしても，当該機械の販売に係る契約書と当該据え付けサービスの提供に係る契約書とを別々に作成している場合には，基本的に，当該機械の販売と当該据え付けサービスの提供とは，別々の履行義務として認識されると考えてよい。

(2) 機械の製造や販売を行っている企業が，機械の販売を300円で，当該機械の保守サービスの提供を60円で行う契約を，同一の顧客と同じ時点で交わしたとする。この場合，仮に，当該機械の使用にあたって，当該保守サービスが不可欠であったとしても，当該保守サービスと同質のサービスを他社も提供している場合には，基本的に，当該機械の販売と当該保守サービスの提供とは，別々の履行義務として認識されると考えてよい。

(3) 壁の塗装を行っている企業が，塗装のサービスを提供する契約を顧客と交わしたとする。塗装サービスが完了するまで2年かかると予定されている。

76 第4講 顧客との契約から生じる収益

この際，この契約によって生じる履行義務は，一定期間にわたって充足されると考える。なお，当該塗装は，他社も提供している一般的なものであると仮定する。

(4) ボートの製造を行っている企業が，ボートの製造と販売を行う契約を顧客と交わしたとする。ボートの完成まで2年かかると予定されている。この際，この契約によって生じる履行義務は，一定期間にわたって充足されると考える。なお，このボートは，軽微な調整をすれば，他の顧客にも販売可能なものであると仮定する。

(5) 変動対価の見積もりにあたっては，原則として期待値法を用いる。

(6) 取引価格に含めるのは，見積もられた変動対価の金額の一部または全部を，変動対価に関する不確実性がその後に解消される際に，認識した収益の累計額の重大な戻し入れ，あるいは，重大な追加計上が生じない可能性が非常に高い範囲に限定している。

□ 4.3　以下の取引の会計処理に関する(1)～(3)の文章にある，空欄(a)～(g)に妥当な数値を記入しなさい。なお，端数が生じた場合には，計算の都度，小数点以下を四捨五入する。

・X社は顧客に対して，購入額の10％のポイントを付与している（カスタマー・ロイヤルティ・プログラム）。顧客は，当該ポイントを使用することで，X社のB商品を，1ポイントにつき1円分だけ獲得することができる。

・X1年3月1日，A商品1個を1,000円で，現金にて販売した（これに対して100ポイントが付与された）。

・X1年3月31日，3月1日に発行した100ポイントのうち，50ポイントが使用された。

・A商品の独立販売価格（ポイントを付与せずに販売した場合の価格）は，960円であったとする。また，1ポイント当たりの独立販売価格は，0.8円であると見積られている。

・上記に示した条件以外に，X社の履行義務として識別される義務はないものとする。

---

(1) 上記の条件では，商品の販売とポイントの付与とを1つの契約として考え

ることが妥当といえる。そして，当該契約からもたらされた対価の額は，
　　$\boxed{\quad (a) \quad}$ 円であるため，これが，当該契約の取引価格となる。

(2) この契約では，A 商品の引渡義務と（ポイントの使用に伴う）B 商品の引
渡義務とが存在する。それぞれの履行義務に取引価格を配分すると，以下
のとおりである。

　　A 商品の引渡義務：$\boxed{(a)}$ 円 $\times \dfrac{\boxed{(b)}}{\boxed{(b)}\text{円} + \boxed{(c)}\text{円}} = \boxed{(d)}$ 円

　　B 商品の引渡義務：$\boxed{(a)}$ 円 $\times \dfrac{\boxed{(c)}}{\boxed{(b)}\text{円} + \boxed{(c)}\text{円}} = \boxed{(e)}$ 円

(3) A 商品の引渡義務に配分された $\boxed{\quad (d) \quad}$ 円と，（ポイントの使用に伴う）
B 商品の引渡義務に配分された $\boxed{\quad (e) \quad}$ 円とのうち，X1 年 3 月 1 日時点
で履行された義務への配分額は，$\boxed{\quad (f) \quad}$ 円である。したがって，X1 年
3 月 1 日時点で行われる会計処理は，

3/1	（借）現 金	1,000	（貸）売 上	$\boxed{\quad (f) \quad}$
			履行義務	（1 − $\boxed{\quad (f) \quad}$）

となる。また，X1 年 3 月 31 日時点で行われる会計処理は，

3/31	（借）履行義務	$\boxed{\quad (g) \quad}$	（貸）売 上	$\boxed{\quad (g) \quad}$

となる。

第5講

棚卸資産

● 学習のポイント

　本講では，まず，前講に引き続いて収益認識に係る論点を学習する。具体的には，工事進行基準と返品権付きの商品販売である（5.1節から5.2節）。そして，売上収益が認識されるまでの間，資産として繰り越されるべき棚卸資産価額の決定方法を学ぶ。棚卸資産に係る原価配分の基本的な方法とともに，収益性が低下した場合の評価減の考え方を理解する（5.3節から5.4節）。

● キーワード

工事進行基準，返品権，棚卸資産，借入コスト，正味実現可能価額，
公正価値，先入先出法，後入先出法，棚卸資産の評価減，農産物

● 検討する会計基準

IFRS第15号	「顧客との契約から生じる収益」
IAS第2号	「棚卸資産」
IAS第23号	「借入コスト」
IAS第41号	「農業」

5.1 工事進行基準

5.1.1 一定期間にわたる履行義務の充足

　第4講で既に学習したように，企業は，約束した財またはサービス（すなわち，棚卸資産）を顧客に移転することにより履行義務を充足したときに（または充足するにつれて），収益を認識しなければならない。資産が移転するのは，顧客が当該資産に対する支配を獲得したとき（または獲得するにつれて）である。企業は，契約開始時に，履行義務を一定の期間にわたり充足するのか，それとも一時点で充足するのかを決定しなければならない（IFRS15.31-32）。

　しかし，財の移転に係る契約に比べ，建設型の契約は，顧客がいつ資産の支配を獲得するかの決定が困難な場合がある。認識可能な資産が存在する工事契約であっても，部分的に完成した資産について，顧客が使用を指図して当該資産から便益のほとんどすべてを享受できるかを判定するのは容易でない。資産の移転は，完成した資産の法的所有権または物理的占有の移転時（通常は契約完了時）まで発生しないとすれば，当該時点で工事収益を認識する**工事完成基準**が適当な会計処理となる。しかし，工事完成基準は，工事期間を通じて資産を創出または増価させる契約の経済実態を「忠実に表現」できない。

　そこで，基準設定主体は，資産の創出または増価につれて顧客が当該資産を明確に支配する状況を扱うための要件，すなわち，工事期間を通じて収益を認識する**工事進行基準**の要件を設定した。あらためて，以下のいずれかの要件を満たした場合，履行義務は一定期間にわたって充足されると判断されるのであった（IFRS15.35，本書**第4講**参照）。

(a) 顧客が，企業の履行に応じて便益を受け取り，同時に消費する。

(b) 企業の履行が，資産（例えば，仕掛品）を創出するかまたは増価させ，顧客が当該資産の創出または増価につれてそれを支配する。

80 第5講 棚卸資産

> (c) 企業の履行が，他に転用可能な資産を創出せず，かつ，企業が現在ま
> でに完了した履行に対する支払いを受ける強制可能な権利を有している。

　このうち，(b)と(c)の要件が長期請負工事に関わっており，長期にわたる
資産の創出が念頭に置かれている。基本的には，(b)にあるように，顧客の土
地上に建設を行う工事契約において，顧客は一般的に，企業の履行から生じ
る仕掛品を支配するとみられる。すなわち，企業は実質的に，企業が義務を
履行するにつれて資産（すなわち，仕掛品）に対する権利を連続的に販売して
いることになる。しかし，一部の履行義務については，創出されるかまたは
増価した資産を顧客が支配しているのかどうかが不明確である。そこで必要
とされるのが(c)の要件である。建設企業が創出する建物・構築物が異なる用
途に転用可能である場合，当該建物・構築物を他の顧客に振り向けようとす
る当該建設企業の行動を制約する能力を顧客は持たない。そのため，顧客が
当該建物・構築物の創出につれて支配を獲得しているとはいえないのである
（IFRS15.BC134参照）。別の顧客との契約にも代用できるような標準的な建
物・構築物ではなく，特定の顧客のために高度にカスタマイズされた建物・
構築物を創出しているとすれば，(c)の要件が満たされる。顧客との契約上，
企業が創出している建物・構築物が他の契約に転用不能であるとき，万が一
顧客との契約が中途解約されたとしても，企業はそれまでに創出された資産
価値に見合うだけの支払いを要求するだろう。換言すれば，現在までに完了
した履行に対する支払いを行う義務を顧客が企業に対して負っている場合に
は，その履行に伴って，創出された資産の支配が移転していると考えられる
（IFRS15.BC142）。

5.1.2　履行義務の完全な充足に向けての進捗度の測定

　履行義務が一定期間にわたり充足されると判定された場合，企業は，履行
義務のそれぞれについて，履行の進捗度を測定し，一定の期間にわたり収益
を認識しなければならない。進捗度の測定により，約束した財またはサービ
スに対する支配を顧客に移転するという履行義務の充足が描写される
（IFRS15.39）。

企業は，状況が変化するに従い，進捗度の測定値を見直さなければならない。しかし，企業は，適切な進捗度を測定するために必要な信頼性ある情報が不足している場合には，履行の進捗度を合理的に測定できない。そのような場合には，企業は，当該履行義務の結果を合理的に測定できるようになるまで，発生したコストの範囲でのみ収益認識を行わなければならない（IFRS15.43-45）。

企業は，一定の期間にわたり充足される履行義務の進捗度を測定するために，アウトプット法及びインプット法を使用することができる。

(1) アウトプット法（IFRS15. B15-17）

アウトプット法は，現在までに顧客へ移転した財またはサービスと，契約上残存する財またはサービスの価値との比率に基づいて収益を認識する。支配が移転した財またはサービスの価値は，達成した成果の鑑定評価，達成したマイルストーン，経過期間，生産単位数または引渡単位数などにより把握する。しかし，アウトプット法の欠点として，進捗度を測定するために使用されるアウトプットが直接的に観察可能とは限らず，必要な情報収集に過大なコストが掛かることがある。

(2) インプット法（IFRS15. B18-19）

インプット法は，履行義務の充足に要する労力またはインプットが，当該履行義務の充足のための予想されるインプットの合計に占める割合に基づいて収益を認識する。インプットの例として，消費した資源，費やした労働時間，発生したコスト，経過期間，機械使用時間等があり，これらは直接観察可能な指標である。しかし，企業のインプットと，財またはサービスに対する支配の顧客への移転との間に直接的な関係がない場合には，進捗度の測定値を修正する必要がある。例えば，予想外の金額の原材料，労働力または他の資源の仕損のコストが生じ，これらが履行義務の充足に係る進捗度に結びつかない場合である。発生したコストが，履行義務の充足における企業の進捗度に比例しない状況では，発生したコストの範囲でのみ収益を認識するようにインプット法を修正することが最善の描写となり得る。

82   第5講　棚卸資産

設例5-1

　建設会社A社は，X1年度期首に，顧客から工事契約を受注した。工事期間は3年間であり，完成時点で代金1,800百万円を受け取る契約である。

　X1年度末時点で，工事原価は500百万円発生し，以降1,000百万円の原価発生を見込んでいる。X2年度は，新たに300百万円の工事原価が発生し，最終年度に800百万円の原価が発生することを見込んでいる。X3年度は，700百万の工事原価が発生し，予定どおり完成した物件を顧客に引き渡した。

　A社は，工事サービスを履行する義務を負っており，当該義務は，一定期間にわたり充足されるものとする。収益認識は，インプット法に基づいて行われる。

X1年度

　X1年度末時点で，見積り総工事原価は1,500百万円である。既発生原価は500百万円であるから，インプット法に基づく工事進捗度は1/3となる。よって，受注金額1,800百万円の1/3である600百万円が収益として認識される。

（借）売上債権	600	（貸）売上収益	600
売上原価	500	未払金	500

X2年度

　X2年度末時点の，見積り総工事原価は1,600百万円に更新されている。ここまでの既発生原価は800百万円（500百万円 + 300百万円）であり，X3年度に800百万円の原価発生が見込まれるから，工事進捗度は1/2である。受注金額1,800百万円の1/2である900百万円から，X1年度に認識された600百万円を差し引いた300百万円がX2年度の収益となる。

（借）売上債権	300	（貸）売上収益	300
売上原価	300	未払金	300

X3年度

発生原価と残りの収益を認識する。

| （借）売上債権 | 900 | （貸）売上収益 | 900 |
| 売上原価 | 700 | 未払金 | 700 |

5.2 返品権

　契約において約束された対価額に変動性がある場合，企業は，財またはサービスの顧客への移転と交換に得る対価額を見積らなければならない。製品に対する不満などから，企業に製品を返品する権利を顧客に付与する契約，いわゆる**返品権付きの製品販売**は，対価に変動性がある一つの例である。

　返品権付きの製品販売を行った企業は，以下の項目を認識しなければならない。すなわち，(a)移転した製品のうち，返品が見込まれる部分を除く，企業が権利を得ると見込んでいる対価額による収益，(b)返金義務に係る負債，(c)返金負債の決済時に顧客から製品を回収する権利についての資産（及び対応する売上原価の修正）である（IFRS15.B21）。

　返品権付きの契約は，概念的には，顧客に財を提供するという履行義務の他にも，返品権サービスについての履行義務を生じさせる。後者の履行義務は，返品期間中に顧客から返品された商品を受け入れるというものであるが，顧客からの返品要求という事象を企業が統制することはできない。ある義務について，将来の資源流出をもたらす事象の発生を企業が統制できない場合，それは「待機義務（stand ready obligation）」と称される。そのうえで，この待機義務は，返金義務に係る負債に加えて負債計上すべきではないとされた。仮に返品権サービスに係る履行義務を負債計上するとしたら，当該サービスの**独立販売価格**を見積る必要がある。しかし，多くの場合，全体の販売数に占める返品の割合は僅少であり，返品期間も短いことが多いと予想される。そのため，当該義務を負債計上することにより財務諸表利用者に提供される情報価値は，情報の複雑性や情報作成コストを正当化しないと考えられたの

84　第 5 講　棚卸資産

である（IFRS15.BC366）。

　顧客から製品を回収する権利は，返金負債と相殺されず，資産として認識される。当該資産を返金負債と区分して認識することにより，情報の透明性が高まり，当該資産についての減損テストの検討が確保されるのである。当該権利は，販売時における製品の棚卸資産としての帳簿価額から，当該製品の回収に係る予想コスト（返品による価値下落分も考慮）を控除した額を参照し，当初測定される（IFRS15.BC367）。

　企業は，各報告期間末に見込まれる返金額の変動について見直しを行い，それに対応する返金負債の調整額を損益に認識しなければならない。同様に，製品を回収する権利の金額についても，企業は各報告期間末に，製品の返品に関する予想に基づいて，測定を見直さなければならない（IFRS15.B24）。

設例 5-2

　企業は，100 個の製品を 1 個当たり 100 円（1 個当たりの原価は 60 円）で販売する。

　企業の取引慣行では，顧客に対し，未使用の製品を 30 日以内に返品して全額の返金を受けることを認めている。

　企業は，20％の確率で製品 5 個，50％の確率で製品 6 個，30％の確率で製品 10 個が返品されると見積っている。したがって，企業は製品 7 個が返品されると期待する。

　企業は，製品回収コストに重要性がなく，返品された製品は利益を出して再販売できると予測している。

　(a) 移転した製品 100 個のうち，返品が見込まれる部分 7 個を除く，企業が権利を得ると見込んでいる対価額による収益は，9,300 円である。すなわち，(b) 返金義務に係る負債は，見込まれる返品数量 7 個に販売価格 100 円を乗じた 700 円となる。そして，(c) 返金負債の決済時に顧客から製品を回収する権利についての資産は，返品見込数量 7 個に製品原価 60 円を乗じた 420 円となり，この分だけ売上原価を修正することとなる。

（借）売上債権	10,000	（貸）売上収益	9,300
		返金負債	700

| （借）売上原価 | 5,580 | （貸）棚卸資産 | 6,000 |
| 返品資産 | 420 | | |

5.3　棚卸資産の定義

　IAS第2号において，**棚卸資産**とは，(a)通常の事業過程において販売目的で保有される資産，(b)販売目的で生産される過程にある資産，(c)生産過程またはサービスの提供にあたって消費される原材料または貯蔵品，を指している（IAS2.6）。ただし，金融商品，農業活動に関連する生物資産及び収穫時点での農産物は含まないこととされる（IAS2.2）。また，IASBは，暗号通貨が棚卸資産の定義を満たすかについて，議論を行った。そして，暗号通貨が，通常の事業過程で販売を目的として保有されているならば棚卸資産の範囲に含まれること，そうでない場合にはIAS第38号「無形資産」に従い会計処理されることを決めた。なお，暗号通貨の保有は現金保有とは異なることから，金融資産にはあたらないとの結論を下している（IAS2.E2）。

5.4　棚卸資産の測定

5.4.1　棚卸資産の取得原価
　棚卸資産は，原価と正味実現可能価額（後述）のいずれか低い方の金額で測定することが規定されている。棚卸資産の原価とは，具体的には，**購入原価に加工費や現状に至るまでに発生した「その他のコスト」を加えたもの**である。その他のコストには，仕損に係る材料費や労務費等のコストのうち異常な金額は含まれない。また，棚卸資産が現在の場所及び状態に至ることに寄与していない保管コストや販売コスト，間接費等も，その他のコストに含まれず，発生した期間の費用となる（IAS2.9-18）。

86   第5講　棚卸資産

　なお，棚卸資産の中には，使用または販売が可能になるまで相当の期間を要する「**適格資産**」に該当するものがある。そして，適格資産である棚卸資産の取得，建設または生産に直接関連する企業の**資金借入コスト**は，一定の要件を満たす場合，その取得原価に含めなければならない。一定の要件とはすなわち，当該コストが企業に経済的便益をもたらす可能性が高く，信頼性をもって測定できるという要件を満たす場合である（IAS23.7-9）。

5.4.2　期末時点の棚卸資産原価

　企業は，期末時点の財政状態計算書に資産計上する棚卸資産の原価を決定しなければならない。特定のプロジェクトに関連し，代替可能性のない棚卸資産は，個々の原価を特定して評価しなければならない（個別法）（IAS2.23）。しかし，代替性があり，単価の異なる棚卸資産の購入または製造，販売を繰り返している企業においては，個別法による棚卸資産原価の把握が困難な場合がある。手元にある棚卸資産の単価及び数量をリアルタイムに記録・管理していなければ，期末時点の棚卸資産原価を算定するために，棚卸資産の入出庫について仮定を置くこととなる。

　IFRS では，**先入先出法**，**加重平均法**を用いることが許容されており，性質，用途が類似するすべての棚卸資産には同じ原価算定方式を使用しなければならない（IAS2.25）。先入先出法は，先に購入または製造したものから先に販売されると仮定し，期末時点に残っている棚卸資産は，最も直近に購入または製造したものであると仮定される。この方法の長所は，商品の物理的な流れを「忠実に表現」できること，期末棚卸資産が決算時における時価に近似する点にある。その一方で，例えば物価上昇局面において，販売時点の販売価格水準を反映した売上に対して，過去の低い仕入価格水準に基づく売上原価が対応づけられてしまう。加重平均法は，ある品目の期首現在の原価と期中の購入または製造に係る原価との加重平均により，当該品目の原価を算定するものである（IAS2.27）。なお，かつての IAS 第2号では，棚卸資産の原価を算定する方法として，**後入先出法**が認められていたが，現在は削除されている。

5.4 棚卸資産の測定　87

❖ コラム 5.1　後入先出法（IAS2.BC9-21）

　後入先出法は，最も新しく購入，または製造された棚卸資産が最初に販売されると仮定する。その結果，期末時点で残存する棚卸資産は，最も古く購入または製造されたものとして認識される。後入先出法は，棚卸資産の現在の仕入価格水準を基に売上原価を測定できるため，先入先出法の欠点を克服できる。しかし，棚卸資産の実際の流れを「忠実に表現」できず，また，期末時点で財政状態計算書上に認識される棚卸資産の原価は，直近の仕入価格水準とほとんど関係ないものになる。これらを理由として，IASB は後入先出法を削除した。

　なお，米国等の法域では，会計上，税務上ともに，後入先出法の使用が認められている。物価上昇局面において，上昇した価格は売上原価に反映されて利益は減少するが，課税所得が減少することによる税務上の利点を得ることができる。

5.4.3　低価法──棚卸資産の取得原価が回収不能な場合の評価

　5.4.2 項で挙げた原価算定方式を用いて，期末時点の棚卸資産原価を決定したとしても，現実にその原価が維持されている保証はない。帳簿上の数量よりも実際の数量が少なければ，**棚卸減耗損**を認識することとなる。そして，棚卸資産の損傷，全部または一部の陳腐化等により販売価格が下落した場合には，棚卸資産の原価が回収不能になることがある。そのときには，個別の品目ごと，あるいは同一製品群の棚卸資産について，原価から正味実現可能価額まで評価減を行う必要がある。このように，**棚卸資産の正味実現可能価額が取得原価よりも下落した場合に，正味実現可能価額で棚卸資産を評価する方法を低価法という**。背景には，資産の販売または利用によって実現すると見込まれる額を超えてその資産を評価すべきではないという考え方がある（IAS2.28）。

　正味実現可能価額とは，「通常の事業の過程における見積売価から，完成までに要する原価の見積額及び販売に要するコストの見積額を控除した額」（IAS2.6）と定義されている。見積売価や販売に要するコストは，販売に係る巧拙を反映して企業ごとに異なるため，正味実現可能価額は企業に固有の価値とされる。対して，**公正価値**は「測定日時点で市場参加者間の秩序ある取引において資産を売却するために受け取るであろう価格または負債を移転するために支払うであろう価格」（IFRS13.9）とされており，企業固有の見積り

によらない，合理的な市場参加者の観点から見積った市場ベースの価格という違いがある。**公正価値から売却コストを控除した正味売却価額**と，正味実現可能価額は，概念上異なるものである。

棚卸資産の評価減を行う原因となった過去の状況がもはや存在しない，あるいは経済的状況の変化により正味実現可能価額が増加したという明確な証拠がある場合には，評価減の金額を戻し入れる。ただし，戻し入れは，評価減を行う前の原価を超えない範囲で行う（IAS2.33）。

❖ コラム 5.2　米国と日本の低価法 ─────────

米国は，IAS 第 2 号にあわせる形で，棚卸資産を原価と正味実現可能価額のいずれか低い金額で評価することを原則としている。しかし，かつては，棚卸資産の残存有用性（residual usefulness）の測定を意図して，原価と「market」のいずれか低い金額による評価を原則としており，この処理は今でも残っている。「market」という用語は，測定日における棚卸資産の有用性を得るために必要な支出を意味しており，具体的には再調達原価（current cost）を指す。ただし，「market」としての再調達原価は，正味実現可能価額を超えてはならず，また，正味実現可能価額から正常利益（normal profit margin）を差し引いた額を下回らないものとする。

① 正味実現可能価額 ＞ 再調達原価 ＞ 正味実現可能価額－正常利益
　　⇒　再調達原価
② 正味実現可能価額 ＞ 正味実現可能価額－正常利益 ＞ 再調達原価
　　⇒　正味実現可能価額－正常利益
③ 再調達原価 ＞ 正味実現可能価額 ＞ 正味実現可能価額－正常利益
　　⇒　正味実現可能価額

日本の低価法は，原則として正味売却価額（正味実現可能価額と同義とされる）を「時価」とするが，正味売却価額が当該再調達原価に歩調を合わせて動くと想定される場合には，継続適用を条件として，再調達原価を用いることができる。正味売却価額をもって「時価」とみる理由は，それが投資の回収形態に整合的であるということにある。棚卸資産は，販売によって投資の回収が図られることからすれば，評価時点（期末時点）の資金回収額たる正味売却価額が取得原価を下回っているときに，収益性が低下していると考えられる。

5.4.4　農産物の評価

　企業の**生物資産**及び**生物資産から収穫した農産物**は，棚卸資産に該当せず，IAS 第 41 号に従い測定される。ただし，その後は IAS 第 2 号が適用され，先に測定された農産物価額が以降の取得原価となる（IAS41.13）。IAS 第 41 号における農産物，それを生み出す生物資産の測定について確認しておこう。

　企業の生物資産，そして生物資産から収穫された農産物は，収穫時点での公正価値から見積売却コストを控除して測定しなければならない。ここで見積売却コストを差し引くのは，損失を繰り延べないためである（IAS41.13, B26）。生物資産の公正価値が信頼性をもって推定できない場合には，減価償却累計額及び減損損失累計額控除後の取得原価で測定しなければならないが，生物資産，農産物の公正価値は，常に信頼性をもって測定でき，公正価値による測定は「比較可能性」と「理解可能性」を向上させるという（IAS41.30, B21）。生物資産の公正価値から売却コストを控除した額の変動により生じる利得または損失は，発生期の純損益に含めなければならず，それは，生物学的変化が純損益に含めるべき重大な事象であると解されているためである。しかし，その一方で，生物資産が晒されるリスクを考えると，生物学的変化の成果は全く実現しない可能性もある。未実現損益を稼得過程の完了を待たずして純損益に含めれば，利益のボラティリティが増大する懸念から，公正価値の変動は持分変動計算書を通して，資本に直接含めるべきとの意見もある（IAS41.B38-40）。

5.4.5　ブローカー／トレーダーの棚卸資産の評価

　顧客の勘定または自己の勘定でコモディティを売買する者は，ブローカーまたはトレーダーと呼ばれ，彼らが売買する棚卸資産は，公正価値から売却コストを控除した額で測定される。このような棚卸資産は，近い将来に販売し，価格変動による利益を生み出すことを目的に取得されるものであるから，公正価値から売却コストを控除した額の変動は，発生期の純損益に認識する（IAS2.3, 5）。

90　第 5 講　棚卸資産

●練習問題●

□ **5.1**　次のそれぞれの内容について，正しいものには○を，誤っているものには×を付けなさい。

(1)　果物農家にとって，果物の成る木は棚卸資産に該当する。

(2)　棚卸資産原価を算定する先入先出法は，商品の物理的な流れを「忠実に表現」できるが，期末棚卸資産が決算時における時価を近似しない。

(3)　棚卸資産の損傷，全部または一部の陳腐化等により販売価格が下落した場合には，棚卸資産価額を正味売却価額まで下げる。これは，資産の販売または利用によって実現すると見込まれる額を超えてその資産を評価すべきではないという考え方に基づいている。

(4)　工事に係る売上収益の認識にあたり，インプット法を採用しているが，発生したコストが，履行義務の充足における企業の進捗度に比例していない。そのため，発生したコストをそのまま売上収益の金額として計上した。

(5)　顧客に対し，企業に製品を返品する権利を契約上付与する場合，返品期間中に顧客から返品された商品を受け入れる義務を，販売時に返金義務と並び認識する。

□ **5.2**　棚卸資産原価の算定方式について，後入先出法が廃止された理由を述べなさい。

□ **5.3**　以下の資料をもとに，第 1 年度と第 2 年度の工事利益（売上収益から工事費用を差し引いた金額）を求めなさい。

［資料］

　当社は 3 年の工期と工事原価総額 1,800 億円が当初見込まれる建設工事を 2,700 億円で請負った。発生した工事原価に基づいて進捗度を判定し，工事進行基準により売上収益を認識する。

	第 1 年度	第 2 年度	第 3 年度
実際に発生した工事原価	450 億円	842 億円	558 億円
完成までの追加原価見積額	1,350 億円	608 億円	0
契約に従う工事代金受取額	200 億円	1,700 億円	800 億円

第6講

固定資産
～有形固定資産，リースなど～

●学習のポイント ─────────────────────

　本講では長期で使用または保有する資産（固定資産）のうち，有形固定資産，リース，投資不動産について学習する。関連する論点として借入コストや売却目的で保有する非流動資産も一緒に扱う。固定資産は資産会計のパートなので，資産の当初認識，取得原価の決定（当初測定），減価償却，事後測定（期末評価）が基本的視点となる。また，IFRS では固定資産を再評価する方法が認められている点が日本基準と大きく異なる。減価償却方法については，日本基準と同様の方法が認められているが，資産の経済的便益の消費のパターンに最も近似する方法を選択する点が異なる。最後に，リース取引は，2016 年の改正による新しい会計処理方法（使用権モデル）がポイントとなる。

●キーワード ─────────────────────
有形固定資産，投資不動産，リース，借入コスト，
売却目的で保有する非流動資産

●検討する会計基準 ─────────────────────

IAS 第 16 号	「有形固定資産」
IAS 第 23 号	「借入コスト」
IAS 第 40 号	「投資不動産」
IFRS 第 16 号	「リース」
IFRS 第 5 号	「売却目的で保有する非流動資産及び非継続事業」

6.1 有形固定資産 (IAS16)

6.1.1 適用範囲

　IAS 第 16 号は，他の基準で要求されている場合を除いて，有形固定資産の会計処理に適用しなければならない（IAS16.2）。ここで，**有形固定資産**とは，**①財・サービスの生産供給のために使用，または②その管理のために保有，もしくは，③外部に貸与するために保有する資産で，かつ，一会計期間を超えて使用することが予想される有形の資産**をいう（IAS16.6）。

　例えば，①製造用の機械や工場，②本社ビル，③賃貸目的で保有する不動産などが有形固定資産に該当するが，③に該当する投資不動産については，取得原価モデルを採用する場合に，本会計基準（IAS16）が適用される。

【留意点】（IAS16.3）

　売却目的で保有する有形固定資産（IFRS5），果実生果型植物を除く農業活動に伴う生物資産（IAS41），鉱物資源の探査と評価にかかる資産（IFRS6），石油や天然ガスなどの非再生資源は，本会計基準（IFRS16）の適用範囲から除かれる。

6.1.2 有形固定資産の認識と測定（IAS16.7–10）

　　　　　　　［認　識］　［測　定］
　（借）**有形固定資産　100**　→　取得原価で測定

　　　　　　　　　　　　　　　　　（①購入価格＊＋②付随費用＋③解体除去費用）

　　　　　　　　　　　　　　　　　（＊値引割戻控除）　　　　（＋④借入コスト）

以下の 2 つの要件を充たす場合に資産として認識される（IAS16.7）。

---

① 当該資産に関連する**将来の経済的便益**が企業にもたらされる可能性が高いこと

② 当該資産の取得原価が**信頼性をもって測定**できること

図表6.1 取得原価の構成要素（IAS16.16）

①購入代価（値引・割戻控除）	→ 輸入税や取得税も含む
②直接付随費用	→ 稼動可能な場所と状態に置くことに直接起因するコスト*
③資産除去費用	→ 資産の解体，除去コスト及び原状回復のコスト
④借入コスト（適格資産の場合）	→ 取得または建設に直接起因する借入コスト（支払利息）を資産化する（(6.1.3項) 自家建設で取得した場合を参照）。

*資産の建設・取得から直接発生する従業員給付コストや，整地コスト，搬入コスト，据付組み立てコスト，正常作動テスト，専門家への報酬などが直接付随費用として挙げられている（IAS16.17）。

6.1.3 自家建設で取得した場合

企業が自ら建設した有形固定資産（自家建設：self-constructed asset）については，棚卸資産を製造した場合と同様に，製造原価によって取得原価が測定される（IAS16.22）。ここで，自家建設に要する借入等から発生した支払利息については，後述する IAS 第23号「借入コスト」に従って処理される。この場合，自家建設によって取得した有形固定資産の取得原価に当該支払利息を含めることが認められる（借入コストの資産化（IAS23.8））。

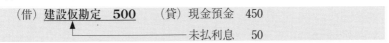
（借）建設仮勘定　500　　（貸）現金預金　450
　　　　　　　　　　　　　　未払利息　 50

なお，借入コストの資産化が求められるのは，適格資産（qualifying assets：建設工事等による意図した使用や販売可能となるまでの期間が相当要する資産）

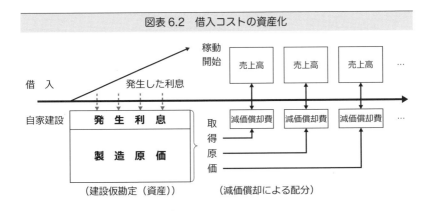

図表6.2 借入コストの資産化

94 第6講 固定資産〜有形固定資産，リースなど〜

の場合である（IAS23.17）。また，資産化できる借入コストの算定は①特定目的の借入の場合（IAS23.12）と②一般目的の借入の場合によって異なる（IAS23.14）。

---

① 期中に特定目的の借入で発生した実際の借入費用（ただし，当該借入の一時的な運用による利益を控除）
② 資産の取得に係る支出×資産化率（資産化率は，適格資産を取得するために特別に行った借入れを除いて，企業の当期中の借入金残高に対する借入費用の加重平均によって算定*）

---

*ただし，当期中に発生した借入コストの総額を超えてはならない。

設例6-1

　Ｔ社はX1年7月1日本社ビルの建設に着手し，建設工事はX2年12月31日に完了し，翌日より営業の用に供している。ここで，建設の着手時において①当該建設のための資金としてＺ銀行から12,000,000を借り入れた場合（年利率5％）と，②一般目的でＸ銀行から4,000,000（年利率3％），Ｙ銀行から6,000,000（年利率4％）を借り入れた場合のそれぞれについて，Ｔ社の本社ビルの取得原価に含まれるべき借入コストの総額を求めなさい。

①のケース

$$12,000,000 \times 5\% = 600,000$$

$$600,000 \times \frac{18か月}{12か月} = 900,000$$

②のケース

$$\frac{(4,000,000 \times 3\%) + (6,000,000 \times 4\%)}{(4,000,000 + 6,000,000)} = 3.6\%$$

$$12,000,000 \times 3.6\% = 432,000$$

$$432,000 \times \frac{18か月}{12か月} = 648,000$$

6.1 有形固定資産（IAS16）　95

6.1.4　交換で取得した場合

　他の資産と交換で取得した有形固定資産の取得原価は，交換取引が経済的
実質を有しない場合や公正価値による測定が困難な場合を除いて，譲渡した
資産か取得した資産の公正価値によって測定する（IAS16.24）。

（借）建　　物 **1,000**	（貸）機械装置　980
（公正価値）	交換損益　　20

6.1.5　認識以後の測定

　認識後の測定方法として，①原価モデル（cost model：取得原価に基づいて
評価する方法）と②再評価モデル（revaluation model：定期的に公正価値で再評
価する方法）の2つの方法が認められている（IAS16.29）。

①　原価モデル＝取得原価−減価償却累計額（−減損損失累計額）
②　再評価モデル＝公正価値−減価償却累計額（−減損損失累計額）

　なお，②再評価モデルについては，評価益の場合と評価損の場合とで次の
ように処理する。

> 帳簿価額が増加：増加分をその他の包括利益に認識し，再評価余剰金
> 　（評価益）　　　として資本に累積させる（IAS16.39）[*1]。
> 帳簿価額が減少：減少分を純損益に認識する（IAS16.40）[*2]。
> 　（評価損）

[*1] ただし，同一資産について過去に再評価して損失を計上している場合は，その評価損を戻し
　　入れる範囲内で純損益として認識する。
[*2] ただし，同一資産について過去の再評価において認識した再評価剰余金の貸方残高がある場
　　合には，その範囲内でその他の包括利益として認識し，再評価剰余金を減額する。

設例6-2　再評価モデル

　固定資産について再評価モデルを採用している当社は，過去に1,000,000
で取得した土地について前期末において公正価値900,000で再評価して
いる。当期末における公正価値は1,200,000であった。この場合の当社
の当期末の必要な仕訳を答えなさい。

96　第6講　固定資産～有形固定資産，リースなど～

| （借）土　地　300,000 | （貸）土地評価益　100,000 |
| | 再評価剰余金　200,000 |

6.1.6　減価償却方法

　減価償却（depreciation）の方法には，図表6.3に示すように，定額法（straight line method），定率法（diminishing balance method），生産高比例法（units of production method）などが認められるが（IAS16.50），有形固定資産の将来の経済的便益が消費されると予測されるパターンを反映した減価償却の方法を選択しなければならない（IAS16.60，62）。また，減価償却の方法や，耐用年数，残存価額は毎期末見直さなければならない（IAS16.61）。

　なお，1つの有形固定資産が重要な構成要素によって構築されている場合は，それぞれの構成要素について個々に減価償却（コンポーネント・アプローチ[1]）を適用する必要がある（IAS16.43-47）。

❖ コラム6.1　減価償却方法の位置づけ（日本基準との比較）─────

　　日本における減価償却方法は，固定資産の取得原価を各年度に配分する方法として位置づけられ，定額法，定率法，級数法，生産高比例法の中で，経理自由の原則に基づき，会計方針として「選択」することが前提とされている。そして，選択した減価償却方法は，継続性の原則に基づき，正当な理由がない限り，変更することが認められない。

　　これに対して，IFRSにおける減価償却方法は，日本と同様に，定額法，定率法，生産高比例法などが認められているものの，「有形固定資産の将来の経済的便益が消費されると予測されるパターンを反映した減価償却の方法を選択しなければならない」という点で大きく異なる。すなわち，日本とは異なり，自由な「選択」

図表6.3　減価償却の方法

定額法	毎期均等額の減価償却費を計上する方法
定率法	毎期一定率を乗じて減価償却費を計上する方法
生産高比例法	予想される使用や生産高に応じて減価償却費を計上する方法

---

[1] 例えば，航空機について機体部分とエンジン部分に分けて減価償却を算定する（IAS16.44）。

ではなく，最も望ましい方法を「決定」しなければならない。したがって，消費パターンが変更した場合には，既存の方法は実態に合わないため，減価償却の方法を見直す必要がある。

6.2 投資不動産（IAS40）

　投資不動産とは，賃貸収益もしくはキャピタル・ゲインまたはその双方を得る目的で保有する不動産をいう（IAS40.5）。

投資不動産の例（IAS40.8）
・通常の営業過程において販売する目的ではなく，長期的な資本増価のために保有する土地
・将来の用途を定めないまま保有する土地（遊休状態の土地）
・オペレーティング・リースしている建物（もしくは，オペレーティング・リースするために保有している建物）
・将来，投資不動産として利用するために現在建設中，開発中の不動産

　投資不動産についても前述の有形固定資産と同様に当初認識時は取得原価によって認識される（IAS40.20）。また，当初認識後については，①原価モデル[2]と②公正価値モデル（fairvalue model）の2つが認められている（IAS40.30）。②公正価値モデルの場合，前述の再評価モデルとは異なり，評価差額の貸借を問わず当期の純損益として認識し，減価償却も実施しない（IAS40.35，38）。

---

[2] 原価モデルについては，リースの借手として使用権資産を保有している場合（IFRS16）や，売却目的資産である場合（IFRS5）を除き，前述の有形固定資産の原価モデルと同様である。

6.3 リース（IFRS16）

　リースとは，原資産を使用する権利を一定期間にわたり対価と交換に移転する契約をいう（IFRS16. 付録A）。原資産とは，リースの対象資産で，貸手（lessor）によって借手（lessee）に当該資産を使用する権利（right of use）が移転されているものをいう。例えば，企業が店舗用の建物を10年間にわたり使用する目的で借りる契約を結んだ場合，支払われる賃借料と引き換えに当該建物（原資産）を10年にわたって使用する権利が企業に移転したと考える。なお，以下では，主にリースの借手の会計処理について説明する。

　従来の基準であるIAS第17号では，リースは①ファイナンス・リースと②オペレーティング・リースに分類され，①ファイナンス・リースについては，オンバランス処理（資産の購入処理）され，②オペレーティング・リースについてはオフバランス処理（資産の賃借処理）されていた。すなわち，従来の会計処理は，①リース資産やリース債務が貸借対照表に計上される会計処理（オンバランス処理）と，②支払われるリース料を費用処理するだけで，リース資産やリース債務が貸借対照表に一切計上されない会計処理（オフバランス会計処理）が存在する点が特徴的であった。この2つの会計処理は，リース取引にそれぞれ異なる実態が存在することを想定して，それぞれの実態に沿った会計処理を適用することを意図していた。

　これに対し，IFRS第16号はリース資産の**使用権**に着目して，**基本的にはすべてのリースについてオンバランス処理される**点に特徴がある（使用権モデル：the right of use model）。ただし，短期リースや少額リースに該当する場

図表 6.4　旧リース基準と新リース基準の比較

IAS17（旧リース基準）	**IFRS16（新リース基準）**
①ファイナンス・リース（オンバランス処理）	使用権資産／リース負債
	（オンバランス処理*）
②オペレーティング・リース（オフバランス処理）	*短期リース，少額リースを除く

合は，オフバランス処理となる。

　このように，新しいリース基準では，すべてのリース取引がオンバランスされることによって，比較可能性が高まり，財務諸表利用者に対して有用な情報が提供されることが期待される。

6.3.1　リースの判定条件

　①特定の資産であり，②顧客が使用期間を通じて資産の使用から経済的便益のほとんどすべてを享受する権利を有し，③顧客が使用期間を通じて資産の使用を指示する権利を有する場合に，リース契約として判定される（IFRS16.B9）。

　例えば，立ち退きが予定されている建物内で店舗を開く場合など，原資産の場所や所在が強制移動する可能性がある場合は特定の資産に該当しない可能性がある。また，通信会社が電波塔の一部を他社から借りている場合など，原資産の使用において貸手の都合により著しく制約や制限がある場合があれば借手が使用期間を通じて経済的便益のほとんどすべてを享受する権利を有していないこともあり得る。さらに，貸手側が資産の使用を指示する権利を有する場合もリースとして判定されない。

　これに対して，形式的にリース契約として締結していない取引であっても，上記の判定条件に該当する場合には，リース契約として扱われる点に留意する必要がある。

6.3.2　借手の会計処理の概要

(1) リース開始時の会計処理（使用権とリース負債の認識）

　（借）使用権資産　120　　（貸）リース負債　100
　　　　　　　　　　　　　　　　　現　金*　　　20

*リース契約に関連する直接コストがあれば使用権資産の取得原価に含める。

(2) リース料支払時の会計処理（リース負債の元本の返済と利息費用の認識）

　（借）リース負債　8　　（貸）現　金　10
　　　　支払利息*　2

*利子率は当初測定時に用いた割引率（容易に算定できない場合は追加借入利子率）を用いる。

(3) 決算日の会計処理（使用権資産の減価償却）

（借）使用権資産原価償却費* 12 　　（貸）減価償却累計額 12

*耐用年数については，原資産が借手に移転する場合は原資産の耐用年数を用いる。

原資産が借手に移転しない場合は原資産の耐用年数とリース期間のいずれか短い方とする。

6.3.3 当初認識・測定
6.3.3.1 使用権資産・リース負債の構成要素

借手はリース開始日において，一部の例外を除いて，**使用権資産とリース負債**を認識する（IFRS16.22）。その際，使用権資産については取得原価で（IFRS16.23），リース負債についてはリース開始日で支払われていないリース料の現在価値（将来に支払うリース料を一定の利子率で割引計算をする方法）で測定する（IFRS16.26）。

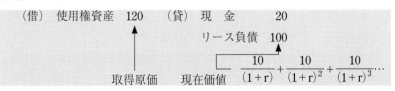

使用権資産の取得原価は，①リース負債の当初測定額（＝リース料総額の未決済分の割引現在価値），②リース開始日以前に支払われた前払リース料（ただし，受領したインセンティブを除く），③当初認識における直接コスト，④原状回復コストの見積額により構成される（IFRS16.24）。

リース負債については，⑤リース料の支払が同額である場合（固定リース料）や⑥業績やインフレなどの物価水準の変動，市場の賃料水準に応じて変動する場合もある（変動リース料）。また，リース終了時において，一定の価値を残したうえで貸手に返却するよう保証が求められている場合（⑦残価保証額）には，その保証額の支払が見込まれる部分については，リース負債の測定時のリース料総額に含める。さらに，借りている原資産をリース中もしくは終了時に⑧購入する権利（購入オプション）を付与される場合がある。もしも，購入オプションを行使する可能性が高い場合には当該オプション行使価額をリース料総額に含める。最後に，リースを契約期間の満了を待たずに

図表6.5 使用権資産とリース負債の構成要素

①リース負債の当初測定額
②前払リース料
　（インセンティブを除く）
③当初認識における直接コスト
④原状回復のコスト

⑤固定リース料
⑥変動リース料
　（消費者物価指数などと連動）
⑦残価保証額
⑧行使が見込まれる
　購入オプションの行使価額
⑨解約ペナルティ

（取得原価*－減価償却累計額）（償却減価）
*再評価モデルも可

①リース負債の当初測定額	未決済分のリース料総額の割引現在価値
②前払リース料	リース開始日より前に支払われたリース料（ただし，借手のコストを貸手が負担する場合など，貸手から借手に支払われるもの（インセンティブ）を除く）
③当初認識における直接コスト	リース契約をしなかったとしたら発生しなかったであろう増分コスト（契約手数料，弁護士費用，交渉コスト，担保権の設定費用など）
④原状回復のコスト	IAS第37号に従い，有形固定資産の取得原価に除去債務を含めるのと同じように考える。
⑤固定リース料	実質的な固定リース料（形式的には変動的なリース料であっても不可避的な支払いであれば実質的には固定リース料として扱う）
⑥変動リース料	リース開始日後に発生する事実や状況の変化により変動するリース料の支払い（例：業績や物価消費指数，市場の賃料水準との連動など）
⑦残価保証額	返却されるリース資産の残存する価値について貸手に対して支払うと予想される保証料
⑧行使が見込まれる購入オプションの行使価	リース契約中もしくは契約満了時に借手がリース資産を購入できる権利（権利行使価額に相当する支払いが見込まれる場合にのみ考慮する）
⑨解約ペナルティ	リースの契約満了前に解約をする場合の違約金（リース期間が借手のリース解約オプションの行使を反映している場合にのみ考慮する）

解約すると違約損害金等のペナルティを支払う必要がある場合（⑨解約ペナルティ），リース期間が借手のリース解約オプションの行使を反映した期間であれば，当該ペナルティの支払額をリース料の総額に含めることになる。

6.3.3.2 割引率

　将来に支払うリース料の割引現在価値の測定に使用する割引率は，リースの計算利子率となる（容易に算定できない場合は，借手の追加借入利子率も可（IFRS16.26））。ここで，リースの計算利子率とは，リース料と無保証残存価値

の現在価値を，原資産の公正価値と貸手の当初直接コストの合計額に等しくする利子率である（IFRS16.付録A）。例えば，毎期のリース料が23,820（3年間）であり，原資産の公正価値が62,000で，貸手の当初直接コストが2,000であった場合，以下のように計算利子率が算定される。

$$62,000 \quad + \quad 2,000 \quad = \frac{23,820}{(1+r)} + \frac{23,820}{(1+r)^2} + \frac{23,820}{(1+r)^3}$$

（原資産の公正価値）（貸手の当初直接コスト）　$r = 0.057\cdots$　∴ 5.7%

6.3.3.3　リース期間

リース期間は，解約不能な期間が基本となるが，借手がリースを延長する権利を有しており（更新オプション），その行使の可能性が高い場合には当該延長する期間も含まれる（IFRS16.18）。ただし，リース契約によっては，一定期間経過後に途中解約で解約するオプションが付与されている場合がある。リース期間を決定するにあたっては，企業が解約オプションや，リース期間を延長する更新オプションを行使する可能性を考慮する必要がある。

例えば，8年間解約不能なリース契約を締結し，企業がリース期間を10年に延長できる権利（更新オプション）を有している場合，当該更新オプションの行使が合理的に確実であれば，リース期間は「10年」となる。他方，8年経過後にリース契約を解約できるオプション（解約オプション）を有している場合，当該解約オプションを行使することが確実であれば，リース期間は「8年」となる。

6.3.4　当初認識後の測定
6.3.4.1　使用権資産

使用権資産の当初認識後の測定は，原価モデルを適用する（IFRS16.29）。ただし，再評価モデルを適用する有形固定資産に関連する使用権資産の場合は，再評価モデルを適用することができる（IFRS16.35）。なお，使用権資産が投資不動産に該当する場合は，IAS第40号に従って処理する（IFRS16.34）。

使用権資産は，自己所有の有形固定資産と同様に減価償却を行う（IFRS16.31）。耐用年数については，原資産の使用権が借手に移転する場合は

図表 6.6　リース負債の返済

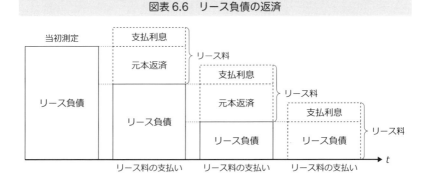

当該原資産の耐用年数とし，それ以外の場合は，原資産の耐用年数とリース期間のいずれか短い期間とする（IFRS16.32）。なお，使用権資産は，IAS 第 36 号に基づく減損の対象となる（IFRS16.33）。

6.3.4.2　リース負債

リース開始日後において，支払われたリース料を反映するようにリース負債の帳簿価額を減額する。すなわち，借手はリース料の支払いに応じて，利息の支払とリース負債の元本の返済を認識する（IFRS16.36(b)）（図表 6.6）。

| （借）支払利息　　20 | （貸）現　金　120 |
| リース負債　　100 | |

支払利息（金融費用）は，リース負債の当初測定時に用いた割引率を用いて算定する（IFRS16.37）。

ただし，リース料の変動やリース期間の変更など，当初認識の前提が変更になる場合には，リース負債を見直すことが求められる（IFRS16.36(c)）。

6.3.5　短期リースと少額リースの例外（IFRS16.5-6）

短期リースと少額リース（図表 6.7 参照）については，例外的にリース期間にわたって定額法等により規則的に費用を計上する方法（オフバランス処理）が認められる。

104　第 6 講　固定資産〜有形固定資産，リースなど〜

	図表 6.7　オフバランスの例外
短期リース	リース期間が 12 か月以下のリース（ただし，購入オプションがあるリースは該当しない）
少額リース	原資産が少額であるリース*

* タブレットやパソコン，小規模の事務機器，電話機など，目安として 5,000US ドル以下が想定されている
（IFRS16，BC100）

6.3.6　セール・アンド・リースバック

　セール・アンド・リースバック取引とは，所有する資産を売却し，すぐに売却元からリースにより借り戻す取引をいう（IFRS15.98, BC260）。セール・アンド・リースバック取引については，IFRS 第 15 号「顧客との契約から生じる収益」に照らして資産の譲渡が売却の要件[3] を充たすかどうかを判定する必要がある（IFRS15.99）。① IFRS 第 15 号の売却の要件を充たす場合は，売却の処理とリースの処理をそれぞれ行う（IFRS15.100）。他方，② IFRS 第 15 号の売却の要件を充たさない場合は，当該一連の取引を金融取引として処理する（原資産を担保とした資金の借入取引）（IFRS15.103）。

　①　売却の要件を充たす場合

（借）現　金 XXX	（貸）固定資産	XXX
	リース負債	XXX
（借）使用権資産 XXX	（貸）固定資産売却益	XXX

　②　売却の要件を充たさない場合

（借）現　金 XXX	（貸）借入金 XXX

❖ コラム 6.2　リース取引のオンバランス化が実務に与える影響 ─────

　IFRS における新リース基準の適用に伴い，日本においてもその導入が決定されている。しかしながら，リースのオンバランス処理は実務に与える影響が非常に大きく，導入時期についてはしばらく先であることが予想されている。

　日本経済新聞の記事によれば，IFRS 第 16 号が導入された際，日本における IFRS 適用企業 116 社について調査したところ，オンバランス化されるリース負債額は，6.6 兆ほどの規模になることが示されている（2018 年 10 月 20 日日本経済

---

[3] 買戻条件が存在することにより売却した資産に対する支配が他に移転してない場合は，譲渡損益が計上される売却処理は認められない。

新聞）。オフバランスになっていた多額の負債がオンバランス化されることで，安全性等の財務指標が悪化することが懸念されている。同様に，オフバランスになっていた多額の資産が使用権という形でオンバランス化されることで，ROAといった収益性・効率性に関する財務指標が悪化することが懸念されている。

❖ コラム 6.3　貸手の会計処理 ─────────────────

リースの貸手（lessor）については，旧リース基準の借手の会計処理と同様に，①ファイナンス・リースと②オペレーティング・リースに分類して，それぞれ異なる会計処理を適用する。

①　ファイナンス・リースの場合

貸手は，リース取引開始日において，ファイナンス・リースに基づいて保有している資産を認識し，正味リース投資未回収額に等しい金額で債権として表示する。

（借）リース債権　120　　（貸）リース資産　120
　　（正味リース投資未回収額）

事後測定として貸手は，正味リース投資未回収額に対する一定のリターンを反映するように金融収益を認識する。

（借）現　金　12　　（貸）リース債権　10
　　　　　　　　　　　　　受取利息　　　2

②　オペレーティング・リースの場合

貸手は，リース料を定額法その他規則的な方法で収益として認識する。

（借）現　金　12　　（貸）受取リース料　12

6.4　売却目的で保有する非流動資産(IFRS5)

企業は，非流動資産（例えば，有形固定資産）がその継続使用よりもむしろ売却により回収される場合，当該資産または資産グループを**売却目的保有として分類**する必要がある（IFRS5.6）。売却目的保有に分類した非流動資産または資産グループについては，財政状態計算書上，**他の資産と区分して表示**しなければならない（IFRS5.1(b)）。また，売却目的保有に分類された処分

図表6.8 売却目的で保有する非流動資産（負債）の区分表示

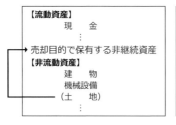
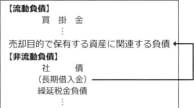

グループに含まれる負債も，財政状態計算書上，他の負債と区分して表示しなければならない（IFRS5.38）。

売却目的保有に分類される非流動資産（または処分グループ）は，以下の3つの要件を満たす必要がある（IFRS5.7）。

① 当該資産（または処分グループ）の売却取引について通常かつ慣例的に課される条件のみ基づき，現状のままで即時に売却可能でなければならない。
② 売却の可能性が非常に高くなければならない。
③ 廃棄ではなく，実際に売却されなければならない。

売却目的で保有する非流動資産は，減価償却を停止し（IFRS5.25），帳簿価額と**公正価値から売却コストを控除した額**のいずれか低い方の金額で測定される（IFRS5.1(a), 15）。**公正価値から売却コストを控除した額**が帳簿価額を下回る場合の損失は減損損失として計上する（IFRS5.20）。ただし，減損損失計上後に公正価値から売却コストを控除した額が回復した場合には，過去の

図表6.9 売却目的保有資産の測定

計上した減損損失の金額を限度として減損損失の戻入れが認められる（IFRS5.21）。

●練習問題●

□ **6.1** 次のそれぞれの内容について，正しいものには○を，誤っているものには×を付けなさい。

(1) IFRS では有形固定資産は取得原価で評価されなければならず，期末に時価で再評価することは禁止されている。

(2) 減価償却の方法には，定額法，定率法，生産高比例法などが認められるが，有形固定資産の将来の経済的便益が消費されると予測されるパターンを反映した減価償却の方法を選択しなければならない。

(3) 投資不動産について公正価値モデルを採用した場合，再評価による帳簿価額の増加分はその他の包括利益に認識し，再評価剰余金として資本に累積させる。

(4) リース負債の測定際に用いられる割引率として，借手の追加借入利子率を用いることは認められない。

(5) IFRS 第 16 号はリース資産の使用権に着目して，基本的にはすべてのリースについてオンバランス処理される。そのため，短期リースや少額リースに該当する場合であっても，使用権が資産として計上される。

(6) リースの計算利子率とは，リース料と無保証残存価値の現在価値を，原資産の公正価値から貸手の当初直接コストを控除した額に等しくなるような利子率である。

□ **6.2** 以下の問に答えなさい。

(1) 有形固定資産の事後測定において，再評価モデルを採用した場合の会計処理を評価益と評価損の場合に分けて説明しなさい。

(2) 旧リース基準（IAS17）と新リース基準（IFRS16）の基本的な相違について簡潔に説明しなさい。

(3) IFRS 第 16 号におけるセール・アンド・リースバック取引の会計処理について説明しなさい。

(4) リース取引について，オフバランス処理が認められる 2 つのケースについて説明しなさい。

108 第6講 固定資産〜有形固定資産，リースなど〜

□ 6.3 リースの借手の会計処理

当社は X1 年期首において店舗用建物についてリース契約を締結した。リース期間は3年で中途解約はできない（少額リースには該当しない）。リース期間終了後の購入オプションや残価保証はない。毎期のリース料は 23,820 であり，毎期末に1年分を支払う。また，当該リース契約に関連する借手の当初直接コストは 2,000 でありリース契約時に現金で支払った。なお，割引率について計算利子率 5.7% を用いた結果，リース契約時に計上されるリース負債の金額は 64,000 であった。原資産の耐用年数は5年であり，残存価額ゼロ，定額法により減価償却を行う。

そこで，(1)リース契約時，(2)第1回のリース料支払時，(3)減価償却費の計上時の会計処理をそれぞれ答えなさい。なお，使用する勘定科目は，現金，使用権，リース負債，支払利息，使用権減価償却費，減価償却累計費とする。

第 **7** 講

固定資産
〜無形資産と減損〜

●学習のポイント

本講では，「無形資産」と「減損」について学ぶ。

一般用語としての無形資産には，特許権や商標権などの知的資産，従業員の技術や能力などの人的資産，企業文化や経営管理プロセスを含む物理的実体のない資産が含まれ，それらは企業価値の重要な割合を占めるが，会計上は，このうち一定の要件を満たしたもののみが財政状態計算書に計上される。

また財政状態計算書には，無形資産を含む様々な固定資産が計上されるが，これらの資産が回収可能価額を上回る金額で計上されることがないように減損に関する会計処理が定められている。

この2項目は，いずれも会計上の見積りを含む重要な判断が必要となるため，会計基準の内容とその趣旨の理解が重要となる。

●キーワード

支配，将来の経済的便益，識別可能性，分離可能性規準，契約法律規準，自己創設無形資産，自己創設のれん，耐用年数を確定できる無形資産，耐用年数を確定できない無形資産，減損の兆候，減損テスト，回収可能価額，資金生成単位，減損損失，公正価値から処分コストを控除した額，使用価値，将来キャッシュフローの見積り，割引率，減損損失の認識及び測定，のれん，全社資産，減損損失の配分，減損損失の戻入れ

●検討する会計基準

IAS 第 38 号	「無形資産」
IAS 第 36 号	「資産の減損」

7.1 無形資産

7.1.1 IAS第38号の適用範囲

IAS第38号は，原則として，すべての**無形資産**に関する会計処理に適用される。ただし，他の基準の適用対象となる無形資産，IAS第32号「金融商品：表示」で定義される金融商品など一部の資産には適用されない（IAS38.2）。

7.1.2 無形資産の定義

「資産」とは，**過去の事象の結果として企業が支配し，かつ，将来の経済的便益が企業へ流入する**ことが期待される資源をいう。これらの資産のうち，「物理的実体のない**識別可能**な非貨幣性資産」が「無形資産」である（IAS38.8）。したがって，「支配」「将来の経済的便益」「識別可能」の3要素の理解が重要となるが，本講では，無形資産に特に関係の深い「識別可能」について記載する。

資産が「識別可能」であるとは，次のいずれかに該当する場合である（IAS38.12）。

① 分離可能性である場合（**分離可能性規準**）

企業から分離または分割して，単独でまたは関連する契約，識別可能な資産もしくは負債とともに，売却，移転，権利供与，賃貸または交換することができる場合をいい，その意図が企業にあるかどうかは問わない。

② 契約またはその他の法的権利から生じている場合（**契約法律規準**）

当該権利が譲渡可能なのかどうかや，企業または他の権利及び義務から分離可能なのかどうかは問わない。

無形資産の例としては，コンピューター・ソフトウェア，特許権，著作権，映画フィルム，顧客リスト，輸入割当，フランチャイズ，顧客または仕入先との関係，顧客の忠誠心，市場占有率及び販売権などが挙げられる（IAS38.9）。

図表7.1　無形資産の認識の2要件

要　件	内　容
蓋然性	資産に起因する，期待される将来の経済的便益が企業に流入する可能性が高いこと
測定の信頼性	資産の取得原価を，信頼性をもって測定することができること

　識別可能性は，無形資産を「のれん」と区別するために必要とされる（7.1.4項(2)）。企業結合で認識されるのれんも，将来の経済的便益があるとして対価が支払われる資産であり，物理的な実体のない非貨幣性資産として，無形資産と類似する性質を有するが，のれんは企業結合で取得した他の資産から個別に識別されず，また分離して認識できるものではないという点で，無形資産とは区別される（IAS38.11）。

7.1.3　当初認識

　無形資産は，上記の無形資産の定義を満たし，かつ，**図表7.1**の2要件を満たす場合にのみ認識される（IAS38.21）。

　この2つの要件は，自己創設無形資産（7.1.4項(3)②）を認識するかどうかを判断するときに重要となる。

7.1.4　取得形態ごとの無形資産の認識及び測定

　無形資産の当初認識は，取得原価で測定しなければならない（IAS38.24）。本講では代表的な3つの取得形態について記載する。

(1) 個別の取得

　無形資産を個別に取得した場合の取得原価は，次のもので構成される（IAS38.27）。

(a) 購入価格（輸入関税等を含み，値引及び割戻しを控除後）

(b) 資産を意図した利用のために準備することに直接起因する原価

（2）企業結合の一部としての取得

　無形資産を企業結合で取得した場合には，当該無形資産の取得原価は，取得日現在の公正価値で測定される（第13講参照）。企業結合で取得した無形資産については蓋然性の認識規準は，常に満たされているものとされ，分離可能性規準または契約法律規準を満たしている場合には，当該資産の公正価値を測定するための十分な情報が存在しており，信頼性のある測定の要件は常に満たされるものとみなされる（IAS38.33）。

　実務上，企業結合により取得した無形資産の識別及び公正価値の測定に関しては，評価専門家が関与することが一般的である。

（3）自己創設無形資産

　①　自己創設のれん　　自己創設のれんは，資産として認識してはならない（IAS38.48）。これは，自己創設のれんが，分離可能ではなく，契約その他の法的権利から生じたものでもないことから，信頼性をもって原価で測定可能な，企業が支配する識別可能な資源ではないと考えられるためである（IAS38.49）。

　②　自己創設無形資産　　自己創設無形資産は，将来の経済的便益を生成する識別可能資産が存在するかどうかなど，その判定が困難な場合が想定されるため，資産の創出過程を「研究局面」と「開発局面」に分類し，それぞれの局面ごとに会計処理が定められている。

　（i）**研究局面**　　研究とは新規の科学的または技術的な知識及び理解を得る目的で実施される基礎的及び計画的調査をいう（IAS38.8）。

　研究局面について，研究（または内部プロジェクトの研究局面）から生じた無形資産は認識してはならず，研究に関する支出は発生時に費用として認識しなければならない（IAS38.54）。研究局面では，将来の経済的便益を創出する無形資産が存在することを立証できないためである（IAS38.55）。

　（ii）**開発局面**　　開発とは，商業ベースの生産または使用の開始前における，新規のまたは大幅に改良された材料，装置，製品，工程，システムまたはサービスによる生産のための計画または設計への，研究成果または他の知識の応用をいう（IAS38.8）。

　開発局面について，開発（または内部プロジェクトの開発局面）から生じた

無形資産は，企業が次のすべてを立証できる場合にのみ，認識しなければならない（IAS38.57）。

(a) 使用または売却に利用できるように無形資産を完成させることの技術上の実行可能性。
(b) 無形資産を完成させて，使用するかまたは売却するという意図。
(c) 無形資産を使用または売却できる能力。
(d) 無形資産が可能性の高い将来の経済的便益をどのように創出するのか。とりわけ，企業が，当該無形資産の産出物または無形資産それ自体についての市場の存在や，無形資産を内部で使用する予定である場合には，当該無形資産の有用性を立証できること。
(e) 開発を完成させて，無形資産を使用するかまたは売却するために必要となる，適切な技術上，財務上及びその他の資源の利用可能性。
(f) 開発期間中の無形資産に起因する支出を信頼性をもって測定できる能力。

7.1.5 当初認識後の測定

(1) 原価モデルと再評価モデル

当初認識後の測定として，企業は，原価モデルまたは再評価モデルのいずれかを会計方針として選択しなければならない（IAS38.72）。もっとも再評価モデルは，活発な市場を参照して測定できる無形資産が前提となり，それは限定的であるため，本講では，原価モデルのみを取り扱う。

原価モデルでは，当初認識後，無形資産は，取得原価から償却累計額及び減損損失累計額を控除した額で財政状態計算書に計上する（IAS38.74）。

(2) 耐用年数

無形資産の耐用年数が確定できるのか，できないかを判定し，確定できる場合には，その耐用年数の期間を判定しなければならない。無形資産が企業への正味のキャッシュインフローをもたらすと期待される期間について予見可能な限度がない場合には，当該無形資産の耐用年数は確定できないものとみなすことになる（IAS38.88）。なお，「確定できない」という用語は「無限」

を意味するものではない（IAS38.91）。

（3）耐用年数を確定できる無形資産

① 耐用年数　　耐用年数を確定できる無形資産は，耐用年数にわたり規則的に償却する（IAS38.97）。

耐用年数に影響する要因には，経済的要因及び法律的要因の両方の要因がある。経済的要因は，企業が将来の経済的便益を受け取る期間を決定する。法律的要因は，企業がこれらの便益へのアクセスを支配する期間を制限する可能性がある。耐用年数は，これらの要因により決定される期間のうち，いずれか短い方の期間である（IAS38.95）。

耐用年数の決定にあたっては，当該資産の使用方法，当該資産の典型的な製品ライフサイクル，技術上，商業上等の要因による陳腐化，当該資産が稼働している産業の安定性，競争相の予想される行動，当該資産の使用に関する法的制限など，多くの要因を検討する（IAS38.90）。

② 残存価額　　残存価額は，一定の場合を除き，ゼロと推定する（IAS38.100）。

③ 償却方法　　償却可能額は，当該資産の耐用年数にわたり規則的に配分する。適用する償却方法は，当該資産の将来の経済的便益を企業が消費すると見込まれるパターンを反映しなければならず，それ信頼性をもって決定できない場合には，定額法を採用しなければならない（IAS38.97）。

④ 償却期間及び償却方法の見直し　　償却期間及び償却方法は，少なくとも各事業年度末に再検討し，見積耐用年数が従来の見積りと大きく相違する場合には，償却期間をそれに基づいて変更しなければならない。当該資産に具現化された経済的便益の予想される消費のパターンに重要な変化が生じた場合には，償却方法を変更しなければならない（IAS38.104）。

（4）耐用年数を確定できない無形資産

耐用年数を確定できない無形資産（例えば一定のブランド）は償却してはならない。その代わり，毎年，かつ，当該無形資産に減損の兆候がある場合はいつでも，IAS第36号に従って，減損テストを行う（IAS38.108）。

また，償却していない無形資産は，各期間に，事象及び状況が，当該資産の耐用年数を確定できないという判定を引き続き裏付けているかどうかを再

検討しなければならない。その裏付けがない場合には、耐用年数の判定を、確定できないものから確定できるものに変更し、IAS 第 8 号「財務諸表作成の基礎」に従って 会計上の見積りの変更として会計処理しなければならない（IAS38.109）。

(5) 帳簿価額の回収可能性——減損損失

企業は、無形資産が減損しているかどうかを判定するために、有形固定資産と同様、IAS 第 36 号「資産の減損」を適用する（IAS38.111、7.2 節参照）。

7.1.6　開　示（IAS38.118-128）

無形資産のクラス（性質及び用途が類似したグループ）ごとに、自己創設無形資産とその他の無形資産とを区別して、次の事項を開示するなど、詳細な開示規定がある。

(a)　耐用年数が確定できないのか確定できるのか、確定できる場合には、採用している耐用年数または償却率
(b)　耐用年数を確定できる無形資産について採用した償却方法
(c)　期首及び期末の帳簿価額及び償却累計額
(d)　無形資産の償却額が含まれている包括利益計算書の表示科目
(e)　期首及び期末における帳簿価額の調整表

7.2　減　損

「資産の減損」に関する会計処理を定める目的は、企業が資産に回収可能価額を超える帳簿価額を付さないことを確保するためである。資産の帳簿価額が、使用または売却によって回収される金額を超過する場合には、資産は減損しているものとされ、減損損失を認識することが求められる。

減損に関する基本的な手続きは、次のようになる（のれん等の資産を除く）。

① 減損の兆候の有無を検討する（7.2.2項(2)）。
② 減損の兆候があれば当該資産の回収可能価額を見積もる（7.2.3項～7.2.4項）。
③ 当該資産の帳簿価額＞回収可能価額の場合には，その超過額を減損損失として認識する（7.2.5項）。
④ 過去に認識した減損損失が存在しないか減少している場合には，減損損失の戻入れを行う（7.2.9項）。

7.2.1 適用範囲

IAS第36号は，棚卸資産，繰延税金資産，従業員給付から生じる資産，金融資産等，他の基準書による要求事項がある資産以外のすべての資産に適用される。また子会社，関連会社またはジョイント・ベンチャーに分類される金融商品にも適用される（IAS36.2）。

7.2.2 減損テストが必要となる時期と状況

IAS第36号では，減損テストが必要となる時期と状況について，のれん，耐用年数が確定できない無形資産及び未だ使用可能でない無形資産（以下，のれん等の資産）とそれ以外の資産とで，異なる手続きを定めている（図表7.2）。

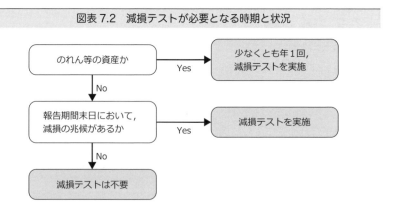

図表7.2　減損テストが必要となる時期と状況

減損テストとは，個別資産または資金生成単位（またはグループ）の回収可能価額を算定し，その帳簿価額と比較する手続きをいう。そして，**帳簿価額＞回収可能価額の場合には，その資産は減損しているとみなし，その超過額を減損損失として認識する**（IAS36.80-90）。

(1) のれん等の資産

のれん及び耐用年数を確定できない無形資産は償却されないため，企業が当該資産の帳簿価額を上回る経済的便益を創出するかを慎重に検討する必要がある。このため，（減損の兆候の有無にかかわらず）**毎期減損テストを実施する**（IAS36.10）。

未だ使用可能でない無形資産についても，将来の経済的便益の創出について不確実であることから，**毎期減損テストを実施する**（IAS36.10，11）。

これらの資産の減損テストは，報告期間中のいつの時点で実施しても良いが，毎年同時期に実施する必要がある（IAS36.10.96）。

(2) のれん等の資産以外の資産

(1) 以外の資産については，各報告期間の末日において，減損の兆候が存在するかどうかを判断し，**減損の兆候が存在する場合は，減損テストを実施する**（IAS36.9）（図表7.3）。

IAS第36号では，外部の情報源，内部の情報源に分類して，減損の兆候の例を挙げている（IAS36.12，14）。なお，本講では，子会社，共同支配企業または関連会社からの配当に関する事項は省略する。

7.2.3 減損テストの単位

回収可能価額の算定にあたり，最初に減損テストの単位を決める。この単位には，個別資産と資金生成単位の2つがあるが，実務上，個別資産単位での回収可能価額の算定ができる場合は少なく，通常，資金生成単位となる。

資金生成単位とは，他の資産または資産グループからのキャッシュインフローとはおおむね独立したキャッシュインフローを生成する最小の識別可能な資産グループをいう（IAS36.6）。

ここで，「おおむね独立したキャッシュインフロー」かどうかを識別する際に，経営者が企業の営業をどのように監視しているのか（例えば，製品系列別，

第7講　固定資産〜無形資産と減損〜

図表7.3

	減損の兆候の例示
外部の情報源	(a)　資産の価値が，著しく低下している。 (b)　企業にとって悪影響のある著しい変化が，技術的，市場的，経済的もしくは法的環境等において，発生したか，発生すると予想される。 (c)　市場金利または他の市場投資収益率が上昇し，それが使用価値の計算に用いられる割引率に影響して，資産の回収可能価額を著しく減少させる見込みである。 (d)　企業の純資産の帳簿価額が，その企業の株式の市場価値を超過している。
内部の情報源	(e)　資産の陳腐化または物的損害の証拠が入手できる。 (f)　企業にとって悪影響のある著しい変化が，資産の使用の程度または方法に関して発生したか，発生すると予想される（資産の遊休化，事業の廃止もしくはリストラクチャリングの計画等が含まれる）。 (g)　資産の経済的成果が悪化しまたは悪化することを示す証拠が，内部報告から入手できる。内部報告には，次のものが含まれる。 ・当該資産を取得するためのキャッシュフローやその後の資産の維持等に必要な資金が，当初予算よりも著しく高額であること ・当該資産から生じる実際の正味キャッシュフローまたは営業損益が，予算よりも著しく悪化していること ・当該資産から生じる予算化されていた正味キャッシュフローや営業利益の著しい悪化等 ・当該資産に関する当期の数値と将来の予算上の数値との合計が，営業損失または正味キャッシュアウトフローとなる

事業別，場所別，地方別または地域別）や，**経営者が企業の資産及び営業を継続するか処分するかに関する意思決定をどのように行うのかを考慮する**（IAS36.69）。

また生産物が内部取引の対象となっている場合であっても，その生産物に活発な市場が存在する場合には，キャッシュインフローがあるものとして検討する（IAS36.70）。

設例7-1

〈前提〉

・Ｓ社は文房具の小売を営んでおり，東京都に5店舗，近隣の県で15店舗を展開しているが，同一市区町村に複数の店舗はない。

・Ｓ社の業績管理は店舗別損益を基礎としている。

・各店舗における文房具の調達は，すべてＳ社の購買本部が行っており，小売価格，マーケティング，宣伝及び人事も，Ｓ社の本部が決定する。

> ▶S 社における資金生成単位は何か。

〈検討〉

　S 社の資金生成単位を識別するとき，例えば，次のことについて検討する。

・内部管理報告が店舗別に業績を測定できるように組織化されているか。
・事業は店舗別利益ベースで運営されているのか，それとも地域ベースで
　運営されているのか。

　このケースでは，S 社の店舗は比較的近接した地区にあり，かつ S 社の本
部により管理されているが，取扱商品の性質上，各店舗の顧客基盤は異なる
と考えられ（A 店舗の売上が B 店舗の売上減少に結びつくものではない），また
業績管理は店舗ごとに実施されている。したがって，各店舗は他の店舗から
おおむね独立したキャッシュフローを生成しており，資金生成単位は各店舗
となる可能性が高い。

7.2.4　回収可能価額の測定

（1）回収可能価額の算定

　回収可能価額とは，公正価値から処分コストを控除した額と使用価値のい
ずれか高い金額である（IAS36.6）。これは資産（または資金生成単位，以下，資
産には資金生成単位を含むものとして記載する）の回収可能価額の測定は合理
的な経営者が行う行動を反映すべきとの判断による。

（2）公正価値から処分コストを控除した額

　公正価値とは，測定日時点で市場参加者間の秩序ある取引において資産を
売却するために受け取るであろう価格または負債を移転するために支払うで
あろう価格をいい，その見積りは，IFRS 第 13 号「公正価値測定」に従う。

　また，処分コストとは，資産の処分に直接起因する増分コスト（金融コス
ト及び法人所得税費用を除く）をいい，解雇給付及び事業再編費用は含まれな
い（IAS36.28）。

（3）使用価値

　①　使用価値の見積りの手順　　使用価値は，資産から生じると予想され

る将来キャッシュフローの現在価値で算定され，その見積りは，次の手順で
行う（IAS36.31）。

(a) 当該資産の継続的使用及び最終的な処分から発生する将来キャッシュインフロー及びアウトフローの見積り
(b) これらの将来キャッシュフローに適切な割引率の適用

② 将来キャッシュフローの見積りの基礎　　将来キャッシュフローは，
経営者により承認された事業計画に基づく企業固有のものであるため，経営
者による楽観的または悲観的すぎる見積りを排除するため，**次のような経営
者による予測の基準に関する指針が設けられている**（IAS36.33）。

(a) キャッシュフロー予測は，合理的で裏付け可能な仮定を基礎とする。これには，当該資産の残存耐用年数にわたる経済的状況に関する経営者の最善の見積りを反映し，外部の証拠により大きな重点を置く。
(b) キャッシュフロー予測は，経営者が承認した直近の財務予算・予測（原則として最長５年間）を基礎とするが，将来のリストラクチャリングまたは資産の性能の向上による見積りへの影響は除外する。
(c) 直近の予算・予測の期間を超えたキャッシュフロー予測は，後続の年度に対し一定のまたは逓減する成長率を使用する。

③ 将来キャッシュフローの見積りの構成要素　　将来キャッシュフロー
の見積りには，次の事項を含める（IAS36.39）。

(a) 当該資産の継続的使用によるキャッシュインフローの予測
(b) 上記を生み出すために必然的に生じるキャッシュアウトフローで，当該資産へ直課または合理的に配分ができるものの予測
(c) 当該資産の耐用年数の終了時点での正味キャッシュフロー

④ 割引率　　使用価値の算定に用いる**割引率**は，**貨幣の時間価値及び当
該資産に固有のリスクについての現在の市場評価を反映する税引前の利率で
ある**（IAS36.55）。この利率の見積りは，類似資産の現在の市場取引で暗示さ
れている利率か，対象資産と潜在用役及びリスクが類似している単一の資産

（または資産のポートフォリオ）を有する上場企業の加重平均資本コスト（WACC）から行う（IAS36.56）。

　もっとも資産固有の利率を市場から直接入手可能することは，困難な場合が多く，そのような場合には代替数値として，企業が当該資産から獲得すると期待するキャッシュフローと金額，時期及びリスク特性が同等のキャッシュフローを生み出す投資を選択した場合に，投資家が要求する利回りを割引率の見積りに用いる。このような割引率は，**資本資産価格モデル（CAPM）**のような技法を利用して決定した当該企業の加重平均資本コスト，当該企業の追加借入利子率及びその他の市場借入利率を出発点として，資産の将来キャッシュフローに反映されていない**固有リスク**（カントリー・リスク，通貨リスク，価格リスク等）も考慮して算定する（IAS36.56, 57, A17-A21）。なお，割引率は，当該企業の資本構成や当該資産に関する資金調達方法とは無関係である。なぜならば，資産から発生すると予想される将来キャッシュフローは，資産を購入するための資金調達方法には依存しないためである（IAS36.A19）。

設例7-2

・A社の資金生成単位Xに減損の兆候があるため，減損テストを実施する。

・回収可能価額の算定は，使用価値に基づくものとし，割引率はA社の加重平均資本コスト（WACC）を出発点とする。

負債コスト及び資本コスト		負債・資本比率（ギアリング）*2	
無リスク利子率	1.0%		
信用スプレッド	0.5%		
A社の負債コスト	1.5%		
税率	30.0%		
税引後負債コスト	1.05%	50%	0.5%
株式市場の期待収益率*1	5.0%		
ベータ値*1	1.2		
税引後自己資本コスト	5.8%*3	50%	2.9%
加重平均資本コスト		（税引後）	3.4%
		（税引前）	4.9%*4

＊1　A社が上場している株価指数の変動に対するA社の変動の比率

＊2　A社の実際の資本構成とは無関係であり，類似会社の数値を考慮している。

＊3　リスクフリー・レート（1.0%）＋ベータ値1.2（株式市場の期待収益率5.0%－リスクフリー・レート（1.0%））＝5.8%

＊4　3.4%/(1-0.3)=4.9%

122　第 7 講　固定資産〜無形資産と減損〜

・株主資本コストは資本資産評価モデル（CAPM）を用いる。
・資産の将来キャッシュフローに反映されていない固有リスクはないもの
　とする。

7.2.5　減損損失の認識及び測定

　減損テストの結果，資産の回収可能価額が帳簿価額を下回っている場合，
当該資産の帳簿価額をその回収可能価額まで減額し，当該減額は減損損失と
して処理する（IAS36.59）。

7.2.6　の れ ん

（1）資金生成単位へののれんの配分

　企業結合により取得したのれんは，単独で減損テストを行うものではなく，
取得企業の資金生成単位（またはグループ）のうち，企業結合のシナジーから
便益を得ると見込まれるものに配分して減損テストを行う。のれんが配分さ
れる当該資金生成単位（またはグループ）は，のれんを内部管理目的で監視し
ている最小の単位で，かつ，集約前の「事業セグメント」（IFRS8.5）よりも
大きくないことが条件となる（IAS36.80）。

　のれんは他の資産（またはグループ）から独立してキャッシュフローを生
み出すことはなく，複数の資金生成単位のキャッシュフローに貢献すること
が多い。このため，のれんを，恣意性なしに独立した資金生成単位に配分す
ることができず，結果として，のれんが関連しているが配分することができ
ない複数の資金生成単位で構成される場合がある（IAS36.81）。

❖ コラム 7.1　IASB におけるのれんの会計処理に関する検討状況 ───────
　　IASB は，2024 年 3 月，公開草案「企業結合──開示，のれん及び減損」
（IFRS 第 3 号及び IAS 第 36 号の修正案）を公表した。この中で，のれんを含んだ資
金生成単位（グループ）の減損テストの有効性の改善及び複雑性の低減が提案さ
れている。この点については，**第 13 講のコラム 13.1** を参照されたい。

（2）のれんが配分された資金生成単位の減損テスト

　のれんを配分した資金生成単位（またはグループ）について減損テストを実施する場合，のれんを配分する前の資金生成単位について，最初に減損テストを行う（IAS36.97）。そのうえで，のれんを配分した資金生成単位（またはグループ）に対して毎年減損テストを行う（IAS36.90）。

（3）資金生成単位に非支配持分がある場合ののれんの減損テストと減損損失の配分

　のれんが配分された資金生成単位に非支配持分があり，企業結合の会計処理において**購入のれんアプローチを採用している場合**には，資金生成単位の回収可能価額（親会社持分と非支配持分の合計額として算定される）と比較する帳簿価額を同じベースとするため，**のれんの非支配持分相当額を増額したうえで減損テストを実施する**（IAS36.C4）。

7.2.7　全社資産

　全社資産とは，のれん以外の資産で，検討の対象である資金生成単位と他の資金生成単位の双方の将来キャッシュフローに寄与する資産をいい（IAS36.6），本社または事業部門の建物，IT機器もしくはリサーチ・センター等のグループまたは部門の資産などが含まれる（IAS36.100）。

　全社資産は別個のキャッシュインフローを発生させないので，全社資産が減損している可能性を示す兆候がある場合は，**回収可能価額を当該全社資産が属する資金生成単位について算定し，この資金生成単位（またはグループ）の帳簿価額と比較する**（IAS36.101）。

　全社資産は，原則として合理的かつ首尾一貫した基準により資金生成単位（またはグループ）に配分し，配分された全社資産を含む当該資金生成単位の帳簿価額をその回収可能価額と比較する。

　このような配分ができない場合には，まず全社資産を除く当該資金生成単位について減損テストを行う。次に，全社資産の帳簿価額の一部を合理的で首尾一貫した基準により配分できる最小の資金生成単位グループを識別したうえで，全社資産の帳簿価額を含む当該資金生成単位グループの帳簿価額と，その回収可能価額とを比較する（IAS36.102）。

124 第7講 固定資産～無形資産と減損～

7.2.8 減損損失の配分

　資金生成単位に係る減損損失は，まずのれんに配分し，その後，当該単位内の各資産の帳簿価額に基づき比例配分する（IAS36.104）。

設例7-3

・P社はS社を3年前に買収し，のれんが200発生した。

・のれんは資金生成単位に合理的に配分できず，のれんと資金生成単位の状況は次のとおりである。

	資金生成単位A	資金生成単位B	資金生成単位C	のれん	計
取得原価	600	700	500	200	2,000
償却累計額	200	200	100	－	500
帳簿価額	400	500	400	200	1,500

・P社は，のれんを含む資金生成単位グループについて減損テストを行った結果，回収可能価額は1,200と算定された。

・P社は，減損損失300をまずのれんに配分し，残額を資金生成単位の帳簿価額に応じて配分する。

	資金生成単位A	資金生成単位B	資金生成単位C	のれん	計
帳簿価額	400	500	400	200	1,500
回収可能価額					1,200
減損損失	31*	38	31	200	300
減損後簿価	369	462	369	－	1,200

* $100 \times 400 / (400 + 500 + 400) = 31$

7.2.9 減損損失の戻入れ

　のれん以外の資産について，過去に認識した減損損失が，報告期間の末日において，もはや存在しないかまたは減少している可能性を示す兆候がある場合には，当該資産の回収可能価額を見積り，当該資産の帳簿価額を回収可能価額まで増額したうえで（ただし，過去の減損損失がなかったとした場合の（償却または減価償却控除後の）帳簿価額を超えてはならない），減損損失の戻入れを損益に計上する（IAS36.100, 114, 117, 119）。

　のれんについて認識した減損損失は，以後の期間において戻入れをしてはならない。のれんの減損損失認識後の回収可能価額の増加は，自己創設のれ

7.2 減 損　125

んの増加であることが多いためである（IAS36.124, 125, 7.1.4項(3)①参照）。

7.2.10　開　示

開示項目は，以下の2つに大別される（IAS36.126 〜 137）。

①　減損損失やその戻入れが生じた期に開示が要求される事項

減損損失や戻入が生じた場合には，報告セグメントとの関連，資金生成単位や回収可能価額の算定に関する事項の開示がある。

②　減損損失やその戻入れの有無にかかわらず，開示が要求される事項

のれんと耐用年数が確定できない無形資産に関して求められる年次の減損判定に関する開示項目がある。

●練習問題●

□**7.1**　次のそれぞれの内容について，正しいものには○を，誤っているものには×を付けなさい。

(1)　自己創設の無形資産は，研究局面，開発局面ともに将来の経済的便益の獲得に不確実性が伴うため，資産計上することは一切認められていない。

(2)　企業結合の一部として取得した無形資産について，分離して譲渡可能であっても，信頼性をもって測定できない場合には，財政状態計算書に計上してはならない。

(3)　資金生成単位Aに減損の兆候があり，減損テストを実施する。当該帳簿価額は400，使用価値は赤字が続いており300と算定された。ただし，土地に含み益があり，公正価値から処分コストを控除した額は450であったため，減損損失は計上しない。

(4)　3年前にのれん及び耐用年数が確定できない無形資産を減損処理したが，当該事業の業績が回復したため，当該無形資産については減損の戻入れを行うことになったが，のれんについては減損の戻入れはできない。

□**7.2**　減損テストに関して，有形固定資産は報告期間の末日に減損の兆候がある場合のみ実施するが，のれん及び耐用年数が確定できない無形資産は，毎期実施することが求められている。その理由を答えなさい。

□**7.3**　以下の前提において，☐☐☐☐☐に入る数字を埋めなさい。

126　第7講　固定資産〜無形資産と減損〜

・X社の資金生成単位は，A，B，Cの3つであり，このほか全社資産（主として研究センター）がある。
・全社資産は，合理的な基準により各資金生成単位に配分できず，関連する3つの資金生成単位を最小の単位として配分する。
・X社が営業活動を行う技術環境において悪影響をもたらす変化が生じたため，X社はこれらの資金生成単位の各々について減損テストを行う。
・当期末における有形固定資産と減損テストに関連する情報は，次のとおりである。

	資金生成単位A	資金生成単位B	資金生成単位C	全社資産	X社計
有形資産簿価	500	400	300	200	1,400
回収可能価額	600	550	150	－	1,350*

*研究センターは企業全体に対し追加の将来キャッシュフローを生成すると想定される。したがって，個々の資金生成単位A,B,Cの使用価値の合計は全体としての事業の使用価値を下回っている。

・X社は，次の手順で減損テストを実施する。

ステップ1

　個別の資金生成単位レベルで減損テストを実施する（全社資産を除く）。資金生成単位Cの帳簿価額　　　　　は回収可能額　　　　　を上回るため，その差額　　　　　を減損損失として計上する。

ステップ2

　全社資産が配分された最小の資金生成単位グループ（この例では企業全体）に対して減損テストを実施する。減損後の資金生成単位A,B,C及び全社資産の帳簿価額は　　　　　，回収可能価額　　　　　となるため，ステップ2での減損損失の認識は不要となる。

第8講

引当金と法人所得税

●学習のポイント

　本講の主要な論点は，まず，引当金である（8.1節から8.5節）。IAS第37号における引当金の定義，認識要件，測定手法について基本を説明する。あわせて，引当金と偶発負債の相違点，そして，推定的義務という概念を具体例とともに学ぶ。次に，法人所得税について，特に企業会計と税務会計の処理の違いがもたらす一時差異と繰延税金資産（負債）について理解を深める（8.6節から8.9節）。

●キーワード

負債，引当金，法的義務，推定的義務，偶発負債，偶発資産，
リストラクチャリング，課税所得，繰延税金資産，繰延税金負債，一時差異

●検討する会計基準

IAS第37号	「引当金，偶発負債及び偶発資産」
IAS第12号	「法人所得税」

8.1 引当金の定義

IAS 第 37 号における引当金は，「時期または金額が不確実な負債」（IAS37.10）と定義されており，負債性を有していることが特徴である。**負債とは，「過去の事象の結果として経済的資源を移転するという企業の現在の義務（present obligation）」である**（FW.4.26）。引当金は，将来の決済時期，決済金額が不確実であるため，それらが確実な買掛金や未払費用等の負債とは区別される。

また，貸倒引当金は，IAS 第 37 号の適用対象外となる。貸倒引当金は，債権の「貸し倒れ」という事象に備え，あらかじめ費用とともに認識され，その金額相当のキャッシュフローは流入せず，債権の価値を減少させる。キャッシュアウトフローまたは資源流出を伴う「現在の義務」は存在しない。同様に，将来の営業損失も引当金の定義を満たさないため，引当金を認識してはならない。むしろ，将来の営業損失が見込まれることは，ある営業用資産が減損している可能性を示す徴候であるから，減損テストにより対応する（IAS37.63-65）。

8.2 引当金の認識

引当金の定義を満たしていても，すべての引当金を財務諸表上に認識できるわけではない。IAS 第 37 号には，認識要件として，(1)企業が，過去の事象の結果として現在の義務（法的または推定的）を有していること，(2)現在の義務を決済するために経済的便益を有する資源が流出する可能性が高いこと，(3)現在の義務の金額について信頼性ある見積りができることが挙げられている（IAS37.14）。これらの認識要件について，詳しくみていこう。

8.2.1 過去の事象と現在の義務

現在の義務を生じさせる過去の事象は，**義務発生事象**（obligating event）と呼ばれる。現在の義務は，**法的義務**にせよ**推定的義務**にせよ，企業がその決済を現実的に回避できないものである。企業が，将来の行為によって支出を回避できるのであれば，現在の義務は存在せず，引当金を認識することはできない。例えば，企業が特定の営業活動を継続するために，何らかの支出を伴う法律上の罰則が課される場合でも，当該活動の変更または停止により当該支出を回避できるならば，現在の義務は存在しない。なお，義務の相手方の身元が特定されている必要はなく，義務は社会全般に対するものであってもよい。

ここで法的義務とは，**その決済を法律により強制することができ，明示的あるいは黙示的な契約条件，法律の制定，運用等から発生する義務**をいう。他方，**推定的義務は，企業がある義務の受諾を対外的に表明し，企業が当該義務を履行するであろうという妥当な期待を企業外部者に惹起させるとき発生する**。具体例として，後述するリストラクチャリングに係る義務がある。妥当な期待は，確立されている過去の実務慣行や，公表されている方針，最近の具体的な声明により生じるとされる。義務は常に他人に対するコミットメントを伴うので，経営者または会社機関の決定のみでは，報告期間の末日現在の推定的義務は生じない（IAS37.17-22）。

8.2.2 経済的便益を有する資源の可能性の高い流出

負債が認識の要件を満たすためには，現在の義務を決済するにあたり，経済的便益を有する資源流出の可能性が高くなければならない。IAS 第37 号において「可能性が高い（probable）」とは，「生じる可能性の方が高い（more likely than not）」と解釈されている。すなわち，**当該事象が発生する確率の方が，発生しない確率よりも高い場合であり，認識に係る蓋然性の閾値は具体的に 50 ％超ということになる**（IAS37.23-24）。

8.2.3 信頼性のある義務の見積り

あわせて，現在の義務について信頼性ある見積りが可能なことが，引当金

認識の要件である。見積りの使用自体は，財務諸表作成に不可欠であり，財務諸表の信頼性を損なうものではない。たしかに，引当金は，他の大半の財務諸表構成要素よりも不確実な性質を有する。しかし，企業は，極めて稀な例外を除き，発生し得る結果をある程度絞り込み，十分に信頼性のある義務の見積りを行うことができるとされている（IAS37.25-26）。

❖ コラム 8.1　米国と日本の引当金認識要件 ─────────────

　米国の会計基準は，将来事象により損失が発生する蓋然性が高く（probable），かつ，損失の金額が合理的に見積り可能な場合に引当金を認識する。蓋然性が高いとは，ある将来事象が生じそうであること（likely to occur）である（ASC450）。具体的な閾値への言及はなく，企業によって解釈が異なっていると想定されるが，一般的には 50％より相当程度高く，70 ～ 80％の水準として解釈されているという説がある。

　日本では，引当金の定義を明確に定めておらず，企業会計原則注解 18 には，各種引当金が例示列挙されている。日本基準は，期間損益計算の観点から必要性を認められたものを引当金として認識するため，例示列挙された引当金は，将来の費用または損失であるが，負債性を有するとは限らない。そして，企業会計原則注解 18 によると，将来の特定の費用または損失である引当金は，①その発生が当期以前の事象に起因し，②発生の可能性が高く，③その金額を合理的に見積ることができる場合に認識できる。このうち，②発生可能性が高いとは，将来の費用または損失の発生が相当程度確実であることを指しており，IAS 第 37 号に比して認識の閾値は高いとされる。

8.3　偶発負債と偶発資産

　偶発負債とは，引当金と区別される次のいずれかの義務であり，財務諸表に認識されない。すなわち，(a) 回避不能な現在の義務ではない，あるいは，(b) 現在の義務ではあるが他の認識要件を満たさない項目である。偶発負債は，企業が当初想定していなかった帰結をもたらす可能性があるため，資源の流出可能性は継続的に検討されなければならない。以前に偶発負債として

扱った項目も，将来的な資源流出の可能性が高くなれば，財務諸表に引当金を認識する必要がある。偶発負債は，報告期間の末日にその内容を簡潔に開示しなければならないが，この開示は，他者との係争における企業の立場を著しく不利にすることも考えられる。係争に関し，敗訴により支払う可能性のある金額を開示することは，それが低い確率であっても，対外的に企業自身の責任を認めることになりかねない。このような場合，企業は当該情報を開示する必要はないが，係争の全般的な内容を，情報を開示しなかった旨及びその理由とともに，開示しなければならない（IAS37.13，27-30，92）。

偶発資産とは，偶発負債と対照的に，過去の事象から発生し得る資産のうち，企業が完全には統制できない将来の1つまたは複数の不確実な事象の発生（または不発生）によってのみ，その存在が確認されるものをいう。偶発資産は，実現しない可能性のある収益認識を伴うことから，財務諸表上で認識されない。偶発負債と同様，経済的便益の流入可能性について継続的な検討を行うべきであり，**収益の実現が「ほぼ確実」になったとき**には，当該資産と関連する収益を財務諸表に認識する（IAS37.31-35）。なお，収益が実現する可能性が高くなった，すなわち収益の発生可能性が50％を超えたとしても，当該資産と関連する収益は認識されない。費用・損失を適時に認識する一方で，収益・利得の認識にはより高い客観性を求める非対称な会計処理である[1]。

8.4 引当金の測定

8.4.1 最善の見積り

引当金の測定は，報告期間末日における，現在の義務の決済に必要となる支出の最善の見積りでなければならない。現在の義務を決済するために必要

---

[1] IASB の概念フレームワークにある「慎重性」という概念は，このような非対称な会計処理を明示的に認めるものではない。ただし，個別の会計基準をみれば，固定資産に係る減損損失の認識（IAS36）のように，収益・利得に比べて費用・損失を早期に認識する会計処理は存在する。

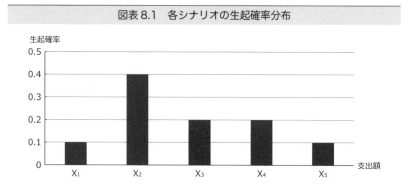

図表8.1　各シナリオの生起確率分布

となる支出の最善の見積りとは，報告期間の末日現在で義務を決済するため，または同日現在で義務を第三者に移転するために企業が合理的に支払う金額をいう。実際問題として，報告期間の末日現在で義務の決済または移転を行うことは，不可能であるか法外な費用を要することが多いが，義務の決済または移転を行うと仮定して，必要な支出金額を見積るのである（IAS37.36-37）。

　引当金が，母集団の大きい項目に関係している場合，すべての生じ得る結果をそれぞれの生起確率を用いて加重平均した「期待値」によって測定する。例えば，多数の顧客に保証を付して製品を販売しているとき，一定割合の顧客からは，ほぼ確実に保証請求が見込まれる。このときには，当期の製品売上高に当該一定割合を乗じた金額が，将来の保証履行に必要な支出の期待値となる（IAS37.39）。

　他方，単一の義務を測定する場合，生起する可能性の最も高い「最頻値」が，当該負債の最善の見積りとなり得る。例えば，単一製品の保証について，異なる支出シナリオが複数存在する場合，最も発生確率の高い保証金額が最善の見積りとなる。このとき，各シナリオに係る支出額とそれらの発生確率を用いて計算した期待値には，それほど情報価値はないかもしれない。当該期待値と実現値は乖離する可能性が高いためである。ただし，図表8.1のように，最も可能性の高い結果が生じる可能性より，その他の結果が生起する可能性が高いのであれば，その他の結果も考慮する必要がある。最頻値はX_2

であっても，支出を伴うその他複数のシナリオ（X_1, X_3, X_4, X_5）が存在し，それらシナリオの生起確率の合計（0.6）が最頻値の生起確率（0.4）を超える場合，最頻値が最善の見積りになるとは限らない（IAS37.40）。

なお，引当金は税引前で測定される（IAS37.41）。

8.4.2　リスクと不確実性

結果の変動可能性を表すリスク，ならびに不確実性は，引当金の最善の見積りに際して考慮しなければならない要素である。将来生起する結果の変動可能性が大きい（リスクが高い）とき，そのリスクをキャッシュ・アウトフローの見積りに加算すれば，引当金の価額は大きくなる。後述するように，報告期間の末日現在と支出時期にタイムラグがあれば，将来の支出を現在価値に割り引くことになるが，リスクを割引率の計算に含め，引当金の測定に反映させることもできる。なお，キャッシュ・フローと割引率でリスクを二重に反映させてはならない。

リスク調整により，引当金の測定額が増加する場合もあるが，不確実性は，引当金の過大設定や意図的な過大表示を正当化するものではない。著しく不利な結果に係る予想コストを見積る場合，その結果を現実より確率が高いものとして意図的に扱うことはしない（IAS37.42-43）。IASB が強調する「中立性」は，「慎重性」の行使によって支えられるが，それは資産及び収益の過大（過少）表示や負債及び費用の過少（過大）表示を意味しない（FW. 2.16）。

8.4.3　現在価値（割引現在価値）

理論的に，現時点で発生する支出は，後日発生する「同額の」支出よりも金額的に不利である。特に，現時点と将来時点のラグが大きいか，割引率が高いといった状況においては，支出が生じる時点が現在か将来かにより，支出の現在価値は大きく異なり得る。例えば，割引率が5％であるとして，105の支出を現時点で行うか1年後に行うか選べるとすれば，1年後の支払いが得策である。なぜなら，1年後の支出105を現在価値に割り引けば100となり，それは現時点の105よりも5だけ小さいためである。割引率がより大きく，支出時点がより遠い将来であるほど，大きな割引率で何度も割引計算を

行うことにより，将来支出の現在価値は小さくなっていく。このように，貨幣の時間価値の影響に重要性がある場合には，引当金の金額は，義務の決済に必要と見込まれる支出の現在価値としなければならない。また，割引率は，現在の市場の評価を反映した税引前の割引率でなければならないが，これには，貨幣の時間価値に加え，当該負債に固有のリスク（例えば，負債を第三者に移転するときに問題となる市場の価格変動リスクや流動性リスク等）が含まれる。負債に固有のリスクに，企業自身の信用リスク（不履行リスク）を含めるかについては明記がなく，議論があった。この点，解釈指針委員会は，自己の信用リスクは，一般的に測定対象となる個々の負債に固有のリスクではなく，企業自身のリスクと考えられ，自己の信用リスクを除外する実務が支配的であることを確認している（IAS37.45-47，E5）。

8.4.4　測定に関し留意すべきその他の事項

　義務の決済に要する金額に影響する可能性のある将来事象は，それが発生するであろうという十分な客観的証拠がある場合には，引当金の測定に反映しなければならない。例えば，新しい法律について，ほぼ確実に制定されるという十分に客観的な証拠が存在するならば，当該法律が及ぼす影響を引当金の測定に際し考慮する必要がある（IAS37.48-50）。

　また，引当金を決済するために要する支出の一部または全部が，他の者から「補填」されると見込まれる（保険契約，損害賠償条項，製造業者の保証等を通じた他の者による支払いが期待される）場合，**義務の決済により受けることがほぼ確実な「補填」を，別個の資産として認識しなければならない**。このとき，認識する資産の金額は引当金の金額を超えてはならず，包括利益計算書において，引当金に係る費用は，認識した「補填」を控除した後の純額で表示できる（IAS37.53-55）。

8.4.5　引当金の事後測定

　引当金は，各報告期間の末日において，新たな最善の見積りを反映するよう修正しなければならない。義務の決済に係る資源流出の可能性がもはや高くないとすれば，引当金を戻し入れなければならない。また，割引計算を行

っている場合には，時の経過を反映して引当金の価額は毎期増加し，この増加は借入コストとして認識される（IAS37.59-60）。

なお，引当金は，当該引当金を当初に認識した対象である支出に対してのみ使用しなければならない。別の目的で認識した引当金を支出に対し充当することは，2つの異なる事象の効果を隠すとして認められない（IAS37. 61-62）。例えば，従業員への賞与が，事前に認識した賞与引当金を超過している場合，追加的な費用が生じるはずである。しかし，賞与と全く異なる目的に対して認識した引当金を取り崩し，当該費用の発生を避けるようなことがあれば，それは賞与支出に係る過少な見積りという事実を財務諸表に反映しないこととなる。

8.5 リストラクチャリング

リストラクチャリングとは，経営者が立案・統制している計画であって，企業が従事する事業の範囲，事業を運営する方法のいずれかを大きく変更するものである。具体的には，一事業部門の売却または撤退，ある国もしくは地域における事業所の閉鎖，またはある国・地域から他の国・地域への事業活動の移転，経営管理構造の変更，企業の事業運営の性格と重点に重要な影響を及ぼす根本的な再編成を指す（IAS37.70）。

リストラクチャリングのコストに係る引当金は，引当金の一般的な認識要件を満たした場合にのみ認識され，リストラクチャリングの実施に係る「推定的義務」は，次の(a), (b)を満たした場合にのみ生じる。それは，(a)リストラクチャリングの影響を受ける事業所や従業員の職種や概数，実施時期や支出額等を明確にした詳細な公式計画を有していること，(b)リストラクチャリングの十分に詳細な計画の公表により，顧客，納入業者，従業員（またはそれらの代表者）などの人々に，企業がリストラクチャリングを実行するであろうという妥当な期待を生じさせることである（IAS37.72）。

経営者または会社機関によるリストラクチャリングの決定のみでは，報告

期間の末日に推定的義務が発生することはない。リストラクチャリングの開始まで相当の期間があるか，リストラクチャリングが不合理に長い期間を要することが予想されるならば，その間に企業が計画を変更する機会があり，現時点でリストラクチャリングを確約しているという妥当な期待を他の人々に生じさせる可能性は低い。計画は，その影響を受ける人々に伝達された時から，なるべく早く開始・完了される必要がある（IAS37.74-75）。

なお，リストラクチャリングに係る引当金には，リストラクチャリングから発生する直接の支出（リストラクチャリングに必然的に伴うものであり，企業の継続的活動とは関連がない）のみを含めなければならない（IAS37.80）。

❖ コラム8.2　企業結合に伴うリストラクチャリングの会計処理 ───────

リストラクチャリングに係る推定的義務の認識は，特に企業結合において問題となってきた。企業結合日において，推定的義務が存在していれば，資源流出の可能性が高くなくとも，信頼性を持って公正価値を測定できる限りにおいて，推定的義務を偶発負債として認識しなければならない（IFRS3.23）。他方，推定的義務は存在していないものの，リストラクチャリングの可能性が取得対価額に反映されていることがある。このような場合，IFRSでは負債の認識はできないが，日本では「企業結合に係る特定勘定」を負債として認識することが可能となっている。適用する会計基準により，企業結合日に認識される負債の金額が異なれば，取得対価額を個々の資産・負債に配分した残余であるのれん価額も異なることとなる。

8.6　税金費用

企業は，国内及び国外で稼得した所得に対し，税金（法人所得税）を課される。

会計上の税金費用控除前の「利益」は，ある期の収益から税金費用以外の費用を控除した純損益である。他方，課税の対象となる「**課税所得**」とは，課税当局が定めたルールに従い，ある期の益金から損金を控除して計算される。

投資家の投資意思決定に有用な情報提供を目的とする企業会計と異なり，税務会計の目的は適正な課税所得を算出し，公平な課税を実現することにある。そのため，税金費用控除前の利益と課税所得は等しくならないことがある。

例えば，会計上の費用が税務上の損金として認められない例として，固定資産の減価償却がある。すなわち，会計上の減価償却費が，税務上の減価償却費より多くなるケースである。このとき，当期の税金費用控除前利益より課税所得は大きくなるが，この大小関係は翌期以降に逆転する。固定資産の取得原価が一定である以上，減価償却費の総額も一定であり，ある期間に多額（少額）の減価償却費を計上すれば，その分，翌期以降の減価償却費は少額（多額）になる。ある固定資産について，会計上の減価償却費が常に税務上の減価償却費より大きいということはなく，会計上と税務上の間に生じた減価償却費のズレは，いずれ反転解消する。もちろん，費用と損金の認識時点が相違することで生じる金額のズレは，減価償却に限られないし，また，収益と益金との間にもズレが生じうる。

ところで，収益・費用と益金・損金の間にズレが生じているときには，資産・負債の帳簿価額も，会計上と税務上で相違する。会計上の減価償却費が税務上のそれよりも多いということは，会計上の固定資産帳簿価額は税務上のそれよりも小さくなる。収益・費用と益金・損金のズレ，それに伴い発生する会計上と税務上の資産・負債の帳簿価額のズレは，いずれ反転解消することから，「**一時差異**」と呼ばれている[2]。特に，IAS 第 12 号は，資産・負債の帳簿価額の相違に着目して一時差異を捉えており，この捉え方を「**資産負債法**」という。それに対し，収益・費用と益金・損金の間に生じる相違に着目して一時差異を捉える方法を「**繰延法**」という。

あらためて，現在時点で会計上の資産帳簿価額よりも税務上の資産帳簿価額が大きいとき，将来的には税務上の減価償却費が大きくなり，課税所得と納付税額が小さくなる。会計上の資産帳簿価額を基準にすると，現在時点では，より多くの税金を支払っていることになり，いわば税金の前払いをしていることになる。ただし，前払いした分だけ将来の納付税額が小さくなるの

---

[2] ただし，反転解消が見込まれない「永久差異」も存在する。

138 第8講 引当金と法人所得税

であれば，当期末には資産が存在するといえる。このように，会計上と税務
上の差異のうち，次期以降に税負担の軽減をもたらす差異を**将来減算一時差
異**といい，当該一時差異の解消に伴い税負担を軽減する資産を「**繰延税金資
産**」という。対照的に，会計上の資産帳簿価額が税務上の資産帳簿価額より
も大きいとすれば，将来的な税務上の減価償却費は小さくなり，課税所得と
納付税額は大きくなる。会計上の資産帳簿価額を基準にすると，当期の納付
税額は過少になるが，翌期以降の納税負担は大きくなる。このような，次期
以降の税負担をもたらす会計上と税務上の差異を**将来加算一時差異**という。
そして，将来加算一時差異の解消に伴い増加する税負担は，当期末に「**繰延
税金負債**」として認識される。

　繰延税金資産の認識は，その分だけ当期の費用を軽減することになる一方
で，繰延税金負債の認識は追加的な費用認識を伴う。IAS 第 12 号において，
税金費用とは，ある期の課税所得について納付すべき法人所得税の金額と繰
延税金資産・繰延税金負債の認識（または認識の中止）により発生する損益と
の合計額をいう（IAS12.5）。

8.7　一時差異の性質

　正確に**一時差異**とは，ある資産または負債の会計上の帳簿価額と，その資
産または負債の税務上の基準額（税務基準額）との差額とされる。なお，一時
差異の捉え方について，フローの観点に着目するものを「繰延法」，ストック
の観点に着目するものを「資産負債法」といった。基本的に，会計と税務で
収益と益金，費用と損金の認識時点が相違すれば，関連する資産・負債の帳
簿価額も相違するため，一時差異の金額はフローの観点から見てもストック
の観点から見ても変わらない。そのことは，固定資産の減価償却を題材とし
て既に確認してきた。そのほかに具体例を挙げれば，会計上は従業員の勤務
に応じて退職給付費用が計上されるが，課税所得の計算上は，企業が掛金を
基金に払い込んだとき，または実際に企業が退職給付を支払ったときのいず

れかに損金となることがある。会計上は退職給付債務が累積するが，負債の税務基準額は0である。また，研究費は，会計利益を計算するうえでは発生期間の費用として認識されるが，課税所得の計算上は後の期間まで損金算入が認められないこともある。そのときには，研究開発に係る資産が，税務上でのみ認識されている。これらは，将来減算一時差異を生じさせるものであり，繰延税金資産を認識することとなる（IAS12.7-9, 26）。

　一時差異を定義する観点の相違が重要になるのは，その他の包括利益（OCI）を通じ公正価値で測定する金融資産が存在するようなときである。当該金融資産の評価差額はOCIとなり純損益に算入されないため，税金費用控除前利益と課税所得に差異は生じない。しかし，当該金融資産に係る会計上の帳簿価額は時価となる一方，税務基準額は取得原価のままである。一時差異がフローの観点から定義されれば，当該評価差額は一時差異に該当しない。基準上，一時差異はストックの観点から定義されているため，OCIの認識を伴う資産の評価替からも一時差異が生じるのである。

8.8　税務上の繰越欠損金

　繰延税金資産は，税務上の欠損金の繰越しによっても発生する。ある期の課税所得がマイナス（欠損金の発生）のとき税負担は生じないが，この税務上の欠損金は，限られた期間だけ将来の課税所得を相殺し，納税額の軽減に貢献する。もちろん，いつまでも課税所得がマイナスであれば，欠損金が税負担の軽減に貢献することはできないから，将来的に十分な課税所得の発生が予測される場合に限り繰延税金資産を認識する。しかし，繰越欠損金の存在自体が，将来課税所得が稼得されないことを示す強い根拠でもある。したがって，近年に損失が発生した履歴がある場合には，十分な課税所得が稼得されるという他の信頼すべき根拠がある範囲でのみ繰延税金資産を認識しなければならない（IAS12.34-35）。

8.9 税金費用と繰延税金の測定

　当期及び過去の期間の未払税額に係る負債，ならびに還付税額に係る資産は，報告期間の末日までに制定されまたは実質的に制定されている税率（及び税法）を使用して，税務当局に納付（または税務当局から還付）されると予想される額で算定しなければならない（IAS12.46）。他方，繰延税金資産及び負債は，報告期間の末日までに制定され，または実質的に制定されている税率（及び税法）に基づいて，一時差異が解消される期に適用されると予想される税率で算定しなければならない。資産負債法の下で認識される繰延税金資産が，将来的な納付税額の軽減効果をもたらすものであり，軽減額は現在時点ではなく，将来時点の税率に依存するからである（IAS12.47-49）[3]。

> **設例8-1**
>
> 　ある企業が製品保証に係る債務100を認識するが，これは企業が保証請求に対し支払いをするまで税務上の損金にはならない。一時差異が解消する期の税率を25％として，必要な会計処理を行う。

　会計上の負債帳簿価額100と税務基準額0との差額は，将来減算一時差異である。将来減算一時差異の解消に伴い，課税所得計算上の損金算入が生じる。重要なこととして，支払税金の減少という経済的便益を享受できるのは，損金算入額と十分に相殺可能な課税所得を企業が稼得する場合のみである。企業は，将来減算一時差異を活用できる課税所得が得られる可能性が高いときに限り，繰延税金資産を認識する。具体的には，企業が，保証に係る支払いを行う時点で，将来の課税所得は100だけ減額され，税負担は25（100×25％）だけ減少する。将来の課税所得が100を超えるならば，税負担の軽減効果は最大限発揮されることから，繰延税金資産を25認識する。

　　（借）繰延税金資産　25　　（貸）税金費用　25

---

[3] この点，繰延法は，収益・費用と益金・損金のズレが発生した年度の税率を適用するという違いがある。

なお，繰延税金資産及び負債は，割り引いてはならない。繰延税金資産および負債の測定について，割引計算を行いながら信頼性を担保するには，それぞれの一時差異の解消時期について詳細な予定表が必要となる。多くの場合，そのような予定表の作成は実務上不可能であるかまたは非常に複雑である。割引計算を認めるとした場合には，企業間で「比較可能性」のない繰延税金資産及び繰延税金負債が計上されることになるため，割引計算を要求しないこととされた（IAS12.53-54）。

繰延税金資産の帳簿価額は，各報告期間の末日現在で再検討しなければならない。企業は，繰延税金資産の一部または全部の便益を実現させるのに十分な課税所得を稼得する可能性が低下したのであれば，繰延税金資産の税負担軽減効果の低下を反映させるよう，繰延税金資産の帳簿価額を減額しなければならない。後日，十分な課税所得を稼得する可能性が高くなったときには，繰延税金資産の税負担軽減効果の回復に応じて過去の減額について戻し入れをしなければならない（IAS12.56）。

●練習問題●

□ **8.1** 次のそれぞれの内容について，正しいものには○を，誤っているものには×を付けなさい。

(1) 使用している有形固定資産について，物理的な摩耗や損傷が目立ってきた。将来的に当該資産の修繕を行う可能性は非常に高いことから，支出に備え引当金を認識した。

(2) 係争中の裁判について，勝訴して賠償金を受け取る可能性が50％を超えたため，これを権利として資産計上し，収益を認識した。

(3) 近年の業績不振により，従業員の整理解雇は確実な状況にある。取締役会では，すでに詳細なリストラクチャリング計画が作成・承認されていることから，従業員への周知に先立ち，当該リストラクチャリングに係る引当金を認識した。

(4) 税制改正によって，一時差異の解消時期における適用税率は，当該一時差異が発生した当期の適用税率と異なることが予想される。このとき，繰延税金資産（負債）の測定は，改正後の適用税率を用いて行う。

142　第8講　引当金と法人所得税

(5) 当期取得した固定資産に係る会計上の減価償却費は，その一部について税務上の損金算入が認められなかった。ただし，将来的に税務上の減価償却は増加するため，将来加算一時差異に係る繰延税金負債を認識した。

□ 8.2　単一の義務に係る引当金を，期待値で測定する長所と短所を述べなさい。

□ 8.3　X1年度期首，ある企業が機械を10,000で購入し，耐用年数4年にわたって定額法で減価償却をする。税務上，その機械は耐用年数5年にわたって定額法で償却される。適用税率を30%として，X1年度期末に認識される繰延税金資産の金額を求めなさい。

第9講

退職後給付と
ストック・オプション

●学習のポイント

　本講では，従業員への給与を，年金として後払いしたり，ストック・オプションによって支払ったりした場合の会計処理について学ぶ。現金を支給する古典的な給与形態においては，現金の支払いと，従業員からの労働サービスの受け取りとがほぼ同時に行われるため，現金の流出に着目しても，労働サービスの受け取り（及び，その費消）に着目しても，費用を認識する根拠となり得た。しかし，本講で取り扱う取引においては，労働サービスの受け取りと同時に現金が流出することはない。本講で解説する会計基準はそうした取引に対する会計処理を定めたものだが，その基本には，労働サービスの受け取り（及び，その費消）を費用認識の根拠とする考え方が据えられている。そして，そうした考え方の下，多くの見積り要素が必要となる中で，いかに受け取った労働サービスの価値を認識し，測定するかに注目して，学習を進めることがポイントとなる。

●キーワード

従業員給付，退職後給付，確定拠出制度，確定給付制度，
ストック・オプション，持分決済型の株式に基づく報酬取引

●検討する会計基準

IAS 第 19 号	「従業員給付」
IFRS 第 2 号	「株式に基づく報酬」

9.1 はじめに

　本講では，主として退職給付とストック・オプションに関する会計処理について議論する。まずは，これらの会計処理を定めている基準について概観する。

　IFRSでは，IAS第19号，及び，IFRS第2号において，従業員に対して報酬を支払った際の定めが置かれている。下記の**図表9.1**にあるとおり，株式に基づく（＝株式を渡したり，株式の価格に基づいて金銭を渡したりする）報酬についての定めがIFRS第2号で規定され，それ以外の報酬がIAS第19号で規定されている。それゆえ，給与や賞与，有給休暇や福利厚生といった普段我々が従業員として受け取る一般的な報酬についての定めも，このIAS第19号で置かれている（IAS19.9-25）。

　そうした中で，本講にて学ぶ退職後給付の会計処理についても，IAS第19号にて定めが置かれている（IAS19.26-152）また，本講で学ぶストック・オプションについては，IFRS第2号にて定めが置かれている（IFRS2.10-29）。

図表9.1　報酬に関する会計処理を規定する基準の体系

- 株式に基づく報酬（IFRS第2号）
  - 現金決済型
  - 持分決済型：ストック・オプションなど
  - 上記2つのうち，選択権があるもの
- 上記以外（IAS第19号）
  - 短期従業員給付：通常の給与・賞与・手当など
  - 退職後給付：退職給付
  - その他

9.2 退職後給付①──退職給付制度の概要と確定拠出制度における会計処理

　退職後給付とは，雇用関係の完了後に支払われる**従業員給付**のことである。退職給付制度では，基本的に，企業が基金に掛金を拠出し，基金がこれを運用して，基金から元従業員に年金が給付されるという流れになっている（図表9.2参照）。

　退職後給付制度は大きく2つに分けられる。一つは，企業が従業員に対して，一定金額の掛金を基金に拠出することを約束する**確定拠出制度**であり，もう一つは，企業が従業員に対して，一定金額の年金を従業員に給付することを約束する**確定給付制度**である。

　確定拠出制度の場合，企業が従業員に対して約束しているのは，一定金額の掛金を基金へと拠出することであり，それゆえ，仮に基金における掛金の運用が上手くいかずに，元従業員に対する年金の給付額が少なくなる場合でも，その分を補填するような追加の支払いを企業が行う必要はない。それゆえ，掛金の運用に係るリスクは従業員が負っており，企業は当該リスクを負わない。

　その一方で，確定給付制度の場合，企業が従業員に対して約束しているのは，一定金額の年金を従業員へと給付することであるから，仮に基金における掛金の運用が上手くいかずに，元従業員に対する年金の給付額が少なくなった場合には，その分を補填するような追加の支払いを企業が行う必要がある。それゆえ，掛金の運用に係るリスクは企業が負っていることになる。

　これらのうち，確定拠出制度における会計処理は，毎期基金へと拠出すべき金額を費用とし，支払った掛金があればそれを控除した金額を負債として

図表9.2　退職後給付制度の概要

146 第9講 退職後給付とストック・オプション

計上する。すなわち，当期に基金へと拠出すべき金額が10,000円，このうち2,000円を当座預金口座から拠出した場合には，以下のような仕訳が行われる。

　（借）退職給付費用　10,000　　（貸）未払費用　8,000
　　　　　　　　　　　　　　　　　　　当座預金　2,000

　これに対して，確定給付制度における会計処理はずっと複雑である。それでは，節を変えて確定給付制度における会計処理を見ていこう。

9.3　退職後給付②
──確定給付制度における会計処理

9.3.1　基金への掛金拠出がないケース（数理計算上などの差異もないケース）

　前節の最後にも述べたとおり，確定給付制度における会計処理は複雑である。それゆえ，まずは，シンプルなケースの会計処理から出発し，徐々に複雑なケースの会計処理を習得しよう。まず，そのシンプルなケースとして，掛金拠出を行っていない場合を想定する。先にも述べたとおり，退職後給付制度においては，企業は基金に掛金を拠出し，基金は当該掛金を運用して元従業員に年金を給付するのが基本的な流れである。しかし，確定給付制度において企業が従業員と約束しているのは，元従業員への給付であって基金への拠出ではないため，基金への拠出自体は絶対ではない。それゆえ，まずは基金への拠出を行っていないケースを想定してみよう。基金への拠出を行う（より現実的な）ケースの会計処理は，次項で取り扱う。

　今述べたとおり，確定給付制度において企業が従業員と約束しているのは，元従業員への給付である。それゆえ，企業が負っている義務は，将来において元従業員に対して年金を給付することである。しかし，企業が給付を約束している金額のすべてを負債として認識することは求められていない。当該給付すべき金額のうち，この（将来における）給付を対価として，従業員が勤務を提供した部分を，企業の債務と考える（IAS19.BC54（a）参照）。そして，

図表9.3 確定給付制度債務の現在価値の算定

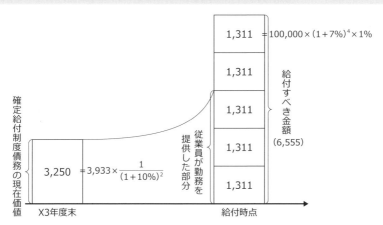

基金への拠出がない場合には，この，最終的に給付すべき金額のうち従業員が勤務を提供した金額を，現在の価額へと割り引いた金額（これを，「確定給付制度債務の現在価値」という）が，負債として認識されるのである（**図表9.3** も参照）。

このうち，最終的に給付すべき金額については，死亡率や従業員の退職率，制度の規約に示されている給付水準や，当該給付に影響を与える将来の昇給の見積りといった数理計算上の仮定を勘案して算定する（IAS19.66, 76参照）。また，企業は，制度の給付算定式に基づいて，最終的に給付すべき金額のうち，当期までに従業員が勤務を提供した部分を算定する（IAS19.70参照。なお，基準上では，「勤務期間に給付を帰属させる」と表現される）。例えば，次のような例を考えてみよう。

設例9-1 （IAS19.68にある設例をもとに作成）

以下の資料をもとにA制度に関するX3年度の会計処理を示しなさい。

［資料］
・A制度では，各年の勤務に対して，最終給与の1％に等しい金額を，勤務の終了時に一時金として給付する。

148　第９講　退職後給付とストック・オプション

・A制度はX1年度の期首から適用されている。
・A制度の開始以降，この企業には１名の従業員が勤務をしており，X5年度末に離職することが予定されている（なお，簡略化のため，その前後に離職する可能性は無視する）。
・従業員の第１年目の給与は100,000円，そこから毎年７％の昇給が仮定されている。
・使用する割引率は年率10％である。

　それでは，設例9-1の指示にあるとおり，A制度に関するX3年度の会計処理を考えてみよう（図表9.3も，あわせて参照）。

　A制度では，各年の勤務に対して，最終給与の１％に等しい金額を，勤務の終了時に一時金として給付するため，まず，最終給与を計算する。毎年７％の昇給が予定され，１年目の給与が100,000円であるから，勤務最終年度の給与は131,080円（＝100,000円×$(1+7\%)^4$）である（念のため補足すれば，昇給は計４回である）。当該最終給与の１％（＝1,311円）が，毎年の勤務（すなわち，５年間にわたる勤務）に対して勤務の終了時に一括して支払われるので，勤務終了時には，6,555円（＝1,311円×５年）の給付が行われる。これが最終的に給付すべき金額である。

　そしてこのうち，この従業員が勤務して３年が終了したX3年末時点では，3,933円（＝1,311円×３年）分の勤務が提供されている。それゆえ，これを10％の割引率で現在の価値に修正した3,250円（＝3,933円×$\frac{1}{(1+10\%)^2}$）が，確定給付制度債務の現在価値となる。そして，基金への拠出がない場合には，この3,250円がそのまま，X3年度末時点における退職給付負債として計上される金額となる。

　また，同様の計算がこのX2年度末においても行われており，その時点での退職給付負債の金額は，1,970円と計算される。それゆえ，退職給付負債の当期増加分1,280円が，当該確定給付制度が用いられていることに伴う当期の費用である。この１年間の費用は，X2年度末の退職給付負債に対する利息部分（＝197円（＝1,970円×10％））と，当期に提供された勤務に対して債務が発生した部分[1]（＝1,083円）とで構成される（なお，後者を「当期勤務

9.3 退職後給付②——確定給付制度における会計処理　149

図表 9.4

年　度	1年目	2年目	3年目	4年目	5年目
期首の債務	－	895	1,970	3,250	4,767
利　息	－	90	197	325	477
当期勤務費用	895	985	1,083	1,192	1,311
期末の債務	895	1,970	3,250	4,767	6,555

費用」という）。

　X3 年度に行われる仕訳を示すと以下のようになる。

　　（借）退職給付費用　1,280　　　（貸）退職給付負債　1,280

　なお，A 制度に係る各期の債務と費用とを計算すると，**図表 9.4** のとおりとなる。

　各勤務期間に給付を帰属させる方法についてもう少し詳しく見てみよう。先にも述べたとおり，当該帰属は基本的に，給付算定式に基づいて行う。ただし，「後期の年度における従業員の勤務が，初期の年度より著しく高い水準の給付を生じさせる場合には，企業は，給付を定額法により次の期間に帰属させなければならない」（IAS19.70）とされる。

(a)　従業員による勤務が，制度の下での給付を最初に生じさせた日（当該
　　給付が将来の勤務を条件としているかどうかにかかわらず）から，

(b)　従業員によるそれ以降の勤務が，それ以降の昇給を除けば，制度の下
　　での重要な追加の給付を生じさせなくなる日まで。

　これについても設例を用いて解説しよう。

設例9-2　（IAS19.BC114 にある設例 2 及び設例 3 をもとに作成）
　B 制度は，従業員が 10 年超 20 年未満の勤務の後に退職する場合には，4,000 円を給付する。また，従業員が 20 年以上の勤務の後に退職する場

1　3 年目終了時点の価値に直した 2 年目までに提供された勤務の価値（＝ 2,167 円（＝ 1,970 円×$(1+10\%)=2,622$ 円×$\frac{1}{(1+10\%)^2}$）と，（3 年目終了時点の価値に直した）3 年目までに提供された勤務の価値（＝ 3,250 円）との差額である。

合には，追加で 1,000 円を給付して合計 5,000 円を給付する。

C 制度は，従業員が 10 年超 20 年未満の勤務の後に退職する場合には，1,000 円を給付する。また，従業員が 20 年以上の勤務の後に退職する場合には，追加で 4,000 円を給付して合計 5,000 円を給付する。

　まず，原則的な方法である，制度の給付算定式に基づいて勤務期間に給付を帰属させる方法によれば，B 制度において各年に帰属させる金額は，1 ～ 10 年目において 400 円，そして 11 ～ 20 年目において 100 円となる。また，同様に考えると，C 制度においては，1 ～ 10 年目において 100 円，そして 11 ～ 20 年目において 400 円が，各年に帰属させる金額となる。

　しかし，C 制度においては，20 年以上勤務した場合に追加で給付される金額が，10 年超 20 年未満の期間の勤務を経て退職する場合に給付される金額よりも大幅に大きいため，先に見た，「後期の年度における従業員の勤務が，初期の年度より著しく高い水準の給付を生じさせる場合」に当てはまるものと考えられる。そして，C 制度においては，20 年の勤務を以てそれ以上，大幅な追加給付はないため，勤続年数が 20 年となった日が，先に見た IAS19.70 における「(b) 従業員によるそれ以降の勤務が，それ以降の昇給を除けば，制度の下での重要な追加の給付を生じさせなくなる日」に該当するものと考えられる。そのため，C 制度においては，最終的に給付すべき金額の総額 5,000 円を，「(a) 従業員による勤務が，制度の下での給付を最初に生じさせた日」である 1 年目から，20 年目までの 20 年間にわたって，定額法にて各期に帰属させる。それゆえ，C 制度においては，1 ～ 20 年目において 250 円が，各年に帰属させる金額となる。

9.3.2　基金への掛金拠出があるケース（数理計算上などの差異はないケース）

　これまでは，基金への掛金拠出がないケースについて扱ってきた。企業が拠出し，基金が従業員給付のためだけに保有している資産を「制度資産」というが，この制度資産がある場合，退職給付に係る債務の金額は，確定給付制度債務の現在価値から制度資産の公正価値を控除して計算する（IAS19.57

9.3　退職後給付②──確定給付制度における会計処理　　**151**

(a)(ⅲ)参照)。また，当該制度に伴う費用として，当期勤務費用に加えて，前期末における確定給付制度債務の現在価値から制度資産の公正価値を控除した純額に対する利息を計上する。以下の設例を用いて考えよう（**図表9.5**も参照）。

設例9-3

　設例9-1のA制度において，X2年度末に1,000円，X3年末に600円の拠出を行ったとする。このとき，X3年度の会計処理を示しなさい。なお，X3年末における制度資産の公正価値は，1,700円であり，数理計算上の仮定に変更はないものとする。

　まず，X2年度末における当該退職給付負債の金額を計算する。当該確定給付制度債務の現在価値は1,970円であり（**9.3.1項**参照），この時点で1,000円の拠出を行ったため制度資産の公正価値は1,000円である。したがって，この場合，X2年度末の退職給付負債の金額は，970円（＝1,970円－1,000円）であったといえる。

　これを踏まえてX3年度の会計処理について考えよう。まず，**設例9-1**の解説で見たとおり，確定給付制度が用いられていることに伴う費用は，2種類のもので構成されている。一つは当期勤務費用であり，もう一つは退職給付負債に対する利息である。このうち，前者は，**設例9-1**と同様，この設例においても1,083円である（本講注1参照）。他方で後者は，制度資産が存在する分だけ**設例9-1**とは異なる。すなわち，X2年度末における確定給付制度債務の現在価値から制度資産の公正価値を控除した純額である970円に，割引率10％を乗じた金額である97円が，この場合の費用（利息の純額）となる。

　こうして合計1,180円の負債の増加と費用の発生とが計上される。

　（借）退職給付費用　1,180　　（貸）退職給付負債　1,180

　その一方で，X3年度の末に600円の拠出を行ったため

　（借）退職給付負債　600　　（貸）現金　600

という仕訳が為される。したがって，最終的にX3年度における会計処理は，両者を合わせて以下のとおりとなる。

図表9.5 退職給付負債の算定

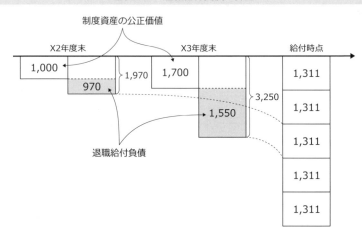

（借）退職給付費用	1,180	（貸）退職給付負債	580
		現　金	600

　そして，当該会計処理を経て，退職給付負債の金額は1,550円となる。

　なお，X3年度末の退職給付負債の金額を直接計算すると，X3年度末における確定給付制度債務の現在価値が3,250円であり，他方で，同時点における制度資産の公正価値は1,700円であるので，両者を相殺して1,550円となる。つまり，どちらの方法で計算しても結果は同じになる。ただし，これは，確定給付制度債務の現在価値の計算に必要な数理計算上の仮定に変更がなく，また，制度資産の収益率が割引率と等しくなっているからである。次項では，そうした条件を外した場合を考えよう。

9.3.3　基金への掛金拠出があるケース（数理計算上などの差異があるケース）

　ここまで見てきたとおり，確定給付制度債務の現在価値の算定にあたっては，従業員の離職率や昇給の見積りといった数理計算上の仮定が必要になる。そうした数理計算上の仮定が変更された場合，確定給付制度債務の現在価値もまた再測定されることになる。また，想定よりも早期に多くの退職者が生

9.3 退職後給付②——確定給付制度における会計処理 **153**

じるといったように，数理計算上の仮定と実際の数値との間に乖離が生じることもあるだろう。このような場合にも，確定給付制度債務の現在価値は再測定されることになる。このように，**数理計算上の仮定の変更や実績との乖離によって生じた確定給付制度債務の現在価値の再測定差額を「数理計算上の差異」**と呼ぶ。

また，制度資産の公正価値は，基金による運用の成果次第で様々な値を取り得る。それゆえ，制度資産の期末の公正価値によって再測定した金額は，制度資産の期首の公正価値に（1＋割引率）を乗じた金額とは，乖離する（＝制度資産の収益率が，割引率から乖離する）のが一般的といえる。それゆえ，制度資産に関しても，再測定差額が生じることになる。

このような，退職給付負債に係る種々の再測定差額は，すべて，その他の包括利益として表示される（IAS19.120(c)，127参照）。また，これらその他の包括利益は，「その後の期間において純損益に振り替えてはならない。しかし，企業は，その他の包括利益に認識した金額を資本の中で振り替えることができる」（IAS19.122）とし，リサイクリングを禁止している。以下，設例にて確認しよう。

設例9-4

　設例9-1のA制度において，X2年度末に1,000円，X3年末に600円拠出を行った。このとき，X3年度の会計処理を示しなさい。なお，X3年末における制度資産の公正価値は，1,480円である。また，X3年度末の時点で，昇給率の仮定を，年8％へと引き上げた。

この設例においても，まずは，直前の**設例9-3**と同様の会計処理を行う。すなわち，

（借）退職給付費用	1,180	（貸）退職給付負債	580
		現　金	600

の仕訳が行われる（考え方は，**設例9-3**の解説参照）。その結果，第3期末の退職給付負債は，1,550円となる。しかし，この設例においては，数理計算上の仮定の変更（昇給率の引き上げ）が生じ，また，制度資産の収益率も割引率から乖離している。それゆえ，退職給付負債を再測定すると，その金額は

1,550 円とはならない。それでは，X3 年度末における退職給付負債の再測定額を求めてみよう。

まず，確定給付制度債務の現在価値であるが，X3 年度末の時点で，昇給率の仮定が年 7 ％から年 8 ％へと引き上げられている。それゆえ，勤務最終年度の給与を計算し直すと，133,541 円（＝ 100,000 円×（1＋7 ％）^{2}×（1＋8 ％）^{2}）である。そして，当該最終給与の 1 ％（＝ 1,335 円）が，毎年の勤務（すなわち，5 年間にわたる勤務）に対して勤務の終了時に一括して支払われるので，勤務終了時には，6,675 円（＝ 1,335 円×5 年）の給付が行われる。これが数理計算上の仮定を変更した後の，最終的に給付すべき金額である。この金額をベースにして，X3 年度末における確定給付制度債務の現在価値を新たに計算すると，3,310 円（＝ 1,335 円×3 年×$\frac{1}{(1＋10 ％)^2}$）となる。次に，制度資産については，X3 年度末の制度資産の公正価値は，1,480 円とされる。

したがって，X3 年度末の退職給付負債の金額は，1,830 円（＝ 3,310 円－1,480 円）となり，再測定に伴って退職給付負債が 280 円（＝ 1,830 円－1,550 円）増加したことが分かる。こうした再測定差額を認識し，財務諸表上の退職給付負債の金額を再測定後の金額にする必要があるが，先にも述べたとおり，こうした再測定差額は，その他の包括利益として表示される。それゆえ，当該再測定差額に関する会計処理は以下のとおりとなる。

（借）その他の包括利益　280　　（貸）退職給付負債　280

❖ コラム 9.1　過去勤務費用

ここでは，数理計算上の仮定の変更が退職給付負債の測定に与える影響について見てきたが，退職給付制度それ自体の改訂によっても，退職給付負債の測定額が変動する場合もある。例えば，当初は退職時に最終給与の 1 ％を給付するとしていた制度を，最終給与の 2 ％を給付する制度へと改訂した場合には，退職給付負債は増加することになる。こうした，退職給付制度の改訂による退職給付負債の変動額のことを「過去勤務費用」という（IAS19.102 参照）。こうした過去勤務費用は，当期勤務費用と同じく純損益に含めて認識する（過去勤務費用は，制度改訂の内容に応じて正負のいずれの値にもなり得るが，いずれにしても純損益に含める）。

9.4 ストック・オプション①——定義と会計処理の位置づけ **155**

9.4 ストック・オプション①
——定義と会計処理の位置づけ

9.4.1 ストック・オプションの定義

　ストック・オプションとは，企業の株式を，所定の期間内に，所定の価格で，所定の数だけ引き受ける権利のことである（なお，ここでいう，所定の期間を「**権利行使期間**」，所定の価格を「**権利行使価格**」という）。例えば，「X1 年 4 月 1 日から X2 年 3 月 31 日までの間に，A 社株式を 1 株 120 円で 10 株購入する」といった権利がこれにあたる。仮に，現在，A 社株式が 1 株 135 円で取引されていた場合には，この権利を行使して 1 株 120 円で A 社株を取得し，市場で売却することで 150 円（1 株当たり 15 円）の利益を獲得することができる。もちろん，A 社株式の時価が 120 円以下となる場合もあるだろう。しかし，ストック・オプションは，所定の価格で株式を引き受ける"契約"ではなく，"権利"であるので，株価が権利行使価格を下回る場合には，ストック・オプションを行使しないという選択が可能である。

　このように，ストック・オプションは，その保有によって利益が期待されるため，通常，ストック・オプションは有料で取引される有価物である。そして，企業は，従業員の報酬として現金を支給する代わりに，自社の株式を対象としたストック・オプションを従業員に付与することがある。この節では，こうした，従業員報酬の一環としてストック・オプションを付与した場合の会計処理について勉強しよう。

9.4.2 ストック・オプション会計の位置づけ

　まず，従業員報酬としてストック・オプションを付与した場合の会計処理が IFRS において，どのように位置づけられているのかを見てみよう。IFRS では，当該取引を，広く「株式に基づく報酬」の一形態として位置づけ，その会計処理を，IFRS 第 2 号にて定めている。IFRS 第 2 号では，株式に基づく報酬取引を，持分決済型のものと，現金決済型のものとに分けており，ストック・オプションの従業員報酬としての付与は，前者に該当する。ここで，

156 第9講 退職後給付とストック・オプション

両者について簡単に紹介しよう。

持分決済型の株式に基づく報酬取引とは，株式やストック・オプションといった資本性金融商品を対価として，財やサービスを受け取る取引であると定義されている（IFRS2. 付録 A 参照）。この定義に見られるとおり，IFRS においては，ストック・オプションを資本性金融商品の一形態として位置づけられていることが分かる。また，当該定義において，そうした資本性金融商品を対価として受け取るものとして，従業員からの労働用役のみならず，広く財やサービスが想定されていることにも注意しよう。すなわち，従業員からの役務提供は，財またはサービスの受け取りの一形態として位置づけられている（IFRS2.BC7 参照）。

後者の，現金決済型の株式に基づく報酬取引は，資本性金融商品の価格を基礎とする金額で現金やその他の資産を移転する債務を負うことにより，財またはサービスを取得する取引とされる（IFRS2. 付録 A 参照）。例えば，「X1年 10 月 31 日において，「その時点の A 社株式の時価－100 円」の 10 倍の現金を支払う」といった契約の下，財またはサービスを取得する場合がこれにあたる。

9.5 ストック・オプション②
——基本的な考え方と会計処理

それでは，従業員報酬としてストック・オプションを付与した場合の会計処理を見ていこう。先に見たとおり，ストック・オプションは資本性金融商品の一つとして位置づけられている。また，そうしたストック・オプションを含む資本性金融商品を対価として，財またはサービスを受け取る取引の一形態として，従業員報酬としての付与が位置づけられている。したがって，最も抽象度の高い次元であえて仕訳を示すと，

（借）資　産　××　　（貸）資本性金融商品　××

となる。

このうち，貸方の「資本性金融商品　××」の部分には，例えば，「ストッ

ク・オプション　××」といったように，ストック・オプションを付与したことが分かるような項目が記入される。

　他方で借方の「資産　××」の部分には，資本性金融商品を対価として受け取ったのが，棚卸資産や固定資産であれば，「商品　××」，「建物　××」といった項目が記入される。そして，それらを費消した段階で，例えば，「(借) 売上原価　××　　(貸) 商品　××」のように，費用の認識が行われる。その一方で，従業員報酬として資本性金融商品を付与した場合には，棚卸資産や固定資産のような目に見える資産の流入は生じない。しかし，労働用役という資産を受け取った後，瞬時に当該労働用役を費消したと考えて，対価として棚卸資産や固定資産を受け取ったのと同じ論理で費用の認識を行う（以下の仕訳を参照）。

　(借) 労働用役　××　　(貸) 資本性金融商品　××

　(借) 株式報酬費用　××　　(貸) 労働用役　××

　ここ（＝労働用役という資産の費消）に，持分決済型の株式に基づく報酬において（換言すると，企業財産の流出が存在しない当該取引においても）費用が認識される根拠がある（IFRS2.BC45-52 参照）。

　次に，仕訳の「××」部分，すなわち，測定について見てみよう[2]。ストック・オプションを従業員報酬として付与する取引を含めて，持分決済型の株式に基づく報酬取引については，基本的に，受け取った財またはサービス，及び，それに対応する資本の増加を，受け取った財またはサービスの公正価値で直接測定する（IFRS2.10 参照）。これは，**第 1 講**における概念フレームワークの説明にもあるとおり，IFRS 全体の考え方として，資本が「企業のすべての負債を控除した後の資産に対する残余持分」として消極的に定義されており，それゆえ資本の額も「資産と負債の測定値によって決定される」と考えられていることに起因する。つまり，まずは資産（あるいは負債）が直接に測定され，その結果として資本が（いわば間接的に）測定されるのであって，資本が直接測定されるのではない，という考え方が，この持分決済型の株式に基づく報酬の会計処理においても適用されているのである（IFRS2.

---

[2] ここからの説明については，**第 1 講 1.7 節**，および **1.9.3 項**も参照。

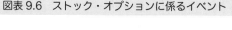

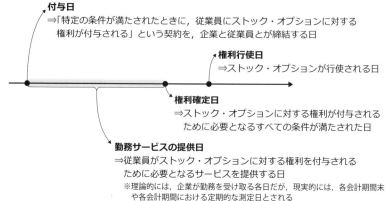

BC62-66参照)。

　しかし，受け取った財またはサービスの公正価値を，信頼性をもって見積もれない場合には，付与した資本性金融商品の公正価値を参照して，間接的に測定するものとされる（IFRS2.10参照)。そして，「従業員との株式に基づく報酬取引については，受け取ったサービスの公正価値を直接測定するのは通常困難である」(IFRS2.BC67)とされるように，まさに本講のメイン・テーマである従業員からの労働用役などは，資本性金融商品の付与に対して提供された部分の公正価値が，「信頼性をもって見積もれない場合」と考えられている。それゆえ，付与した資本性金融商品の公正価値を参照して，当該取引によって変動する資産と資本とを測定するのである（なお，資本性金融商品を対価として，棚卸資産や固定資産といった財を受け取った場合には，信頼性をもってこれらの公正価値が測定できると考えられるため，原則どおり，当該公正価値をもって資産と資本との変動額とする)。

　さて，付与する資本性金融商品がストック・オプションである場合には，付与した資本性金融商品の公正価値をいつの時点で測定するかが問題になる。具体的には，図表9.6にあるとおり，いくつかの候補が存在するが，結論としては，それが従業員との取引の場合には，付与日にて公正価値を測定することとしている。

その理由としては,「付与日においては契約の当事者双方の公正価値が実質的に同じ,すなわち,受け取ると予想されるサービスの公正価値は,実質的に付与される資本性金融商品の公正価値と同じになると推定される」(IFRS2.BC96)こと,そして,付与日以降においては,「受け取るサービスの公正価値と付与される資本性金融商品の公正価値との間に高い相関関係が存在する可能性は少ない」(IFRS2.BC96)と判断されたことが挙げられる(この辺りについては,すぐ後の設例9-5で具体的に議論しよう)。

こうして報酬取引全体の金額が測定されるわけであるが,必ずしも,当該金額のすべてが,費用(そして,資本の増加)として一時に認識されるわけではない。すなわち,付与した資本性金融商品について,直ちにその権利が確定するのであれば,当該資本性金融商品を対価として提供されるサービスのすべてを,既に受け取っているものと考えられる。それゆえ,付与日において,当該サービスの全額を費用として認識するとともに,資本を増加させる(IFRS2.14参照)。その一方で,付与した資本性金融商品について,その権利が確定するための条件(以下,「権利確定条件」。例えば,付与日から3年間の継続勤務など)が存在する場合には,当該資本性金融商品の対価として提供されるサービスは,付与日から権利確定日に至るまでの間,徐々に提供されるものと推定される。それゆえ,付与日から権利確定日までの間,サービスの提供が為されるのに従って,徐々に費用と資本とを認識する(IFRS2.15参照)。

以上が,ストック・オプションに関する会計処理の基本的な考え方の説明である。最後に,簡単な設例を用いて,ここでの議論の確認をしよう。

設例9-5 (IFRS2.IG 設例1A(シナリオ1)をもとに作成)

X1年度の期首に,500人の従業員に,1人当たり10単位のストック・オプションを付与した。当該ストック・オプションの付与は,今後3年間にわたって従業員が勤務を継続することを前提に行われている。なお,当該ストック・オプションの付与日時点の公正価値は,1単位当たり15円と見積もられている。また,従業員の退職は見込まれず,実際に退職した者はいなかった。

160　第9講　退職後給付とストック・オプション

　この取引では，X1年度の期首に5,000単位（＝10単位/人×500人）のストック・オプションが付与されている。このストック・オプションは，付与日において1単位当たり15円であるから，当該取引によって75,000円（＝5,000単位×15円/単位）分のストック・オプションが付与されることになる。その一方で，IFRSにおいては，この付与日において，付与される資本性金融商品の公正価値と，企業が受け取ると予想されるサービスの公正価値とが同じになると推定される。そのため，当該付与日におけるストック・オプションの公正価値に基づく75,000円が，この報酬取引によって，従業員が提供すると予測される労働サービスの金額となる。逆にいえば，付与日以降において「受け取るサービスの公正価値と付与される資本性金融商品の公正価値との間に高い相関関係が存在する可能性は少ない」，すなわち，この先，当該ストック・オプションの価値が2倍になろうとも，従業員から提供されるサービスが2倍にはならないだろうし，逆に当該ストック・オプションの価値が半分になろうとも，従業員から提供されるサービスが半分になることもないだろうというのが，IFRSの考えである。

　また，この取引においては，3年間にわたる継続した勤務が権利確定条件となっているので，75,000円の全額を付与日に費用（及び資本）として認識するのではなく，当該3年間にわたって徐々に認識する（ここでは，単純に，毎年均等にサービスが提供されると仮定しよう）。それゆえ，X1年度からX3年度の各期において以下の仕訳が行われる。

　（借）株式報酬費用　25,000　　（貸）ストック・オプション　25,000

❖ コラム9.2　本源的価値と時間価値（IFRS2.BC75-79, 84-86）

　ストック・オプションの公正価値は，「本源的価値」と呼ばれる部分と，「時間価値」と呼ばれる部分とに分けられる。前者は，当該オプションの行使によって取得できる株式の時価と，権利行使価格との差である。例えば，A社株式を1株120円で10株購入できるという内容のストック・オプションの場合で，現在，A社株式の株価が1株125円なのであれば，当該オプションの本源的価値は，50円（＝5円×10株）となる。

　しかし，この本源的価値がそのままオプションの価値であるかといえば，そうではない。仮に，権利行使期間の末までに時間がある場合には，当該オプション

の行使によって，より多くの利得が得られる可能性があり，また，行使価格の支払いを遅らせることでも，（例えば，金利分の）利得を得ることができる。こうした権利行使までの時間差に起因する価値が時間価値である。

これまでのストック・オプションの会計処理を巡る議論では，本源的価値を以てストック・オプションの測定値とする主張も存在したが，本源的価値のみならず時間価値もオプションの価値を構成する重要な部分であることから，両者を考慮して決定される公正価値によって測定することになっている。

●練習問題●

□ **9.1** 以下の問に答えなさい。

(1) 退職後給付は大きく分けて2つの制度が存在する。当該2つの制度の定義を答えなさい。また，両制度の違いを，企業と従業員とが，掛金の運用に対してそれぞれ負うことになるリスクの違いに着目して答えなさい。

(2) 従業員報酬としてストック・オプションを付与する場合，当該取引によって受け取ることとなる労働サービスの価値は，付与したストック・オプションの付与日時点の公正価値を参照して測定される。これについて，なぜ，（他の時点ではなく）付与日時点の公正価値を参照するのかを答えなさい。

□ **9.2** 次のそれぞれの内容について，正しいものには○を，誤っているものには×を付けなさい。

(1) 確定給付制度に係る費用のうち，当期勤務費用は純損益として表示するが，退職給付負債に係る利息はその他の包括利益として表示する。

(2) 確定給付制度に係る費用のうち，当期勤務費用は純損益として表示するが，数理計算上の差異はその他の包括利益として表示する。

(3) 確定給付制度における制度資産の運用収益は，すべてその他の包括利益として表示する。

(4) 初期の年度における従業員の勤務が，後期の年度より著しく高い水準の給付を生じさせる場合には，企業は，給付を定額法により次の期間に帰属させなければならない。

(5) 持分決済型の株式に基づく報酬取引については，基本的に，受け取った財またはサービス，及び，それに対応する資本の増加を，受け取った財また

162   第9講　退職後給付とストック・オプション

はサービスの公正価値で直接測定する。しかし，受け取った財またはサービスの公正価値を，信頼性をもって見積もれない場合には，付与した資本性金融商品の公正価値を参照して，間接的に測定するものとされる。

□ 9.3　以下の問に答えなさい。

(1) 以下の資料をもとにA制度に関するX3年度の会計処理を示しなさい。なお，端数が生じた場合には，計算の都度，小数点以下を四捨五入する。

[資料1] 当社が採用する退職後給付制度の内容等

・給付内容：各年の勤務に対して，最終給与の1%に等しい金額を，勤務の終了時に一時金として給付する。

・適用時期：X1年度の期首から適用する。

・適用される従業員の状況；この企業には1名の授業員が勤務をしている。当該従業員は，X1年度期首から勤務しており，X4年度末において離職することが予定されている（なお，簡略化のため，離職の時期が前後する可能性は無視する）。

・従業員の給与水準：当該従業員の第1年目の給与は140,000円，そこから毎年3%の昇給が予測されている。

・その他：使用する割引率は，年率2%である。

[資料2] 制度開始後の状況

・拠出の状況：毎期末に1,000円の拠出を行っている。

・制度資産の公正価値：X2年度末において1,900円，X3年度末において3,300円であった。

・X3年度末の時点で，昇給率の仮定を，年4%へと引き上げた。

(2) 以下の状況をもとに，各期末の会計処理を示しなさい。

X1年度の期首に，300人の従業員に，1人当たり10単位のストック・オプションを付与した。当該ストック・オプションの付与は，今後3年間にわたって従業員が勤務を継続することを前提に行われている。なお，ストック・オプションの公正価値は，1単位当たり20円と見積もられている。また，従業員の退職は見込まれず，実際に退職した者はいなかった。

第 **10** 講

金融商品
～分類・測定と減損～

● 学習のポイント

　企業が保有する金融資産や返済義務を負っている金融負債に関する会計処理は IFRS 第 9 号「金融商品」で定められている。

本講では，金融資産や金融負債をいつ，いくらで財政状態計算書に計上し，それらの公正価値が変動した場合にどのように処理するのか（認識，分類，測定），また，保有する金融資産の信用リスクが悪化した場合にどのように処理するのか（金融資産の減損）といったポイントを中心に学ぶ。

なお，金融商品に関するその他の論点（ヘッジ会計，認識の中止等）については第 11 講で扱う。

● キーワード

償却原価，FVOCI，FVPL，OCI オプション，公正価値オプション，金融資産の減損，予想信用損失

● 検討する会計基準

IAS 第 32 号	「金融商品：表示」
IFRS 第 9 号	「金融商品」

＊このほか，IAS 第 39 号「金融商品：認識及び測定」についても，ヘッジ会計の一部の規定を選択適用可。

10.1 金融資産及び金融負債の定義

　金融資産及び金融負債はIAS第32号において以下のように定義されているが，具体的には，現金，金銭債権（貸付金等），有価証券（株式や債券）などが金融資産に該当し，金銭債務（借入金等）などが金融負債に該当する。このほか，先物やオプションなどのデリバティブ（金融派生商品）もその価値がプラスかマイナスかに応じて金融資産または金融負債として認識される。なお，定義中に登場する「資本性金融商品（または持分金融商品：equity instrument）」とは企業資産（負債控除後）に対する残余持分であり，一般的には株式が該当する。

金融資産の定義（IAS32.11）

・現　金
・他の企業の資本性金融商品
・次のいずれかの契約上の権利
　・他の企業から現金または他の金融資産を受け取る権利
　・金融資産または金融負債を潜在的に有利な条件で他の企業と交換する
　　権利
　など

金融負債の定義（IAS32.11）

・次のいずれかの契約上の義務
　・他の企業に現金または他の金融資産を引き渡す義務
　・金融資産または金融負債を潜在的に不利な条件で他の企業と交換する
　　義務
　など

10.2 金融資産の分類・測定　　165

10.2　金融資産の分類・測定

　財政状態計算書に計上する金融資産，金融負債の金額を決定することを**測定**（measurement）といい，初めて計上するときの測定を「**当初測定**」，既に計上されているものを期末などに再測定することを「**当初認識後の測定**」という。

10.2.1　金融資産の当初認識と当初測定（IFRS9.3.1, 5.1）

　企業は原則として契約条項の当事者となったときに金融資産を認識し，公正価値で測定する。ただし，「約定からX営業日後に決済」のように市場の規則や慣行に従った一定の期間内に金融資産の受け渡しが行われる場合（通常の方法による売買と呼ばれている）には，**取引日（約定日）**または**決済日（受渡日）**のいずれかの時点で当該資産を認識するという選択肢が認められている。

10.2.2　金融資産の分類と当初認識後の測定
(1) 分類の概要（IFRS9.4.1, 5.2）

　金融資産は当初認識後，財政状態計算書において，(a)取得原価をベースに，額面との差額（利息）を**実効金利法**（**コラム10.4**を参照）によって加減した「**償却原価**」，または，(b)「**公正価値**」のいずれかで測定される。このうち，公正価値で測定される金融資産については，当初認識後に生じた公正価値の変動を「純損益に計上するもの」と「その他の包括利益（OCI）に計上するもの」にさらに分けられている。したがって，金融資産は当初認識後の会計処理の違いに応じて大きく以下の3つに分類されることになる（IFRS9.5.2.1）。

① 償却原価（amortised cost）で測定する金融資産

② その他の包括利益を通じて公正価値で測定する金融資産
　（FVOCI*：fair value through other comprehensive income）

③ 純損益を通じて公正価値で測定する金融資産
　（FVPL*：fair value through profit or loss）

公正価値
で測定

＊ ②，③には，それぞれ FVTOCI，FVTPL の略称が用いられることもある。

(2) 分類のための 2 つの要素（IFRS9.4.1）

　金融資産が上記①〜③のいずれに分類されるかは，「企業のビジネスモデル」と「金融資産のキャッシュフローの特性」という 2 つの要素に基づいて決定される。前者は金融資産を保有する企業に関する要素であり，後者は対象となる金融資産に関する要素である。

　まず，ビジネスモデルとは，**企業がキャッシュフローを得るために金融資産をどのように管理しているのか**を指す。具体的には，(a) 金融資産を売却するのではなく持ち続けることで，その間に生じる「契約上のキャッシュフローを回収する」というビジネスモデルなのか，(b)「契約上のキャッシュフローの回収と金融資産の売却の両方」を目的とするビジネスモデルなのか，あるいは，(c) それ以外か（例えばトレーディング目的（短期的な売買目的）での保有）が判断される。

　なお，この判断は合理的に見込まれるシナリオに基づいて行われるため，市場のストレス時といった例外的な局面が生じた場合に売却するかもしれないからといって直ちに「契約上のキャッシュフローを回収する」というビジネスモデルが否定されるわけではない。

　次に，金融資産のキャッシュフローの特性に関しては，**契約上のキャッシュフローが，一般的な貸付契約のように特定の日に生じる元本と利息（貨幣の時間価値や信用リスクなどへの対価を反映したもの）に限定されているか**が判断される。この「元本と利息の支払いに限定されている」という要件は「SPPI」（solely payments of principal and interest）と呼ばれている。このため，一般的な株式や，キャッシュフローが特定の指標（例えばコモディティ価格）に連動しているといったデリバティブの特徴を有する金融資産はこの要件を

満たさない。

❖ **コラム 10.1　企業のビジネスモデル**（IFRS9.B4.1.1-B4.1.2B）――

　IFRS第9号におけるビジネスモデルは個々の金融資産ごとに考えるというよりも，複数の金融資産で構成されるグループ（ポートフォリオ）が特定の目的を達成するためにどのように一括管理されているかを考えることで判断される。

　また，企業のビジネスモデルは1つに限定されるわけではない。例えば，契約上のキャッシュフローを回収するためのポートフォリオと，トレーディング目的で公正価値の変動を管理している別のポートフォリオを持つなど，1つの企業が複数のビジネスモデルを持つケースもある。

　このほか，企業のビジネスモデルはその目的を達成するための活動を通じて観察可能であるという意味で，単なる「主張」ではなく「事実」の問題であるとされている。したがって，ビジネスモデルの判断に際しては，業績の評価方法やリスク管理の手法といった複数の要素が考慮される。

（3）金融資産の分類と会計処理（IFRS9.4.1）

　上述の2つの要素に基づいて，金融資産は以下の3つに分類される。

　① 償却原価で測定する金融資産　　金融資産が①「償却原価で測定する金融資産」に分類されるためには，企業のビジネスモデルが契約上のキャッシュフローの回収を目的とするものでなければならない。加えて，金融資産のキャッシュフローが元本と利息のみであることが求められる。この2つの要件を満たした金融資産のみが「償却原価で測定する金融資産」に分類される。

①	償却原価で測定する金融資産
対　象	以下の2つの要件をともに満たす金融資産 • ビジネスモデル＝契約上のキャッシュフローの回収 • キャッシュフロー＝元本と利息のみ
会計処理	当初認識後の測定＝償却原価

　② その他の包括利益を通じて公正価値で測定する金融資産（FVOCI）

　金融資産のキャッシュフローについては①と同じく元本と利息のみであるが，企業のビジネスモデルが「契約上のキャッシュフローの回収」と「金融

168　第 10 講　金融商品〜分類・測定と減損〜

資産の売却」の両方を目的としている場合には，②「その他の包括利益を通じて公正価値で測定する金融資産」（FVOCI）に分類され，公正価値の変動はその他の包括利益として計上される。

　なお，この分類の金融資産が売却された場合，その他の包括利益に認識されてきた公正価値の変動は売却時の純損益に計上される（リサイクリングされる）。

②　その他の包括利益を通じて公正価値で測定する金融資産（FVOCI）	
対　　象	以下の 2 つの要件をともに満たす金融資産 ● ビジネスモデル＝契約上のキャッシュフローの回収と金融資産の売却の両方 ● キャッシュフロー＝元本と利息のみ
会計処理	当初認識後の測定＝公正価値 ● 公正価値の変動＝その他の包括利益（OCI）[*] ● 売却時のリサイクリングあり

[*] 財政状態計算書には公正価値で計上される一方，毎期の利息や減損損失（後述）などの認識は「償却原価で測定する金融資産」と同様に純損益で行われ，その他の部分が OCI に計上される。これは，回収と売却の両方が想定される FVOCI にとって償却原価と公正価値の両方の情報が有用であるという考え方によるもの（IFRS9.5.7.10-5.7.11，BC4.150）。

　③「純損益を通じて公正価値で測定する金融資産」（FVPL）　上記①，②いずれの要件も満たさない金融資産は，③「純損益を通じて公正価値で測定する金融資産」（FVPL）に分類され，当初認識後に生じた公正価値の変動は純損益として計上される。

　ただし，トレーディング目的以外の資本性金融資産（株式）については，当初認識時に，**公正価値の変動をその他の包括利益（OCI）として計上する**という選択肢（OCI オプション）が認められている（後から取り消すことはできない）。企業が OCI オプションを選択した場合，上述の② FVOCI のケースとは異なり，当該株式を売却しても，その他の包括利益に認識されてきた公正価値の変動は売却時の純損益に計上されない（リサイクリングされない）。つまり，株式に生じた評価損益はすべて OCI として処理され，売却時を含めて純損益には影響を与えない。なお，OCI オプションを選択した場合でも受取配

当金については純損益に計上される。

③ 純損益を通じて公正価値で測定する金融資産（FVPL）	
対　象	上記①，②以外の金融資産 ● ただし，トレーディング目的以外の株式については企業の選択により公正価値の変動をその他の包括利益に計上することができる（OCI オプション）
会計処理	当初認識後の測定＝公正価値 ● 公正価値の変動＝純損益 ● OCI オプションを選択した場合，売却時のリサイクリングなし

(4) 公正価値オプション（IFRS9.4.1.5）

　以上が金融資産の基本的な分類であるが，IFRS 第 9 号では，仮に上記①償却原価または② FVOCI に該当する金融資産であっても，**当初認識時に企業が選択すれば③ FVPL として指定することができる**という「公正価値オプション」が認められている（後から取り消すことはできない）。この公正価値オプションは「会計上のミスマッチ」と呼ばれる測定あるいは認識の不整合を解消するか著しく減少させる場合に認められている（会計上のミスマッチについては**第 11 講**のヘッジ会計を参照）。

(5) 金融資産の分類と会計処理（まとめ）

　金融資産の分類は原則として「企業のビジネスモデル」と「金融資産のキャッシュフローの特性」という 2 つの要素に基づいて決定される。しかし，最終的な会計処理は企業による選択（OCI オプション，公正価値オプション）にも左右されるため，そうした選択も含めて IFRS 第 9 号における金融資産の分類及び会計処理を 1 つの図にまとめると**図表 10.1** のようになる。

(6) 主な金融資産の分類と会計処理

　債権・債券，株式，デリバティブなど典型的な金融資産の種類ごとに IFRS 第 9 号の分類方法（**図表 10.1**）を当てはめると以下のように整理できる。

　①　**債権・債券**　　債権（貸付金等）や債券（国債，社債等）を企業が保有しており，それらのキャッシュフローが元本と利息のみという要件を満たす

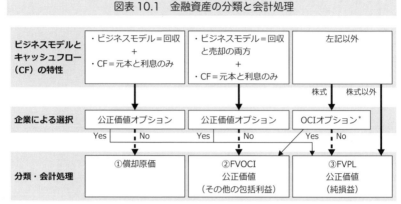

*OCIオプションの対象はトレーディング目的以外の株式であり，選択した場合，OCIはリサイクリングされない。

場合，企業のビジネスモデル及び公正価値オプションの選択によって分類は異なる。

　公正価値オプションを選択しない場合，企業のビジネスモデルが持ち続けることで回収を目指すものであれば償却原価，回収と売却の両方であればFVOCI，それ以外（例えばトレーディング目的）であればFVPLとして会計処理される。

　②　株　式　株式は元本と利息のみというキャッシュフローの特性に関する要件を満たさない。したがって，企業がOCIオプションを選択しない限りFVPLに分類され，公正価値の変動は純損益に計上される。企業がOCIオプションを選択した場合，公正価値の変動はその他の包括利益に計上され，株式を売却しても純損益にリサイクリングされない。

　③　デリバティブ　デリバティブを金融資産として保有している場合，デリバティブは元本と利息のみというキャッシュフローの特性に関する要件を満たさないほか，原則としてトレーディング目的に該当するため，FVPLに分類され，公正価値の変動は純損益に計上される。

　❖ コラム10.2　IFRS第9号と日本基準の構造の違い
　　日本基準（金融商品に関する会計基準）では債権，有価証券など金融資産の種類

ごとに会計処理が定められている。例えば有価証券であれば保有目的に応じて「売買目的有価証券」,「満期保有目的の債券」,「その他有価証券」のように区分され,それぞれに対して一定の会計処理が定められている（例：売買目的有価証券は期末に時価で評価され,評価差額は当期純利益として計上される）。

一方,IFRS第9号では「ビジネスモデル」と「キャッシュフローの特性」という2つの要素に基づいてすべての金融資産が分類されているほか,「FVOCI」のように会計処理の中身（償却原価と公正価値のいずれで測定するか,公正価値の変動をどう処理するか）がそのまま分類名（区分）となっている。

10.3 金融負債の分類・測定

金融資産と同様に,契約の当事者となったときに企業は金融負債を認識し,公正価値で測定する。

一般的な金融負債（例えば社債）は最終的に額面で償還されるため,当初認識後は償却原価で測定され,公正価値の変動は純損益に影響を与えない。一方,デリバティブ,その他トレーディング目的の金融負債及び公正価値オプションを適用する金融負債については,「純損益を通じて公正価値で測定する金融負債」（FVPL）に分類され,公正価値の変動は純損益として認識される（図表10.2）。

なお,金融負債に公正価値オプションを適用する場合には,公正価値の変動のうち当該負債の信用リスクの変動（債務者である企業自身の信用リスクの

図表 10.2　金融負債の分類と会計処理

金融負債の種類	当初認識後の測定及び会計処理
下記以外の金融負債*	償却原価
①デリバティブ,その他トレーディング目的の金融負債 ②公正価値オプションを適用する金融負債	公正価値（FVPL） ・公正価値の変動＝純損益

＊金融保証契約等については別途の規定がある。

172　第 10 講　金融商品～分類・測定と減損～

変動）に起因する金額を，純損益ではなくその他の包括利益として計上するという例外的な規定が存在する（**コラム 10.3** を参照）。

❖ **コラム 10.3　金融負債に対する公正価値オプションの適用**（IFRS9.5.7.7）——
　　金融負債の公正価値は当然ながら企業自身の信用リスクの変動による影響を受ける。例えば企業 A が発行する社債の市場価格は A の財務が悪化すれば下落する。したがって，社債の発行企業である A が仮に自身の社債（A にとっての金融負債）を公正価値で測定し，公正価値の変動を純損益に計上する場合には，**財務が悪化すると利益が増加**することになる。

設例 10-1

・企業 A の社債（金融負債）の公正価値が，A の財務の悪化により 100 から 80 に下落。
・このケースにおいて，金融負債を公正価値で測定し，公正価値の変動を純損益に計上する場合，仕訳は以下のとおり（勘定科目は簡易的なもの）。

　　（借方）社債　20　　（貸方）利益　20

　　このような結論に対しては多くの関係者から「直感に反する」といった懸念や批判が示された。このため，金融負債に公正価値オプションを適用する場合には，信用リスクの変動に起因する金額は純損益ではなくその他の包括利益として計上するという例外が設けられることとなった。

10.4　金融資産の減損の概要

　　金融資産の減損（impairment）とは信用リスクの悪化に伴う資産価値の減少のことで，IFRS 第 9 号は減損に関して，保有する金融資産の**予想信用損失**（expected credit loss）を見積もって**損失評価引当金**（loss allowance）として計上することを求めている。具体的には，信用リスクの悪化の程度，状態に応じて以下の 3 つのステージ（ステージ 1，2，3）が想定されており，**ステージごとに異なる引当金及び受取利息の計算方法が定められている**（図表 10.3）。

図表 10.3　金融資産の減損に関する会計処理の概要

当初認識以降の信用リスクの悪化*

	ステージ1	ステージ2	ステージ3
信用リスク	著しく増大していない。	著しく増大しているが，信用減損は生じていない。	信用減損が生じるまで信用リスクが悪化している。
損失評価引当金**	12か月の予想信用損失	全期間の予想信用損失	
受取利息	総額（引当金控除前）×実効金利		純額（控除後）×実効金利

＊ステージ1，2，3は会計基準（IFRS9）上の用語ではないが，基準の解説において一般的に使われている用語。
＊＊減損の対象が「その他の包括利益を通じて公正価値で測定される金融資産」（FVOCI）の場合には損失評価引当金ではなくその他の包括利益として認識されるが（IFRS9.5.5.2及びIFRS9設例13を参照），本講では説明の便宜上，損失評価引当金として認識，計上という表現で統一している。

　なお，減損処理の対象となる金融資産は基本的に「償却原価で測定される金融資産」及びOCIオプションの株式を除く「その他の包括利益を通じて公正価値で測定される金融資産」（FVOCI）であり，キャッシュフローが元本と利息のみである債権や債券が該当する（前掲図表10.1も参照）。

10.4.1　一般的なアプローチ（IFRS9.5.5.1-5.5.11）

　減損に関するIFRS第9号の「一般的なアプローチ」では，金融資産の当初認識後に信用リスクが著しく増大したかどうかを判断し，著しく増大していない場合（＝ステージ1）には「12か月の予想信用損失」を，著しく増大している場合や債務不履行等の信用減損（詳細は後述）が生じている場合（ステージ2，3）には「全期間の予想信用損失」を計算したうえで，その金額を損失評価引当金として認識することが求められている。

　なお，12か月と全期間の予想信用損失はそれぞれ以下のように定義されている（IFRS9. 付録A用語の定義）。

①　12か月の予想信用損失　←　ステージ1の金融資産が対象
・報告日から12か月以内に生じ得る債務不履行事象（default event）から生じる予想信用損失（全期間の予想信用損失の一部）
②　全期間の予想信用損失　←　ステージ2及び3の金融資産が対象
・予想残存期間にわたって生じ得るすべての債務不履行事象から生じる予

174　第 10 講　金融商品～分類・測定と減損～

> 想信用損失

　このように，IFRS 第 9 号では，求められる損失評価引当金が取得後の信用
リスクの変化（著しく増大したかどうか）に応じて異なる（12 か月または全期
間）という「相対的なアプローチ」が採用されている。したがって，期末に
保有している 2 つの金融資産の信用リスクが仮に同水準であっても，取得時
と比べて信用リスクが著しく増大しているかどうかによって，損失評価引当
金の金額が異なることがあり得る（図表 10.4）。

（1）信用リスクの著しい増大（IFRS9.5.5.9-5.5.11）

　「信用リスクの著しい増大」に該当するかどうかを判断する際には，金融資
産の取得時と報告日の 2 時点における債務不履行発生リスクを比較すること
が求められるが，IFRS 第 9 号において「著しい増大」の明確な定義は定めら
れていない。

　ただし，契約上の支払いに 30 日超の延滞が生じている場合には，原則とし
て信用リスクの著しい増大と推定される。一方，報告日において金融資産の
信用リスクが低いと判断される場合，例えば当該資産の外部格付が「投資適
格」（一般的には BBB 以上）の場合には著しく増大していないと推定できると
いう簡便法も認められている。

（2）予想信用損失（IFRS9.5.5.17，付録 A 用語の定義）

　予想信用損失は，予想されるシナリオごとに見積もられる「回収が見込め
ないキャッシュフロー（元本及び利息）」を当初の実効金利で割り引いた金額

図表 10.4　信用リスクの変化とステージの関係（例）

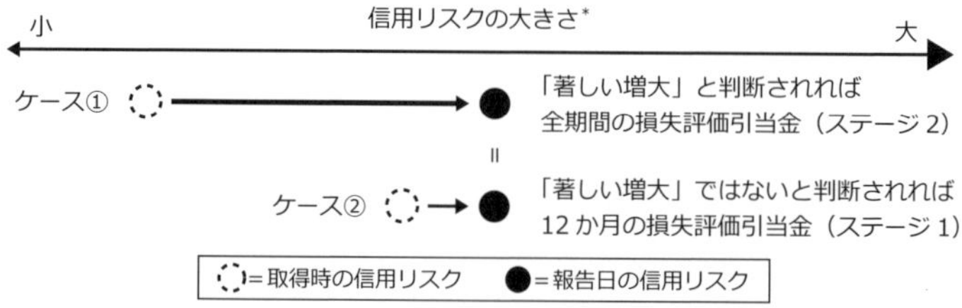

＊いずれのケースも報告日に信用減損は生じていない（≠ステージ 3）と仮定

10.4 金融資産の減損の概要　175

を，シナリオごとの確率で加重平均することによって算定される。IFRS 第 9
号は予想信用損失に反映すべき要素として以下の 3 つを定めている。

---

① 確率で加重平均した金額（probability-weighted amount）

・将来起こり得るすべてのシナリオを考える必要はないが，予想信用損失
　は複数のシナリオの結果を反映した「期待値」として算定される。

・例えば，(a) 倒産しない確率が 95 ％（そのときの損失 = 0）で，(b) 倒産す
　る確率が 5 ％（そのときの損失 = 30）の場合，予想信用損失は，可能性が
　最も高いシナリオ (a) の損失 0 ではなく，確率で加重平均した (0×0.95)
　$+ (30 \times 0.05) = 1.5$ に基づいて計算される。

---

② 貨幣の時間価値（time value of money）

・予想信用損失は，契約どおりに回収が見込めないキャッシュフローの単
　純合計ではなく，タイミングの違い（時間の価値）を考慮して当初の実
　効金利で割り引いた「現在価値」の合計として算定される（実効金利に
　ついては**コラム 10.4** を参照）。

・例えば，(a) 1 年後の損失 = 10，(b) 2 年後の損失 = 10 が想定される場合，
　実効金利を 5 ％とすると，予想信用損失はそれぞれの現在価値 (a) 9.5 =
　$10/(1 + 0.05)$，(b) $9.1 = 10/(1 + 0.05)^2$ の合計に基づいて計算される。

---

③ 過去の事象，現在の状況，将来の経済状況の予測に関する情報

・予想信用損失の計算に際しては，過去や現在だけでなく，将来に関する
　合理的で裏付け可能な情報（ただし，報告日において過大なコストや労力
　をかけずに合理的に入手可能なもの）が反映される。

　IFRS 第 9 号は予想信用損失の具体的な計算式を示していないが，例えば
取得した金融資産の信用リスクが期末において著しく増大している（ステー
ジ 2）と判断され，将来の損失が以下のように見積もられた場合，全期間（残
存期間）の予想信用損失である 21.1 が損失評価引当金として計上されると考
えられる（当初の実効金利は 5 ％と仮定）。

176 第10講 金融商品〜分類・測定と減損〜

設例10-2

	1年後	2年後	3年後（満期）	合 計
見込まれる損失*	10	8	5	23
予想信用損失**	9.5	7.3	4.3	21.1

*本設例では，各年の倒産確率等を用いて計算した損失（加重平均値であるが割引前の値）を仮定。
　なお，IFRS第9号では割引後の金額である「信用損失」を加重平均したものを「予想信用損失」と
　定義しているが（IFRS9 付録A用語の定義），計算の順番を規定する趣旨ではないと考えられる。
**見込まれる損失を「1＋当初の実効金利（本設例では5％）」で割り引いた現在価値。例えば2年
　後の8であれば$8/(1+0.05)^2 = 7.3$。

❖ コラム10.4　実効金利法（IFRS9. 付録A用語の定義）────────

　実効金利法（effective interest method）とは，実効金利に基づいて金融資産の受
取利息（収益）を計上し，償却原価を算定する方法のことである。実効金利とは
概念的には内部収益率（IRR）と同等のもので，「その金利で将来キャッシュフロ
ーを割り引いたときに金融資産の帳簿価額と等しくなるような金利」を表す。

　例えば，クーポンレート（契約上の金利）10％，満期まで3年，利払いは年1
回（12月31日），額面100の債券を期首（X0年1月1日）に90で購入したケース
であれば，期限前償還の可能性や手数料等がないと仮定すると当初の実効金利は
14.3％と計算され，受取利息（収益）及び償却原価はこの実効金利に基づいて計
上される（以下の①，②，③を参照）。

　なお，IFRS第9号は当初の実効金利を計算する際に，予想される将来の信用損
失は考慮しないと定めている（後述の信用減損金融資産を除く）。このため，仮に購
入時点でこの債券に一定の損失が見込まれている場合でも，実効金利の計算には
引き続き契約上のキャッシュフロー（①と同じ数値）が用いられる。

　① 実効金利の前提となるキャッシュフロー

	購入時（期首） X0年1/1	1年目（期末） X0年12/31	2年目（期末） X1年12/31	3年目（期末） X2年12/31
想定されるCF	▲90	10	10	110

　② 実効金利（r）の計算：以下の式を満たすrを表計算ソフト等で算出

$$10/(1+r) + 10/(1+r)^2 + 110/(1+r)^3 = 90 \quad \rightarrow \quad r = 14.3\%$$

③ 実効金利に基づく会計処理（1年目）

額面 100 ×クーポンレート 10 %
（契約上の利息：毎期同額）　　　　　　　　帳簿価額 90 ×実効金利 14.3 %

（借方）現　金　10　　（貸方）受取利息　12.9
　　　　債　券　2.9

差額は帳簿価額に加算されるため，債券の帳簿価額は90から額面の100に徐々に近づく。

10.4.2　簡素化されたアプローチ（IFRS9.5.5.15）

　IFRS 第 9 号には，信用リスクの著しい増大の有無によって 12 か月と全期間の予想信用損失を使い分ける「一般的なアプローチ」のほかに，常に全期間の予想信用損失を認識する「簡素化されたアプローチ」が用意されている。簡素化されたアプローチは実務負担に配慮したもので，営業債権，契約資産，リース債権が対象（強制または選択）となる（**図表 10.5**）。

10.4.3　受取利息の認識（IFRS9.5.4.1, 付録 A 用語の定義）

　金融資産の信用リスクがステージ 1, 2 の場合，受取利息は損失評価引当金を控除する前の「総額」の帳簿価額に実効金利を乗じることで計算される。しかし，信用リスクがさらに悪化して債務不履行等が発生するとステージ 3 の「信用減損（credit-impaired）金融資産」と判断され，損失評価引当金を控除した「純額」に実効金利を乗じて受取利息を認識することになる。

　具体的には，見積もり将来キャッシュフローに影響を与える以下のような事象が発生した場合に金融資産は信用減損金融資産と判断される（IFRS9. 付録 A 用語の定義）。

図表 10.5　簡素化されたアプローチ

対象となる資産	予想信用損失
①営業債権及び契約資産（重大な金融要素なし）	全期間の予想信用損失
②営業債権及び契約資産（重大な金融要素あり），リース債権	全期間の予想信用損失または一般的アプローチの選択

① 発行者または債務者の重大な財政的困難
② 債務不履行，延滞のような契約違反
③ 債権者から債務者への譲歩の提供（条件緩和等）
④ 債務者が破産または他の財政的再編に至る可能性の高まり
⑤ 財政的困難による当該金融資産の活発な市場の消失
⑥ 信用損失を反映したディープディスカウントによる購入または組成

ここでIFRS第9号における減損損失と受取利息の認識パターンを前掲図表10.3で改めて確認すると，減損損失については「信用リスクが著しく増大したか」を判断基準に「ステージ1」と「ステージ2」の間に区切りが存在する一方，受取利息については「信用減損金融資産に該当するか」を判断基準に「ステージ2」と「ステージ3」の間に区切りが存在する。

❖ コラム 10.5　発生損失モデルと予想損失モデル

　IFRS 第9号の前身にあたる IAS 第39号は，減損を示す事象（損失事象）が発生した後でなければ損失を認識することができない「**発生損失モデル**」（incurred loss model）を採用していた。しかし，IAS 第39号のモデルでは損失の認識が遅れるという批判が世界的な金融危機後に大きくなったこともあり，IFRS 第9号では減損損失の認識にそうしたハードルを設けない「**予想損失モデル**」（expected loss model）が採用されることになった。

図表10.6　IFRS第9号における減損損失の認識（イメージ）

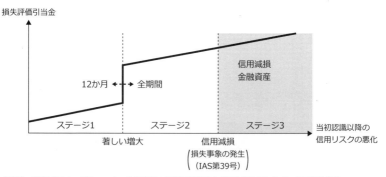

（出所）　IASB「スナップショット：金融商品：予想信用損失」（2013年3月）をベースに筆者作成。

現行の IFRS 第 9 号のモデルは実務的な理由（主に適用の難しさ）もあって当初の提案から何度かの修正を経たものであるが，IAS 第 39 号と比較して以下のような特徴を有している（**図表 10.6**）。

① 12 か月の予想信用損失の認識が直ちに求められる。

・IFRS 第 9 号において金融資産は基本的にステージ 1 からスタートするが，取得したばかりで信用リスクに変化がない金融資産であっても 12 か月の予想信用損失の認識が直ちに求められる。

② IAS 第 39 号で減損損失が認識されるよりも早い段階で全期間の予想信用損失の認識が求められる。

・IAS 第 39 号の損失事象の発生は IFRS 第 9 号のステージ 3（信用減損金融資産）への移行に相当するが，IFRS 第 9 号ではステージ 2（信用リスクの著しい増大）の段階で全期間の予想信用損失の認識が求められる。

●練習問題●

☐ **10.1** 次のそれぞれの内容について，正しいものには〇を，誤っているものには×を付けなさい。

(1) 金融資産が「償却原価で測定する金融資産」に分類されるためには，企業のビジネスモデルが契約上のキャッシュフローの回収を目的とするものであり，かつ，金融資産のキャッシュフローが元本と利息のみであるという 2 つの要件を満たさなければならない。

(2) 「会計上のミスマッチ」を解消するか著しく減少させる目的であれば，金融資産に対して取得後の任意のタイミングで公正価値オプションを指定することができる。

(3) IFRS 第 9 号の減損に関する規定は，取得後の信用リスクの変化（著しく増大したかどうか）に応じて異なる水準（12 か月または全期間）の損失評価引当金の計上を求めているため「相対的なアプローチ」と呼ばれる。

(4) 予想信用損失は，最も発生可能性の高いシナリオで想定される損失額のみに基づいて計算される。

☐ **10.2** 金融資産として保有している株式の会計処理を説明しなさい。

☐ **10.3** 保有する金融資産（いずれも償却原価で測定）に関する次の情報に基づいて，一般的なアプローチの下で引当が求められる予想信用損失の合計を計算

180　第 10 講　金融商品～分類・測定と減損～

しなさい。

金融資産	信用リスク	予想信用損失	
		12か月	全期間
A	取得直後で, 信用リスクの著しい増大も信用減損も生じていない。	10	30
B	信用減損（債務不履行）が生じている。	7	10
C	信用減損は生じていないが, 取得後の信用リスクは著しく増大している。	2	5
D	外部格付 AA	5	8
E	30 日超の延滞が生じている。	15	20

第 **11** 講

金融商品
～認識の中止とヘッジ会計～

● 学習のポイント ─────────────

　本講では，①どのような条件を満たした場合に金融資産や金融負債を財政状態計算書から取り除くべきか（認識の中止），②原則的な会計処理では企業のリスク管理活動の成果が財務諸表に適切に反映されない場合に，金融商品に対してどのような例外処理が認められるのか（ヘッジ会計），といったポイントを中心に学ぶ。

● キーワード ─────────────

金融資産の譲渡，パススルー，リスクと経済価値，支配，
会計上のミスマッチ，公正価値ヘッジ，キャッシュフローヘッジ，
在外営業活動体に対する純投資のヘッジ

● 検討する会計基準 ─────────────

IFRS 第 9 号	「金融商品」

　*このほか，IAS 第 39 号「金融商品：認識及び測定」についても，ヘッジ会計の一部の規定を選択適用可。

11.1 認識の中止

　金融商品の「認識の中止」（derecognition）とは，**認識されている金融資産や金融負債を財政状態計算書から取り除く（落とす）**ことで，オフバランス化とも呼ばれる。日本基準では「消滅の認識」という用語が使われている。

11.1.1　認識の中止が問題となるケース

　保有する金融資産を企業が単純に売却した場合，認識の中止に特段の問題は生じない。しかし，企業が**金融資産を手放した後も当該資産と何らかの関わりを持つ場合**には，認識の中止に関する判断が分かれることがある。

　例えば企業Aが金融資産X（＝X社の社債）を企業Bに売却すると同時に，「X社の財務が悪化して契約どおりのキャッシュフローが支払われなかった場合にはAが補てんする」という約束をしたとする（図表11.1のケース①）。金融資産の売却後もリスクを引き続き負担するこのケースにおいて，企業Aは金融資産の認識を単純に中止すればよいのであろうか。

　あるいは，会計期間をまたいだ一定期間後に買い戻す条件を付けて企業A

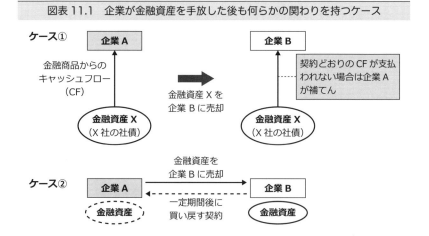

図表11.1　企業が金融資産を手放した後も何らかの関わりを持つケース

が企業Bに金融資産を売却したとする（**図表11.1**のケース②）。このケースにおいて，近い将来，当該資産を再び財政状態計算書に計上することになる企業Aは，期末日現在に保有していないからといって金融資産の認識を中止してもよいのであろうか。これらのケース以外にも判断が難しい金融取引は多数存在する。

11.1.2　金融資産の認識中止の条件

IFRS第9号は「どのような条件を満たした場合に金融資産の認識を中止するべきか」という問題について，複数の概念及びステップを組み合わせたアプローチを採用している。

(1) 判定対象となる取引（IFRS9.3.2.3-3.2.5）

金融資産の認識は，以下のとおり，①資産計上の前提となるキャッシュフローに対する契約上の権利が消滅した（例えば貸付金が返済された）場合だけでなく，②企業が**金融資産を譲渡**（transfer）し，かつ，一定の判定基準（後述）を満たす場合にも中止される。

金融資産の認識中止の条件

①　金融資産からのキャッシュフローに対する契約上の権利が消滅した場合

または

②　企業が金融資産を譲渡し，その譲渡が認識中止のための判定基準を満たす場合

上記②に関してIFRS第9号は，まずどのような取引であれば認識中止の判定対象となる「譲渡」に該当するのかを以下のとおり定めている。ここでのポイントは，(a)契約上の権利を移転する場合だけでなく，(b)一般に「パススルー」と呼ばれる，**権利自体は保持しているが受け取ったキャッシュフローをそのまま第三者に引き渡すような契約を結ぶ場合も譲渡に該当する**ということである（**図表11.2**）。

図表11.2 IFRS第9号における金融資産の譲渡

(a) 契約上の権利の移転

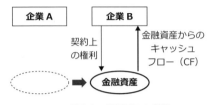

契約上の権利がBに移転

(b) パススルー

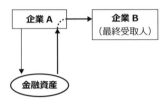

契約上の権利はBに移転しないが，キャッシュフローはAを通過するだけで実質的にBに帰属

金融資産の譲渡に該当する取引

(a) 金融資産のキャッシュフローを受け取る契約上の権利を移転する場合

(b) 金融資産のキャッシュフローを受け取る契約上の権利は保持しているが，以下の条件（パススルー要件）をすべて満たす契約によって，当該キャッシュフローを最終受取人に支払う義務を引き受けている場合

・元の資産から同等の金額を回収しない限り，最終的な受取人への支払い義務を有していない。

・元の資産の売却や担保差し入れが禁じられている。

・最終的な受取人に代わって回収したキャッシュフローを，重大な遅延なく送金する義務を有している。

---

(2) 認識中止の判定方法

ある取引がIFRS第9号の定める金融資産の譲渡に該当する場合，その取引の結果として，譲渡した企業（**図表11.2の企業A**）が，①金融資産の所有に伴う「**リスクと経済価値**」（risk and reward）を引き続きどの程度保持しているか，次に，②金融資産を「**支配**」（control）しているか，という2つのテスト（ステップ）を通じて認識を中止すべきかどうか判定される。

① **リスクと経済価値に基づく判定（IFRS9.3.2.6）**　金融資産の譲渡によってリスクと経済価値の「**ほとんどすべて（substantially all）を移転している**」と判断された場合，譲渡した企業は当該金融資産の**認識を中止**し，取引

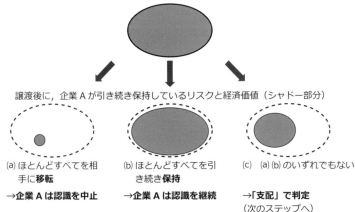

図表11.3 リスクと経済価値に基づく判定（イメージ）

の結果として新たに創出された（または保持された）権利や義務があれば、それらは別途の資産または負債として認識される（図表11.3(a)）。

逆に、金融資産を譲渡したもののリスクと経済価値の「**ほとんどすべてを保持（留保）している**」と判断された場合は、当該資産の**認識を継続**する（同(b)）。

上記のいずれにも該当しない場合には、次のステップである「支配」に基づく判定に進むことになる（同(c)）。

❖ **コラム11.1　リスクと経済価値の移転**（IFRS9.3.2.7-3.2.8）

リスクと経済価値の移転に関する判断に際しては、譲渡した資産の「現在価値の変動可能性（variability）に企業が晒されている程度」を譲渡の前後で比較することが求められている。つまり、当該資産の価値が変動した場合に受ける影響にどれくらいの変化があったのかを考える必要がある。

例えば、「事前に決めた固定価格（100）で一定期間後に買い戻す」という条件付きで企業Aが企業Bに金融資産を90で売却したとする。このケースでは、買い戻しまでの間に当該資産の価値が変動しても、取引開始時点で利益額（10＝100－90）が確定しているBはその影響を受けない。一方のAは資産の売却後も価値

変動による影響を受ける立場にあるため、ほとんどすべてのリスクと経済価値を引き続き保持していると判断される。

なお、IFRS第9号は、リスクと経済価値のほとんどすべてを移転したか（あるいは保持しているか）に関する判断は通常明らかであり、特別な計算を要するものではないと説明している。

② 支配に基づく判定（IFRS9.3.2.6, 3.2.9, 3.2.16）　「リスクと経済価値」の次に適用される「支配」に基づくステップでは、譲渡した企業が金融資産を(a)**支配していない場合には認識を中止**し、(b)**引き続き支配している場合には金融資産に対する「継続的関与の範囲」で認識を継続する**、と定められている。ここで継続的関与の範囲とは、譲渡した資産の価値変動に企業が晒される範囲のことで、保証であれば「当該資産の金額」と「保証額（負担の最大額）」のいずれか小さい方を指す。例えば100の金融資産に対して最大で20までの保証を提供している場合、企業の継続的関与の範囲は20となる。

このステップのポイントである「譲渡した企業が資産を支配しているか」は、「譲渡された企業が当該資産を売却する能力」に基づいて判断される。これは、資産を受け取った側がその資産を第三者に自由に売却（転売）できるのであれば、最初に資産を保有していた企業はもはやその資産を支配していないといえる、という考え方に基づいている（図表11.4）。

図表11.4　「支配」の考え方

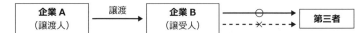

11.1 認識の中止 **187**

❖ コラム 11.2　譲受人が自由に売却できるかの判断（IFRS9.B3.2.7）───────

　企業Aが，保有する有価証券（X社株式）を企業Bに対して売却すると同時に
Bとオプション契約を結び，BからX社株式を買い戻す権利（コール・オプショ
ン）を持っているとする。

　この場合，Aによるオプション行使（買い戻し）に備えてBは購入した株式を
自由に売却できないようにも思われる。しかし，X社株式が上場されていれば，
仮にBが第三者に売却した後でAが買い戻しのオプションを行使したとしても，
Bは市場から調達することで対応できる。つまり，取引の対象が市場で容易に入
手できる金融資産の場合には，オプションの存在が譲受人のBにとって売却の実
質的な制約にはならないため，譲渡人のAはもはや当該資産を支配していないと
判断される。

　一方，同じオプション契約であっても市場で容易に入手できない金融資産の場
合，買い戻しに備えなければならない譲受人のBは当該資産を自由に第三者に売
却することができない。したがって当該資産は譲渡人のAが引き続き支配してい
ると判断される。

(3) 金融資産の認識の中止（まとめ）

　金融資産の認識の中止に関するIFRS第9号の判定プロセスを整理すると，
権利自体が消滅したような明白なケースでなければ，まず，①当該取引がパ
ススルーを含めた「譲渡」に該当するかを検討し，該当する場合には，②「リ
スクと経済価値」の移転度合いによって判定し，それでも判定できない場合
には，③「支配」の有無によって判定する，という流れになっている（**図表
11.5**）。

11.1.3　金融負債の認識の中止（IFRS9.3.3.1-3.3.3, B3.3.6）

　債務の免責，取消，失効によって金融負債が消滅したときに企業は金融負
債の認識を中止する。

　このほか，金融負債の条件に大幅な変更が加えられた場合などにも，既存
の金融負債の認識は中止され，新たな金融負債が認識される。IFRS第9号で
は，新たな条件に基づくキャッシュフローの割引現在価値が当初のものから
10％以上変化していれば大幅な変更に該当するという定量的な基準が示さ
れている。

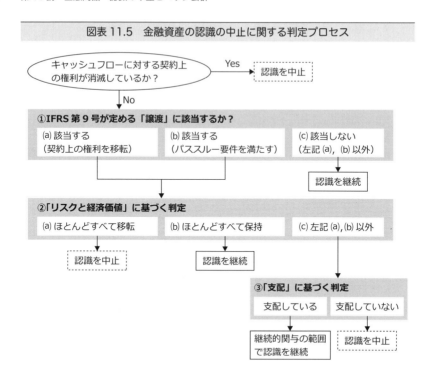

図表 11.5　金融資産の認識の中止に関する判定プロセス

11.2　ヘッジ会計

11.2.1　ヘッジ会計の概要

　資産 A を保有する企業が，その公正価値の下落による損失のリスクを回避するために，A とは反対の値動きをするデリバティブ B（例えば先物）を契約することがある。このように**特定のリスクを回避，軽減するための取引**がヘッジであり，このケースにおいて，資産 A はヘッジ対象（hedged item），デリバティブ B はヘッジ手段（hedging instrument）と呼ばれる。なお，ヘッジ手段には先物だけでなく様々なデリバティブが一般的に使われる。

　上述の例ではヘッジ対象である A の公正価値が▲20 下落したときに，ヘ

ッジ手段であるBの公正価値が+20増加すれば，ヘッジの目的は狙いどおり達成される。しかし，会計上，例えばAは原価で測定される一方，Bは公正価値で測定され，その変化が純損益として認識されるとすると，Bの+20だけが純損益として認識されてしまう。こうした問題は「会計上のミスマッチ」とも呼ばれ，有効に機能しているはずのヘッジの効果が財務諸表に適切に反映されない原因の一つになっている。

このように，会計基準に定められた原則的な会計処理に従うと企業のリスク管理活動の成果であるヘッジの効果が財務諸表（基本的には純損益）に適切に反映されない状況において，その問題を解決するために認められている**例外的な会計処理がヘッジ会計**である。したがって，**原則的な会計処理によってヘッジの効果が自然に反映される場合にはヘッジ会計は必要とされない**。例えば，ドル建ての金銭債権に生じる為替の影響を為替予約で回避するような取引は典型的なヘッジであるが，このケースでは，為替の変動によってヘッジ対象とヘッジ手段に生じる影響は会計基準上いずれも純損益に計上される（純損益の中で相殺される）ことになっているため，ヘッジ会計という例外的な処理は必要とされない（外貨換算に関する会計基準については**第12講**を参照）。

11.2.2 IFRS第9号で認められているヘッジ会計の種類
(IFRS9.6.5.2)

どのようなリスクを回避，軽減したいと考えるかは企業によって様々であるが，IFRS第9号では以下の3種類のヘッジに対してヘッジ会計の適用が認められている（ヘッジ会計の適用は企業の任意）。

---

① **公正価値ヘッジ**（fair value hedge）

② **キャッシュフローヘッジ**（cash flow hedge）

③ **在外営業活動体に対する純投資のヘッジ**（hedge of net investment in a foreign operation）

以下では，それぞれのヘッジの概要と基本的な会計処理を説明するが，単純化のため，①ヘッジ対象の公正価値やキャッシュフローの変動はすべてヘ

ッジされているリスクから生じたものであり，②ヘッジ手段によって当該リスクは過不足なく回避されている，つまり，ヘッジに非有効部分はないと仮定している（ヘッジの有効性については 11.2.3(3) を参照）。

(1) 公正価値ヘッジ（IFRS9.6.5.8）

公正価値ヘッジとはヘッジ対象の「公正価値の変動」をリスクとしてとらえて，その影響を回避するためのヘッジである。例えば，保有する金融資産の公正価値の変動による影響をデリバティブによって回避するケースが該当する。

このケースにおいて，ヘッジ対象，ヘッジ手段にそれぞれ▲20，+20の公正価値の変動が生じているとき，ヘッジは有効に機能しているといえる。しかし，ヘッジ手段であるデリバティブが FVPL（公正価値の変動＝純損益）として処理される一方で，ヘッジ対象が FVPL 以外に分類されている場合，会計上はヘッジ手段の損益（+20）だけが純損益として認識されてしまう。

こうした問題を解決するため，公正価値ヘッジにヘッジ会計が適用される場合には，ヘッジ対象に生じた公正価値の変動についても（本来の会計処理から離れて）ヘッジ手段であるデリバティブと同様に純損益で認識される。つまり，**ヘッジ対象の会計処理を例外的にヘッジ手段のものと揃えることで，ヘッジの効果が純損益に反映されることになる**（図表 11.6）。

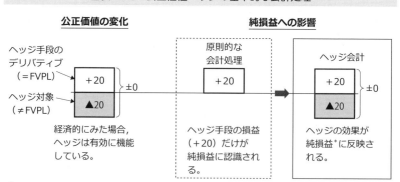

図表 11.6　公正価値ヘッジの基本的な会計処理

*OCI オプション（第10講を参照）を適用している資本性金融資産（株式）がヘッジ対象の場合には，ヘッジ手段（デリバティブ）に生じた損益を例外的にその他の包括利益（OCI）で認識する。この結果，ヘッジ対象とヘッジ手段に生じた損益は OCI の中で相殺される。

なお，公正価値ヘッジは，財政状態計算書に既に認識されている資産や負債だけでなく，拘束力のある契約が結ばれているが未履行で認識されていない「確定約定」に対しても認められている。したがって，まだ手元に届いていない棚卸資産（例えばコーヒー豆）の公正価値の変動をデリバティブ（例えばコーヒー豆の先物）でヘッジするケースなどもヘッジ会計の適用対象となり得る。

(2) キャッシュフローヘッジ （IFRS9.6.5.11）

キャッシュフローヘッジとは「キャッシュフローの変動」つまり「キャッシュフローが確定していないこと」をリスクとしてとらえて，その影響を回避するためのヘッジである。

キャッシュフローヘッジの対象となるキャッシュフローには，既に認識されている資産，負債から生じるものだけでなく，「**発生の可能性が非常に高い予定取引**」から生じるもの含まれる。したがって，変動金利で借入を行っている企業が金利スワップを使って将来の利息支払額を固定化するようなケース（**図表11.7**）だけでなく，予定されている外貨建売上の円貨額を為替予約で固定するようなケース（**図表11.8**）についても，当該売上取引の発生可能性が非常に高い場合にはヘッジ会計の適用対象となり得る。

例えば次期に予定されている外貨建売上のヘッジのために為替予約を締結した場合，原則的な会計処理に従うと，ヘッジ手段の為替予約（デリバティブ＝FVPL）の公正価値の変化だけが純損益に認識されてしまう（ヘッジ対象である予定取引は期末にまだ認識されていない）。

こうした問題を解決するため，キャッシュフローヘッジにヘッジ会計が適用される場合には，（公正価値ヘッジのようにヘッジ対象を例外的に処理するのではなく）ヘッジ手段のデリバティブの損益が例外的に繰り延べられる。より具体的には，**ヘッジ手段に生じた公正価値の変化が，その他の包括利益を通して財政状態計算書のキャッシュフローヘッジ剰余金**（CFH剰余金：資本項目の一つ）**として繰り延べられる**（**図表11.9**）。

ヘッジ会計の適用によって繰り延べられたCFH剰余金は，固定資産の購入のように予定取引が非金融資産・負債を生じさせる場合，当該資産・負債の当初認識時の帳簿価額に直接加減される（ベーシス・アジャストメントと呼

第 11 講　金融商品〜認識の中止とヘッジ会計〜

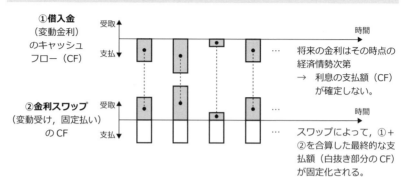

図表 11.7　金利スワップを使ったキャッシュフローヘッジ

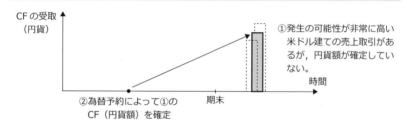

図表 11.8　為替予約を使ったキャッシュフローヘッジ

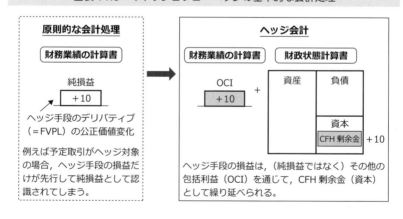

図表 11.9　キャッシュフローヘッジの基本的な会計処理

11.2 ヘッジ会計　193

ばれる）。それ以外の場合は，売上取引であれば売上計上時のように，ヘッジ対象が純損益に影響を与えるタイミングで純損益に振り替えられる（リサイクリングされる）。

> ❖ コラム 11.3　固定・変動利付債券とヘッジ ────────────
>
> 　上述のとおり，「公正価値の変動」と「キャッシュフローの変動」のいずれのリスクヘッジに対してもヘッジ会計の適用が認められているが，利付債券を例にとると，これら2つのリスクが表裏の関係にあることが分かる（単純化のため，信用リスクはないと仮定）。
>
> 　例えば，発行時に定められた金利が満期まで適用される固定利付債券（例：クーポンレート5％，利払い年1回，額面100）の場合，毎期の利息として受け取るキャッシュフローは5（＝100×5％）で固定される代わりに，市場金利の変動によって債券の価格（公正価値）は変化する。これは，5％というクーポンレートの魅力が市場金利の変動に伴い変化するためである。例えば，債券発行時の市場金利が5％であったとすると，その後，市場金利が10％に上昇すれば，5％というクーポンレートの魅力が低下するため債券の価格は下落することになる（逆に，市場金利が低下すれば債券の価格は上昇する）。
>
> 　一方，金利がその時々の市場金利を反映して変動する変動利付債券の場合，毎期の利息として受け取るキャッシュフローが変化する代わりに，市場対比でみた債券の金利水準の魅力は維持されるため，債券の公正価値は変わらない。ここで，企業がキャッシュフローの変化をリスクとしてとらえる場合，金利スワップなどのデリバティブを使えば変動金利を固定金利に変換することが可能であるが，金利が固定化されれば今度はそれまで回避できていた公正価値の変化というリスクを受け入れる（取りに行く）ことになる。逆に，金利を固定から変動に変換する場合は，公正価値の変化を回避できる代わりにキャッシュフローの変化を受け入れることになる。

（3）在外営業活動体に対する純投資のヘッジ（IFRS9.6.5.13-6.5.14）

　在外営業活動体に対する純投資のヘッジとは，海外の子会社などへの投資が晒される為替リスクに対するヘッジである。例えば，親会社である日本企業が米国子会社に対して行ったドル建ての出資に生じる為替リスクを回避する目的で行う為替予約やドル建ての借入が該当する。

　親会社の日本企業が連結財務諸表を作成する過程で生じる米国子会社への

純投資に関する為替差額は IAS 第 21 号「外国為替レート変動の影響」に従ってその他の包括利益に計上される。一方、ヘッジ手段である為替予約に生じた公正価値の変動やドル建て借入金の円換算に伴う為替差額は原則に従うと純損益に計上される（詳細については**第 12 講のコラム 12.2** を参照）。

このままでは仮にヘッジが経済的に有効に機能していてもヘッジ手段の損益だけが純損益に反映されてしまうため、キャッシュフローヘッジと同様に、**ヘッジ手段に生じた損益を例外的にその他の包括利益で認識し、資本の一部として繰り延べる**という会計処理がヘッジ会計として認められている。なお、繰り延べられた損益は、その後、親会社による投資の処分が行われるタイミングで純損益にリサイクリングされる。

11.2.3 ヘッジ会計の適用要件 （IFRS9.6.4.1）

ヘッジ会計の適用は企業の任意であるが、適用するためには以下の要件をすべて満たさなければならない。

---

① 適格なヘッジ手段及びヘッジ対象のみで構成されている。

② ヘッジの開始時にヘッジ及びリスク管理の目的と戦略について正式な指定及び文書化が行われている。

③ 有効性の要件をすべて満たしている。

（1）適格なヘッジ手段及びヘッジ対象 （IFRS9.6.2.1-6.2.2, 6.3.1-6.3.7）

ヘッジ手段として一般的には先物、スワップ、為替予約といったデリバティブが用いられるが、純損益を通じて公正価値で測定する金融資産または金融負債（FVPL）であれば、デリバティブに限らず適格なヘッジ手段として指定することができる。

一方、ヘッジ対象はヘッジ手段と異なり金融商品に限定されない。また、既述のとおり、認識されている資産、負債だけでなく、未認識の確定約定、発生可能性が非常に高い予定取引も適格なヘッジ対象として認められている（**図表 11.10**）。

なお、企業はある項目の全体（公正価値やキャッシュフローのすべての変動）だけでなく、その一部をヘッジ対象として指定することができる。例えば、

11.2 ヘッジ会計 **195**

図表 11.10 適格なヘッジ対象と適用可能なヘッジ会計

ヘッジ対象	適用可能なヘッジ会計の種類
認識されている資産, 負債	公正価値ヘッジ, キャッシュフローヘッジ
未認識の確定約定	公正価値ヘッジ*
発生可能性が非常に高い予定取引	キャッシュフローヘッジ
在外営業活動体への純投資	純投資のヘッジ（会計処理はキャッシュフローヘッジと同じ）

*外貨建確定約定の為替リスクのヘッジにはキャッシュフローヘッジも適用可能。

固定金利債券のように発行体の信用力と市場金利という2つの要素の影響を受けるヘッジ対象について, 特定のリスク要素（市場金利リスク）に起因する部分だけをヘッジ対象として指定することができる（IFRS9.B6.3.10(d)）。

このほか, ヘッジ対象の比例部分（例：貸付金からのキャッシュフローの80%）や階層部分（例：特定の場所に保管されている天然ガスのうち最後に払い出される500万m³）を指定することもできる。ただし, 特定のリスク要素や階層部分をヘッジ対象として指定する場合には, 当該部分が独立して識別可能であり, かつ, 信頼をもって測定可能でなければならない。

(2) 正式な指定及び文書化（IFRS9.6.4.1, B6.5.24）

ヘッジ会計を適用するためには, **ヘッジの開始時にヘッジ及びリスク管理の目的と戦略について正式な指定と文書化**が求められる。リスク管理の戦略とは, 企業がリスクをどのように管理するかを最上位のレベルで定めたものであり, リスク管理の目的とは, 当該戦略の下で, 特定のヘッジにおいてヘッジ手段をヘッジ対象に対してどのように使うかを定めたものである。

また, 文書化に際しては, ヘッジ手段, ヘッジ対象, ヘッジされるリスクの性質のほか, ヘッジが有効性の要件（後述）を満たしているかどうかを企業が判定する方法を明示しなければならない。

(3) 有効性（IFRS9.B6.4.1-B6.4.6, B6.4.13-B6.4.14）

ヘッジの有効性とは, ①ヘッジ手段の公正価値またはキャッシュフローの変動が, ②ヘッジ対象の公正価値またはキャッシュフローの変動（ヘッジ対象が特定のリスク要素の場合は, そのリスク要素に関連する部分）をどの程度相殺しているかを指す。①と②の間に差がある場合, その部分はヘッジの非有

効部分と呼ばれる。

　例えば，ヘッジ手段の金利スワップとヘッジ対象の借入金に関する条件（元本，参照金利，金利改定日など）が一致しない場合や，価格変動リスク回避のために利用する先物市場における標準的な商品とヘッジ対象が同一でない場合には一般的に非有効部分が生じることになる。

　IFRS第9号は，有効性に関する要件の一つとしてヘッジ手段とヘッジ対象の間に「**経済的関係が存在すること**」を求めており，経済的関係は，ヘッジされているリスク（例えば市場金利）が変化したときにヘッジ手段とヘッジ対象の価値が反対方向に動くこと（互いに相殺する関係にあること）とされている。ただし，IFRS第9号の前身にあたるIAS第39号のように有効性の要件を満たすための特定の数値基準（ヘッジの効果が80％〜125％の範囲内にあること）は設けられていない。

❖ コラム11.4　ヘッジの非有効部分の会計処理 ─────────

　本講ではここまでヘッジ手段によって過不足なくリスクが回避，軽減されている（非有効部分がない）ことを前提にヘッジ会計の基本的な仕組みを説明してきたが，現実には上述のとおり様々な理由から非有効部分が生じ得る。

　公正価値ヘッジにヘッジ会計が適用される場合は，ヘッジ手段とヘッジ対象の公正価値の変化がいずれも純損益に計上されるため，**仮に非有効部分があれば両者の差額として純損益に自動的に反映**されることになる。

　一方，キャッシュフローヘッジの場合，ヘッジ手段に生じた公正価値の変化をすべてその他の包括利益を通して資本に繰り延べてしまうと，仮に非有効部分が生じていても純損益にその状況が反映されない。このため，IFRS第9号はキャッシュフローヘッジに「オーバーヘッジ」が生じている，具体的にはヘッジ手段の公正価値の変化がヘッジ対象の公正価値の変化を絶対値ベースで上回っている場合には，非有効部分を純損益で認識することを求めている（IFRS9.6.5.11，具体例については末尾の練習問題を参照）。

●練習問題●

☐ **11.1** 次のそれぞれの内容について，正しいものには○を，誤っているものには×を付けなさい。

(1) 認識中止の判定対象となる金融資産の譲渡に該当するためには，キャッシュフローを受け取る契約上の権利を相手に移転しなければならない。

(2) 金融資産を譲渡した企業が当該資産を支配しているかどうかは，「譲渡された企業が当該資産を売却する能力」に基づいて判断される。

(3) キャッシュフローヘッジにヘッジ会計が適用される場合には，公正価値ヘッジと異なり，ヘッジ手段に生じた公正価値の変化が例外的にその他の包括利益を通して資本に繰り延べられる。

(4) 公正価値ヘッジの適格なヘッジ対象は，財政状態計算書に認識されている資産または負債に限定される。

☐ **11.2** 以下の問に答えなさい。

(1) 認識の中止に関して「リスクと経済価値」と「支配」に基づく判定がどのような順序で適用されるか説明しなさい。

(2) ヘッジ会計という例外的な会計処理が認められている理由を説明しなさい。

☐ **11.3** 以下のヘッジ取引にヘッジ会計が適用される場合，純損益に反映される非有効部分の金額とその計算過程を答えなさい（**コラム 11.4** も参照）。

ヘッジ会計の種類	公正価値の変化	
	ヘッジ手段（うち非有効部分）	ヘッジ対象
①公正価値ヘッジ	▲ 30（▲ 10 のオーバーヘッジ）	+ 20*
②キャッシュフローヘッジ	▲ 30（▲ 10 のオーバーヘッジ）	+ 20

* OCI オプションを適用した株式ではない。

第 **12** 講
公正価値測定と外貨換算

●学習のポイント ────────────────────────

　本講では，IFRS の複数の基準に登場する「公正価値」（fair value）という用語の統一的な定義やその算定方法（公正価値測定），及び，外国通貨による取引や海外子会社などの財務諸表の換算方法（外貨換算）という 2 つの論点について学ぶ。

　本講で学ぶ 2 つの基準の対象は金融商品に限定されないが，いずれの論点も金融資産・負債の評価やヘッジ会計との関わりが深いため，まとめて扱うこととする。

●キーワード ────────────────────────

公正価値ヒエラルキー（レベル 1・2・3），最有効使用，評価技法，
機能通貨，表示通貨，貨幣性・非貨幣性項目，在外営業活動体

●検討する会計基準 ───────────────────────

IFRS 第 13 号	「公正価値測定」
IAS 第 21 号	「外国為替レート変動の影響」*

*このほか，激しいインフレ状態にある通貨については，IAS 第 29 号「超インフレ経済下における財務報告」が適用される。

12.1 公正価値測定

12.1.1 IFRS 第 13 号の位置づけ

　2011 年に IFRS 第 13 号「公正価値測定」（fair value measurement）が公表されるまでは，公正価値による評価や開示を求める（あるいは許容する）基準が複数存在する一方で，それぞれの基準で示されているガイダンスが整合的でないケースも見受けられた。こうした問題を解決するために IFRS 第 13 号が開発され，公正価値の定義，算定方法，開示に関する統一的なルールが定められた。つまり，IFRS 第 13 号は公正価値測定の範囲を変更するものではなく，IFRS 第 9 号「金融商品」や IAS 第 40 号「投資不動産」といった他の基準が「公正価値」という用語を使っている場合に適用すべき統一的なフレームワークを提供するものである。

12.1.2 公正価値の定義

　IFRS 第 13 号は公正価値を「**市場参加者間の秩序ある取引において，資産の売却によって受け取るであろう価格，または負債を移転するために支払うであろう価格**」として定義している（IFRS13.9）。資産を前提にこの定義をもう少し一般的な言葉で表現すれば，「その価格であれば市場で売却できそうな価格」が公正価値ということになる。

　以下では，公正価値を理解するうえで重要な「**市場参加者**」及び「**秩序ある取引**」という 2 つの概念に触れたうえで公正価値の算定方法を説明するが，わかりやすさを優先して基本的に資産を前提とした記述としている（負債の公正価値の考え方については **12.1.5 項**を参照）。

　① **市場参加者**（IFRS13.2, 22, 付録 A 用語の定義）　公正価値は，互いに独立した市場参加者（買い手と売り手）が自らの経済的利益が最大になるように行動することを仮定したうえで，市場で成立するであろう資産の売却価格として定義されている。つまり，公正価値はその資産を保有する特定の企業に固有のものではなく，市場を前提とした価格である。

第12講　公正価値測定と外貨換算

② 秩序ある取引（IFRS13.B43, 付録A用語の定義）　秩序ある取引（orderly transaction）とは通常想定されるマーケティング活動のための期間を経た取引を意味するため，売り手が破産寸前で急いで資産を売却しなくてはならない「投げ売り」のようなケースは秩序ある取引に該当しない。このほか，最近の取引結果と比べて価格が異常値である場合も秩序ある取引ではないと判断される。

❖ コラム12.1　非金融資産への適用（最有効使用）（IFRS13.27-30）

　株式や債券などの金融資産は発行企業が生み出すキャッシュフローを受け取る権利であるため，基本的には誰が持っていてもその価値は変わらない。例えば，X社が発行する株式や社債の価値はAが持っていてもBが持っていても同じである（X社の経営に主体的に関与できるようなケースは除く）。これに対して，例えば不動産などの非金融資産は所有者がどのように利用するかによって生み出されるキャッシュフローが異なるため，Aが持つ場合とBが持つ場合ではその価値に違いが生じ得る。

　非金融資産のこうした特性を踏まえて，IFRS第13号は「市場参加者が当該資産を最善の方法で使用することを前提にした価格」という「最有効使用」（highest and best use）と呼ばれる概念を非金融資産についてのみ追加することで公正価値の定義を明確化している。ただし，反証がない限り現在の利用方法が最有効使用であると推定するという規定も同時に設けられている。

12.1.3　公正価値測定のための評価技法
（IFRS13.61-63, B5-11）

　公正価値の定義を問題なく満たす価格（例：上場企業の株価）が存在しない場合には，何らかの評価技法（valuation technique）を用いて公正価値を自ら算定（推計）する必要が生じる。

　こうしたケースにおいて，IFRS第13号は一般に広く用いられている3つのアプローチと整合的な評価技法を適用することを求めている（**図表12.1**）。また，複数の技法を適用する場合には，得られた結果の範囲内で最も適切と考えられる金額が公正価値となる。なお，評価技法を用いて公正価値を算定する際にはできるだけ観察可能な（observable）インプットを利用し，観察可能でないインプットの利用は最小限にしなければならない（詳細は後述）。

図表 12.1　３つのアプローチ

マーケットアプローチ	同一または類似資産の価格や関連情報を用いるアプローチ ・比較対象から算出される市場倍率（マルチプル：EBITDA 倍率や株価収益率）などが含まれる。
コストアプローチ	同等の資産を再調達するために現在必要とされる金額（現在再調達原価）を反映するアプローチ ・代替資産を購入または建設するためのコストを，陳腐化の程度に応じて調整した金額
インカムアプローチ	将来キャッシュフローを割り引いて現在価値に変換するアプローチ ・現在価値技法（DCF 法），オプション価格算定モデル（ブラック・ショールズ，二項モデル）が含まれる。

12.1.4　公正価値ヒエラルキー（IFRS13.67–90）

（1）評価技法へのインプット

　公正価値の測定及び開示に関する整合性や比較可能性を向上させるために，IFRS 第 13 号は評価技法への様々なインプット（入力情報，仮定）を 1 ～ 3 の3 つのレベルに区分したうえで，**レベル 1 のインプットに最も高い優先順位を与えている**（図表 12.2）。

　①　**レベル 1 のインプット**　　**活発な市場における同一資産の相場価格**は最も信頼できる公正価値の証拠であるため，最も優先度の高いレベル 1 とされている。レベル 1 のインプットが入手可能な場合は，調整を加えることなく常にその価格を使わなければならない。

　活発な市場とは取引が継続的に十分な頻度と量で行われている市場であり，例えば上場企業 A の株式を資産として保有する企業にとって，証券取引所が公表している A の株価（同一資産の相場価格）はレベル 1 のインプットに該当する。

　②　**レベル 2 のインプット**　　レベル 1 の条件は満たさないが直接または**間接的に観察可能なインプットはレベル 2 に区分される**。例えば，同一では

図表 12.2　評価技法へのインプット

レベル1	観察可能なインプット	活発な市場における同一資産の（無調整の）相場価格
レベル2		レベル 1 の相場価格以外で直接または間接的に観察可能なもの
レベル3	観察可能でないインプット	

ないが類似した資産であれば活発な市場の相場価格がある場合や，市場が活発とまではいえないが同一または類似の資産の相場価格がある場合，それらの相場価格はレベル2に該当する。このほかにも，イールドカーブのように市場から観察可能なインプットや，直接的に観察可能ではないが市場データによる裏付けのあるインプットもレベル2に含まれる。

③ **レベル3のインプット** 優先順位の高い観察可能なインプット（レベル1，2）だけでは公正価値が算定できない場合，**企業自身が持つ（観察可能ではない）データを基礎とするレベル3のインプット**が利用される。例えば，予想将来キャッシュフローを割り引く手法（インカムアプローチ）によって非上場株式の公正価値を算定する場合，対象企業の予想成長率など観察不能なインプットはレベル3に区分されると考えられる。なお，レベル3のインプットを利用する場合でも公正価値の定義自体は不変であるため，市場参加者が用いるであろう合理的な仮定を反映しなければならない。

(2) 公正価値ヒエラルキー

算定された公正価値についても，利用したインプットのレベルに応じてレベル1〜3に区分される。例えば，レベル2のインプットを利用して算定された公正価値はレベル2の公正価値と呼ばれる。また，レベルの異なる複数のインプットを用いた場合，公正価値は低い方のレベルに区分される。したがって，レベル2と3のインプットによって算定された公正価値は，レベ

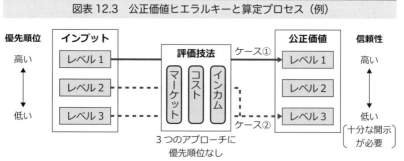

図表12.3　公正価値ヒエラルキーと算定プロセス（例）

ケース①：レベル1のインプット（例：上場企業の株価）を調整なしで利用
ケース②：レベル2とレベル3のインプット（いずれも重要）を利用した評価技法で算定

3の利用に重要性がない場合を除いてレベル3に区分される。

このようにIFRS第13号は「インプット」と「インプットを使って算定された公正価値」を3つのレベルに階層化する「公正価値ヒエラルキー」という考え方を採用している（図表12.3）。

12.1.5 負債の公正価値（IFRS13.34-44）

負債の公正価値は「**市場参加者間の秩序ある取引において，負債を移転するために支払うであろう価格**」と定められている。市場での取引を仮定した価格という点では資産と同じであるが，負債を移転するために支払う価格という考え方が採用されている。

移転（transfer）としてIFRS第13号で想定されているのは，企業Aの負債（例えば借入金）を，信用リスクがAと同程度の企業Bに引き受けてもらい，引き受けたBが元々の契約条件に従って当該借入金の返済をそのまま続けるという状況である。つまり，そうした取引が市場で成立すると仮定した場合に，引受人であるBに対して支払われるであろう価格が「負債の公正価値」とされている。

しかし，現実には移転（返済義務の引き受け）を前提とした市場は存在しないことが多いため，そうしたケースでは，企業Aの負債（借入金）の公正価値として，当該負債に対応する資産（Aに対する貸付金）の公正価値を算定することが求められている。つまり，対応する資産を保有する側の立場から，観察可能な相場価格や評価技法を用いて公正価値を算定することが想定されている（図表12.4の①）。

通常は「借入金と貸付金」，「負債としての社債と資産（有価証券）としての社債」のように，企業の負債には対応する資産を持つ別の企業が存在する。しかし，設備を解体する資産除去債務のように対応する資産を持つ企業が存在しない場合には同様の考え方を採用できない。そうしたケースにおいては，当該義務の履行に必要と考えられるキャッシュアウトフローの現在価値などによって負債の公正価値を見積もること，いわば負債としての価値を直接的に推計することが求められる（図表12.4の②）。

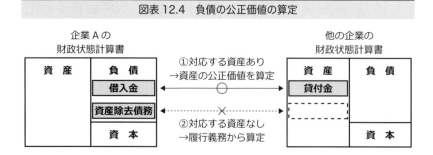

図表 12.4 負債の公正価値の算定

12.1.6 開 示（IFRS13.91）

IFRS 第 13 号は公正価値に関する開示について，財務諸表の利用者が以下の 2 点を評価するうえで役立つ情報を開示しなければならないと定めている。2 点目は，レベル 3 の公正価値は不確実性が高く主観的になりやすいことを踏まえたものである。

> ① 当初認識後に公正価値で測定される資産及び負債に用いた評価技法及びインプット
> ② 重要なレベル 3 のインプットを用いた経常的な公正価値測定が当期の純損益やその他の包括利益に与える影響

12.2 外貨換算

IAS 第 21 号「外国為替レート変動の影響」は，国際的な活動を行う企業が，①外国通貨で契約されている外貨建取引をどのように会計処理すべきか（**外貨建取引の換算**），②外国通貨をベースに作成された海外子会社などの財務諸表をどのように換算すべきか（**表示通貨への換算**），という 2 つの論点についてルールを定めている。

以下では，まず IAS 第 21 号を理解するうえで重要な「**機能通貨**」と「**表示**

通貨」という日本基準には明示されていない2つの概念を整理する。

12.2.1 機能通貨と表示通貨（IAS21.8-11）

　機能通貨（functional currency）とは，親会社や子会社といった立場に関係なく個々の企業にとって会計処理のベースとなる通貨であり，「**営業活動を行う主たる経済環境における通貨**」として定義されている（IAS21.8）。したがって，日本での活動がメインであると判断されれば円が機能通貨になるが，日本に所在する企業であっても欧州での活動がメインであればユーロが機能通貨になるケースもある。

　企業の機能通貨を判断する際には，「どの通貨で商品やサービスが販売されているか」，「どの通貨で各種の費用が支払われているか」といった収入，支出両面への影響が勘案される。また，債券や株式の発行など資金調達活動がどの通貨で行われているかも判断材料の一つとなる。

　このほかIAS第21号は**財務諸表が表示されている通貨**を表示通貨（presentation currency）として機能通貨とは別に定義している。表示通貨は所在国の規制によって指定されるケースも想定されるため，（機能通貨と異なる通貨も含めて）企業による任意の選択が認められている。

　このように，ある企業にとっての機能通貨及び表示通貨はその活動や適用される財務報告制度によって様々なパターンが考えられるが，以下では，親会社，子会社といった立場に関係なく企業の所在国の通貨が機能通貨（会計処理のベースとなる通貨）であり，かつ当該通貨で財務諸表を作成していると仮定する。つまり，個別企業のレベルにおいて「所在国の通貨＝機能通貨＝表示通貨」という関係を仮定する（**図表12.5**）。

　なお，日本基準と異なり，IAS第21号は「子会社」や「支店」といった形態の違いに関係なく，ある企業の一部として異なる国または通貨をベースに活動している組織をその企業の「**在外営業活動体**」（foreign operation）として定義し，まとめて会計処理を定めている。

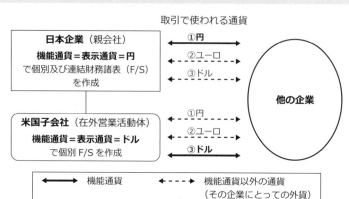

図表 12.5 機能通貨の概念（本講における仮定）

12.2.2 外貨建取引の換算

　IAS 第 21 号は，「外国通貨」つまり「自身の会計処理のベースとなる機能通貨以外の通貨」による外貨建取引を企業が行う場合に，機能通貨を使ってどのように会計処理すべきかを定めている。この外貨建取引の換算に関するルールは，親会社，子会社といった企業の立場に関係なく適用されるため，図表 12.5 でいえば，日本企業も米国子会社も，まず本ルールに従って自身にとっての外貨建取引（点線の取引）を機能通貨（それぞれ円とドル）に換算しながら日々の会計処理を行うことになる。

（1）当初認識時及び決済時の会計処理（IAS21.20-21, 28-29）

　外貨建取引を行った場合，企業は取引日の為替レートで機能通貨に換算して認識する。例えば，機能通貨が円の日本企業が 10 ドルの資産を 1 か月後の後払いで購入した場合，当日のレートが 100 円/ドルであれば 1,000 円（＝ 10 ドル × 100 円/ドル）の資産として記録される（以下，勘定科目は簡易的なもの）。

　（借方）資産　1,000　　（貸方）未払金　1,000

　また，当初認識時から決済時までの為替レートの変動によって債権債務に為替差額（exchange difference）が生じた場合は，決済時の純損益として認識される。例えば，上記取引において取引日から円高が進んで決済日のレートが 90 円/ドルになっていれば 100 円の為替差額（差益）が純損益として計上

される（取引日と決済日は同じ会計期間内と仮定）。

| （借方）未払金 | 1,000 | （貸方）現　金 | 900 |
| | | 為替差益 | 100 |

（2）期末の会計処理（IAS21.23, 28-30）

　企業は外貨建取引を取引時点ですべて機能通貨に換算して記録しているが，期末において資産または負債として計上されている外貨建項目（外貨建てで購入した資産や未決済の債権債務など）がある場合には換算替えが求められる。換算替えに使用するレート及び換算差額（為替差額）の扱いは，**対象となる項目が貨幣性か非貨幣性か，また，非貨幣性項目であれば取得原価，公正価値のいずれで評価されているかによって異なる**（図表 12.6）。

　貨幣性項目（monetary item）には，現金のほか一定の金額を受け取る権利または支払う義務である売掛金や借入金などの債権債務が該当する。外貨建ての貨幣性項目は決算日レートで換算替えが行われ，為替差額は純損益として認識される。

　一方，棚卸資産，有形固定資産などの**非貨幣性項目**のうち取得原価で測定されているものについては引き続き取得日のレートが適用されるため，為替差額の処理の問題は生じない。ただし，非貨幣性項目であっても公正価値で測定されているものについては，公正価値測定日のレートが適用され，為替差額は対象項目の会計処理に合わせて純損益またはその他の包括利益として処理される。例えば，評価損益を純損益に計上する「公正価値モデル」が適用されている投資不動産であれば公正価値測定日のレートで評価替えが行われ，為替差額も純損益に計上される。

図表 12.6　換算レートと換算差額の扱い

項目の種類		換算レート	換算差額（為替差額）の原則的な扱い
貨幣性項目		決算日（期末日）レート	純損益
非貨幣性項目			
	取得原価	取引日レート	－
	公正価値	公正価値測定日のレート	純損益またはその他の包括利益 ・対象項目の損益の扱いと同様

12.2.3 表示通貨への換算（IAS21.38-40, 44）

IAS 第 21 号は上述の外貨建取引の換算のほかに，個別企業が機能通貨をベースに一旦作成した財務諸表を別の表示通貨に換算する方法を定めている。この機能通貨から表示通貨への換算は，「**収益と費用は取引日レート（期中の平均レートも容認）**」，「**資産と負債は決算日レート**」で行われ，結果として生じた為替差額はその他の包括利益として計上される（図表 12.7：数値例については末尾の練習問題を参照）。

例えば前掲図表 12.5 の親子関係を前提にすると，親会社である日本企業が連結財務諸表（円表示）を作成するためには米国子会社が作成したドルベ

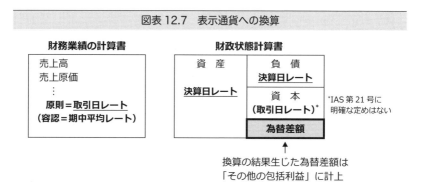

図表 12.7 表示通貨への換算

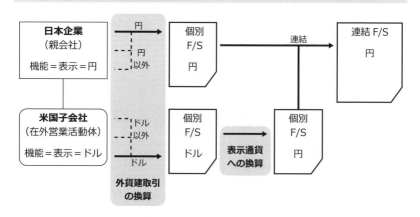

図表 12.8 海外子会社の連結プロセスと IAS 第 21 号の関連規定の関係

ースの個別財務諸表を円に換算する必要がある。この場面で表示通貨への換算に関するルールは適用される。したがって，海外子会社の連結プロセスにおける IAS 第 21 号の「外貨建取引の換算」と「表示通貨への換算」の位置づけは図表 12.8 のように整理することができる。

❖ **コラム 12.2　在外営業活動体に対する純投資のヘッジ** ──────

　連結に際して在外営業活動体（海外子会社など）の財務諸表を親会社の表示通貨に換算する際に生じる為替差額は，上述のとおり IAS 第 21 号に従ってその他の包括利益に計上される（前掲図表 12.7）。しかし，例えば日本企業が米国子会社への出資について，円高によって円ベースの金額が目減りしてしまう為替リスク

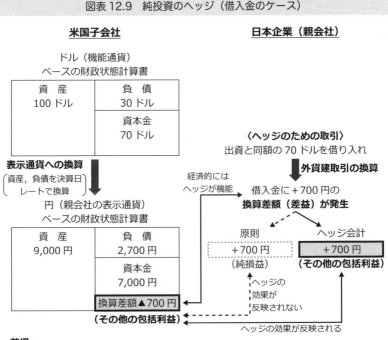

図表 12.9　純投資のヘッジ（借入金のケース）

前提：
①期首に日本企業は70ドルを出資して米国子会社を設立。同時に，為替リスクをヘッジするために外部から同額のドルを借り入れ。なお，米国子会社の当期の損益項目から換算差額は生じないと仮定。
②期首，期末の為替レートはそれぞれ100円/ドル，90円/ドル。

のヘッジのために為替予約やドル建ての借入を行う場合，これらのヘッジ手段に対して原則的な会計処理（IFRS第9号やIAS第21号）を適用すると，経済的にはヘッジが有効に機能していても為替予約（デリバティブ）の公正価値変動や借入金の為替差額は親会社の純損益に計上されてしまう。

　この問題に対応するのがIFRS第9号の「在外営業活動体に対する純投資のヘッジ」であり（**第11講**を参照），ヘッジ会計が適用される場合，ヘッジ手段に生じた損益は例外的にその他の包括利益で認識される（**図表12.9**）。

●練習問題●

□ **12.1**　次のそれぞれの内容について，正しいものには〇を，誤っているものには×を付けなさい。

(1)　IFRS第13号「公正価値測定」が公表されたことを受けて，公正価値測定の対象範囲は拡大した。

(2)　いわゆる「投げ売り」に該当するような売却は，秩序ある取引とはいえない。

(3)　公正価値ヒエラルキーは，公正価値の算定のために一般的に用いられる3つの評価技法について優先順位を定めている。

(4)　IAS第21号は，異なる国あるいは通貨をベースに活動している在外営業活動体について，「子会社」や「支店」といった形態の違いを区別していない。

□ **12.2**　レベル3のインプットを使って算定された公正価値について，IFRS第13号が相対的に多くの開示を求めている理由を答えなさい。

□ **12.3**　当期首に設立した米国子会社Xの機能通貨（ドル）で作成された以下の財務諸表を，親会社（日本企業）の表示通貨である円に換算しなさい。

機能通貨（ドル）で作成されたXの財務諸表

	ドル			ドル		ドル
売上高	200		資　産	110	負　債	30
売上原価	150				資本金	70
その他	40				剰余金	10
当期利益	10					

〈前提となる為替レート〉

・設立時（期首時点）のレート（HR）：100円／ドル

- 期中平均レート（AR）：105円/ドル（本問では収益・費用をARで換算）
- 決算日レート（CR）：110円/ドル

第13講

企業結合

● 学習のポイント

　企業の成長は，オーガニックグロース（自社の技術・ノウハウ・人材などの経営資源で会社の成長を成し遂げること）と外部の経営資源を取り込むM&A（Mergers and Acquisitions：合併や買収）によるグロースがあり，特に最近では，成長を加速するための戦略として，M&Aの実行が増えている。

　このM&Aの会計を取り扱う会計基準が，IFRS第3号「企業結合」である。M&Aは，第三者間取引において，相手方企業の株式の過半数の取得，株式交換，株式移転，合併，会社分割，株式交付などの手法で行われるが，会計上はこれらの法形式にかかわらず，経済実態に基づき，統一的なルールで会計処理がなされることになる。

　本講では，第三者間で支配を獲得する企業結合（すなわち，共同支配の取り決めと共通支配下の企業結合を除く）が実施されたときの取得法の会計処理を中心に学ぶ。

● キーワード

企業結合，事業，取得企業，被取得企業，支配，取得，取得法，取得日，
移転された対価，条件付対価，公正価値，のれん（goodwill），
取得した識別可能な資産，引き受けた負債，非支配持分，全部のれん，
購入のれん，割安購入益，測定期間，取得関連コスト，
共通支配下の企業または事業の結合

●検討する会計基準

IFRS 第 3 号	「企業結合」
IFRS 第 10 号	「連結財務諸表」
IAS 第 38 号	「無形資産」
IAS 第 37 号	「引当金, 偶発債務及び偶発資産」
IFRS 第 13 号	「公正価値測定」

13.1 IFRS 第 3 号「企業結合」の適用範囲

　IFRS 第 3 号は企業結合の定義を満たす取引またはその他の事象に適用される。ここで企業結合とは, 取得企業 (被取得企業に対する支配を獲得する企業, すなわち買収者) が 1 つまたは複数の事業に対する支配を獲得する取引またはその他の事象をいう。企業結合の語感からは企業同士の統合が想定されるかもしれないが, 本来は「事業」に対する支配の獲得となる。また企業結合の定義に「支配」が含まれていることから, (単独で) 支配を獲得しない共同支配の取り決めや, 既に支配を獲得している企業集団内の組織再編 (親会社と子会社, 子会社同士の統合など共通支配下の企業結合) については, IFRS 第 3 号は適用されない。

　そして事業とは, 顧客への財またはサービスの提供, 投資収益 (配当または利息など) の生成あるいは通常の活動からの他の収益の生成の目的で実施し管理することができる, 活動と資産の統合された組合せをいう。なお, 事業に該当しない資産グループの取得については, IFRS 第 3 号は適用されない。取得企業が事業を取得する場合にのみのれんが認識される。

214　第13講　企業結合

13.2　取得法の概要

　IFRS第3号は，**取得法**を適用して各企業統合を会計処理することを求めている（IFRS3.4, 5）。

　取得法の会計処理は，概ね次のステップから構成されている。

①	取得企業の識別
②	取得日の決定
③	移転された対価
④	識別可能な取得した資産，引き受けた負債の認識及び測定
⑤	非支配持分の認識及び測定
⑥	のれんまたは割安購入益の認識及び測定

図表13.1　取得法の会計処理のイメージ

借方項目	本講節番号	貸方項目	本講節番号
取得資産[2]　（公正価値）	13.6	引受負債[2]　（公正価値）	13.6
		非支配持分[3]（公正価値）	13.7
		移転対価[1]　（公正価値）	13.5
のれん[4]　（差額）	13.8		

[1]　取得日の公正価値で測定する。これには条件付対価も含まれる。また段階的に達成される企業結合の場合の既存投資額も取得日の公正価値で測定する。

[2]　取得日時点で「財務報告に関する概念フレームワーク」を満たす資産・負債を認識し，取得日の公正価値で測定する。

[3]　取得日の公正価値を基礎として測定されるが，企業結合ごとに全部のれんアプローチと購入のれんアプローチの選択ができる。

[4]　貸借差額として算定される。なお，貸方差額は割安購入益となる。

13.3 取得企業の識別

(1) 概　要

　取得法は，企業結合を取得企業の観点から会計処理を行うことになるため，企業結合の会計処理を行うにあたり，**最初に結合当事企業のいずれか1つを取得企業として識別する**ことになる（IFRS3.6）。取得企業とは，被取得企業に対する支配を獲得する企業をいう。ここで**支配の定義及び要件については，IFRS第10号のガイダンスを参照する**ことになる（第14講参照）。

　大半の企業結合では，結合企業のどちらが支配を獲得しているのかが明らかであるが，取得企業を明確に識別できない場合には，**(2)**で記載する要因を検討する（IFRS3.B13）。これらの要因には優先関係はなく，あくまで企業結合ごとに総合的に判断されることになる。

(2) 追加の検討要因

　①　対価が現金等の場合　　現金またはその他の資産を移転するかまたは負債を引き受けることになる企業が通常は取得企業となる（IFRS3.B14）。

　②　対価が株式の場合　　資本持分（株式）の交換によって達成される企業結合の場合には，通常，株式を交付する企業が取得企業となる。ただし，逆取得（株式を交付した企業（合併であれば存続会社，株式交換の場合であれば完全親会社）が会計上の被取得企業となる企業結合）もあり得るため，他の要因も考慮する。取得企業となる可能性が高いとされている企業の例は，以下のとおりである（IFRS3.B15）。

・結合後企業における相対的な議決権を最も多く保有する企業
・重要な議決権を有する企業が不在の場合は，最も大きい割合の議決権（重大な少数議決権）を有する企業
・結合後企業の統治機関の構成員の過半数を選出，任命または解任することができる企業
・結合後企業の経営を支配する経営者（上級経営者）を輩出している企業

216　第13講　企業結合

・他の企業の企業結合前の資本持分の公正価値を超えて，プレミアムを支
　払っている企業

　③　その他の考慮事項　　以下の状況についても考慮する（IFRS3.B16-
18）。取得企業となる可能性が高いとされている企業の例は，以下のとおり
である。

・相対的規模（例えば資産，収益または利益）が，著しく大きい企業
・3社以上の企業結合では，企業結合を主導した企業
・新設会社を設立する企業結合（例えば株式移転）では，企業結合前に存在
　していた結合企業のうちの1つを，上記要因に照らして取得企業として
　識別する。

設例13-1　取得企業の識別

〈前提〉
・A社はB社を吸収合併する（合併対価はA社株式）。
・合併後のA社の相対的な議決権比率（多数の株主を1つの束と考える）は，
　旧A社株主55％，旧B社株主が45％である
・旧A社株主は個人株主が大半であるが，旧B社株主にはオーナー経営者
　が存在し，単独で合併後のA社の議決権の35％を保有する。
▶取得企業はA社か，それともB社か。

〈考え方〉
　資本持分（株式）が交付される企業結合の場合には，通常，株式を交付す
る企業（A社）が取得企業となる。また相対的な議決権比率を踏まえると取
得企業はA社となるが，最も大きい割合の議決権の保有者を踏まえるとB社
が取得企業として識別される可能性もある。このため取得企業を識別するに
は，さらに合併後のA社の取締役会の構成，合併前のA社とB社の相対的な
規模などを検討し，総合的に判断することになる。

13.4 取得日の決定

　取得日は，取得企業が被取得企業に対する支配を獲得した日である（IFRS3.8）。当該日は，通常，取得企業が法的に対価を移転し，被取得企業の資産を取得し負債を引き受けた日（クロージング日）となる（IFRS3.9）。合併や株式交換の場合には，通常，その効力発生日が該当する。

13.5 移転された対価

(1) 移転された対価の測定

　企業結合で**移転された対価**は，取得企業が移転した資産，取得企業に発生した被取得企業の旧所有者に対する負債及び取得企業が発行した株式（資本持分）の取得日公正価値で測定されたものの合計額として算定される（IFRS3.37）。

　移転された対価の形態としては，現金，その他の資産，取得企業の事業または子会社，条件付対価，資本性金融商品，オプション等が挙げられる。

　移転された対価には，取得企業の非貨幣性資産または事業など取得日時点の公正価値とは異なる帳簿価額を持つ取得企業の資産または負債が含まれる場合がある。これらについても，原則として**取得日の公正価値で測定される**ため，取得企業はこれらの資産または負債を取得日時点の公正価値で再測定し，その差額を純損益で認識する（IFRS3.38）。

　ただし，移転された資産または負債が旧所有者ではなく被取得企業に移転され，取得企業がその支配を保持する場合がある（例えば，A社が相対的に規模の小さいB社に事業を移転し，A社が対価としてB社株式を受領した結果，B社を子会社化するような会社分割）。この場合には，取得企業は移転した資産及び負債に対する支配を依然として保持しているため，取得日直前の帳簿価

218 第13講 企業結合

額で測定することになる（IFRS3.38）。

（2）条件付対価

企業結合契約には，特定の将来事象が発生した場合や条件が満たされた場合（将来の一定期間における具体的な利益水準の達成など）に，被取得企業の旧所有者に対し，取得企業が追加的な現金や株式を移転する義務を負い，あるいは特定の条件が満たされなかった場合に，以前に移転した対価の返還を受ける権利を取得企業に与えるものがある。このような対価を**条件付対価**という（IFRS3. 付録A）。

この条件付対価も，取得企業は移転された対価として，**取得日の公正価値で測定する**（IFRS3.39）。したがって，取得日の公正価値には追加的な資産の移転の可能性等が反映されることになる。なお，取得日から1年以内においては条件付対価の公正価値は「暫定的な金額」で報告されることもある（本講13.9節参照）。

13.6　識別可能な取得した資産，引き受けた負債の認識及び測定

13.6.1　認識原則

取得企業は，取得日時点において，のれんとは区別して，**取得した識別可能な資産，引き受けた負債及び被取得企業のすべての非支配持分を認識する**（IFRS3.10）。

取得した識別可能な資産及び引き受けた負債を認識するためには，次の要件を満たさなければならない。

(a) 取得日時点で，「財務報告に関する概念フレームワーク」における資産と負債の定義を満たすこと（IFRS3.11）。

(b) 取得した識別可能な資産及び引き受けた負債は，取得企業及び被取得企業（または旧所有者）が企業結合取引で交換したものの一部であること（IFRS3.12）。

この結果，被取得企業が以前の財務諸表において資産及び負債として認識していなかった資産及び負債が認識される場合がある（例えば，取得企業は，ブランド名，特許または顧客関係などの識別可能な無形資産を認識する）。他方で，被取得企業の従業員を解雇する計画を実行するために，取得企業が将来に発生すると予想しているが発生させる義務のないコストは，取得日時点の負債ではないため，取得企業はそれらのコストを取得法の適用の一部として認識しない。

ここでは，実務上，重要な論点となる無形資産の認識について記載する。なお，(b)については，本講**13.10**節で記載する。

● 無形資産

企業結合により取得したすべての識別可能な無形資産は，のれんと区別して認識する（IFRS3.B31）。無形資産は，次のいずれかの条件を満たす場合に識別可能となる（IFRS3.B31，IAS38.12）。

・契約またはその他の法的権利から生じていること（**契約法律規準**）

　（例）商標権，特許権，ライセンス契約

・分離可能であること（**分離可能性規準**）

　（例）取得した無形資産を個別に，または関連する契約，識別可能資産または負債とともに，被取得企業から分離または分割して，売却，譲渡，ライセンス供与，賃貸または交換することができるものをいう（IFRS3.B32）。

IAS第38号では，企業結合において取得した識別可能な無形資産は，無形資産の認識規準（将来の経済的便益の流入可能性が高く，かつ，当該無形資産の取得原価を信頼性をもって測定することができる（IAS38.21））は常に満たされているものとみなされている（IAS38.33）。

無形資産の識別，認識及び測定は，評価専門家が関与することも多く，取得法の会計処理において相当な時間が必要となることがある。また取得日から1年以内においては「暫定的な金額」で報告される場合も多い（本講**13.9**節参照）。

220 第13講 企業結合

13.6.2 測定原則

　取得企業は，取得した識別可能な資産及び引き受けた負債を，取得日の公正価値で測定する（IFRS3.18）。公正価値とは，測定日時点で市場参加者間の秩序ある取引において資産を売却するために受け取るであろう価格または負債を移転するために支払うであろう価格である（IFRS13，第12講参照）。公正価値は，取得企業や被取得企業といった取引当事者ではなく，市場参加者の目線で測定されることに留意する必要がある。

13.6.3 認識原則または測定原則に対する例外

　IFRS第3号では，以下のように認識及び測定の原則に関する限定的な例外を設けている。ここでは，偶発債務について記載する。

● 偶発債務

　IFRS第3号では，偶発債務が過去の事象に起因する「現在の債務」であって，その公正価値が信頼性をもって測定できる場合には，経済的便益を含む資源の流出可能性が高くない場合であっても，取得法の適用上，負債として認識する（IFRS3.23）。当該偶発債務は，負債の定義を満たしており，公正価値に影響を与えるためである。

　なお，IAS第37号「引当金，偶発債務及び偶発資産」では，「現在の債務」であっても，義務決済のために経済的便益を含む資源の流出可能性が高くないものは負債計上できない（IAS37.13(b)，第8講参照）。このように通常とは異なる会計処理を行うため，企業結合後の会計処理において，特別な手当を

図表13.2　認識原則または測定原則に対する例外

区　分	項　目
認識原則に対する例外	・偶発債務，偶発資産
測定原則に対する例外	・繰延税金資産・負債及び税金の不確実性 ・従業員給付 ・補償資産
認識原則及び測定原則の両方に対する例外	・再取得した権利 ・株式報酬 ・売却目的で保有する資産 ・被取得企業が借手であるリース

13.7 非支配持分の認識と測定　221

行っている（本講 13.12 節参照）。

13.7　非支配持分の認識と測定

　被取得企業の持分の 100％未満を取得して子会社とした場合，取得企業は，
非支配持分（子会社に対する持分のうち，親会社に直接または間接に帰属し
ないもの）を，企業結合ごとに，次のいずれかで測定する（IFRS3.19）。この
選択は，本講 13.8 節ののれんの認識に関するアプローチにつながることに
なる。

(1) 公正価値（全部のれんアプローチ）

　非支配持分を含めた被取得企業全体を公正価値により測定し，のれんや割
安購入益は非支配持分に帰属する部分も含めて認識することになる。

**(2) 被取得企業の識別可能純資産の認識金額に対する現在の所有権金融
　　　商品の比例的な取り分（購入のれんアプローチ）**

　取得した支配持分に関連したのれんや割安購入益のみを認識することにな
る。

| 設例13-2 | 非支配持分の測定方法とのれんの計上額 |

〈前提〉
・P 社は，S 社持分の 80％を 800 で取得した。
・S 社の識別可能な資産の公正価値 600 である（負債はゼロとする）。
・S 社の残りの 20％持分の公正価値は，専門家の評価によると 180 であ
　る。

〈全部のれんアプローチを採用した場合〉

　P 社の連結財務諸表上，S 社の識別可能資産の公正価値 600 と非支配持分
の公正価値 180 を認識する。その結果，P 社の連結財務諸表上，のれんが 380
計上される。

222 第13講 企業結合

（借）諸資産	600	（貸）非支配持分	180
		現　金	800
のれん	380		

〈購入のれんアプローチを採用した場合〉

　P社の連結財務諸表上，S社の識別可能資産の公正価値800と非支配持分の比例的持分160（＝800×20％）を認識する。その結果，P社の連結財務諸表上，のれんが320計上される。

| （借）諸資産 | 600 | （貸）非支配持分 | 120 |
| のれん | 320 | 現　金 | 800 |

13.8　のれんまたは割安購入益の認識及び測定

13.8.1　のれんの認識及び測定

　のれんまたは割安購入益は，貸借差額として測定し，取得日に認識する（IFRS3.32, BC312）。取得企業は，次の(a)が(b)を超過する額としてのれんを測定し，(b)が(a)を超過する場合を割安購入益として認識する。

(a)　次の総計
　(i)　移転された対価（通常，取得日公正価値で測定される）
　(ii)　被取得企業のすべての非支配持分の金額（全部のれんアプローチまたは購入のれんアプローチにより測定される）
　(iii)　段階的に達成される企業結合の場合には，取得企業が従来保有していた被取得企業の資本持分の取得日公正価値
(b)　取得した識別可能な資産及び引き受けた負債の取得日における正味の金額（原則として，取得日の公正価値で測定される）

　上記のように，資産として計上されるのれんは常に「差額」として算定されるが，**資産の要件を満たすのれんには，以下の2つの構成要素が含まれる。**

①　被取得企業の既存の事業における継続企業要素の公正価値

② 取得企業と被取得企業の純資産及び事業を結合することにより期待される相乗効果及びその他の便益の公正価値

　これらはのれんの本質的な価値であり，「コアのれん」といわれることがある（IFRS3.BC313，BC316参照）。

　取得企業は，企業結合で取得したのれんを償却せず，取得原価から減損損失累計額を控除した金額で計上する。そして，IAS第36号「資産の減損」に従い，**減損テストを，毎期，または減損の兆候がある場合にはより頻繁に実施する**（IFRS3.B63(a)，IAS36.90。第7講参照）。

❖ コラム13.1　IASBにおけるのれんの会計処理に関する検討状況 ─────
　IASBは，2024年3月，公開草案「企業結合─開示，のれん及び減損」（IFRS3及びIAS36の修正案）を公表した。
　公開草案の概要は，次のとおりである。

IFRS第3号の修正提案
①開示目的の追加

　・企業結合の対価の合意に際して企業結合から期待している便益
　・戦略的な企業結合について，企業結合から期待している便益がどの程度まで獲得されつつあるか
②開示要求の追加*
　ア　企業結合の業績に関する情報
　　　戦略的な企業結合について，経営幹部によりレビューされている主要目的及び関連する目標，それがどの程度満たされつつあるか
　イ　期待されるシナジーに関する定量的情報
　　　期待されるシナジーの各区分（例：収益シナジー，原価シナジー，他の各種シナジー）について，期待されるシナジーの金額，シナジーを達成するためのコスト，シナジーからの便益が開始すると見込まれる時期及び持続期間の見込み
③既存の開示要求の変更

IAS第36号の修正提案
①のれんのCGUへの配分の明確化

　　のれんが配分される資金生成単位（グループ）（Cash Generatig Unit, CGU）

は，のれんに関連した事業を内部でモニタリングしている企業内の最小のレベルとすることの明確化（事業セグメントが最大のレベル）

②のれんを含んだ CGU が含まれる報告セグメントの開示

③使用価値の算定に関する減損テストの変更

・使用価値の計算に含めることが認められるキャッシュフローの制限として，将来のリストラクチャリング及び資産の拡張のキャッシュフローに対する制限があるが，これを削除

・税引前のキャッシュフロー及び税引前の割引率の使用が要求されているが，これを削除

＊企業結合の業績に関する情報及び期待されるシナジーの定量的情報の開示の一部について，商業上の機密がある可能性もあるため，特定の状況において免除することが提案されている。

　一方，IASB は，のれんの事後の会計処理（現行の減損のみのアプローチを維持するか，償却及び減損のアプローチを再導入するか）を検討してきたが，のれんの償却の再導入を正当化する説得力のある論拠はなかったと結論づけ，減損のみのモデルを維持することを提案している。

　なお，減損のみのモデルを維持するという決定に至るにあたり，多くの IASB メンバーは，IFRS 会計基準と米国会計基準（米国財務会計基準審議会（FASB）も，償却モデルの可能性についてプロジェクトを設けて検討していたが，2022 年 6 月に変更しないこととされた）との間のコンバージェンスを維持することの重要性を強調したとされている。

13.8.2　割安購入益の認識及び測定

　割安購入益は，上記 **13.8.1** 項の (b) の金額が (a) で特定された金額の総計を上回る場合のその超過額である。

　取得企業は，割安購入益を認識する前に，取得したすべての資産及び引き受けたすべての負債を正しく識別しているかどうか再検討する（IFRS3.36）。

　次に，取得企業は，次の項目すべてについて，取得日時点で認識を求めている金額を測定するのに用いた手続きをレビューし，これらの測定が，取得日時点のすべての入手可能な情報の考慮を適切に反映していることを確かめる。

(a)	取得した識別可能な資産及び引き受けた負債
(b)	被取得企業の非支配持分
(c)	段階的に達成された企業結合の場合，取得企業が従来保有していた被取得企業の資本持分
(d)	移転された対価

　上記の手続きを実施しても，なお超過額が残る場合には，取得企業は，結果として生じた利得を，取得日において純損益に認識する。

　なお，割安購入益は，強制売却や，特定項目の認識または測定の例外（本講 13.6.3 項参照）など，様々な理由により生じることがある（IFRS3.35）。

13.9 測定期間

　測定期間とは，取得企業が企業結合に関して認識した暫定的な金額を修正することができる取得日後の期間をいう（IFRS3.46）。**測定期間は取得日から1年を超えることができない**（IFRS3.45）。

　IFRS 第 3 号に基づく企業結合の当初の会計処理は，移転された対価の測定，被取得企業の識別可能な取得した資産，引き受けた負債及び非支配持分の認識及び測定など，多くの項目の認識，測定を行うことが求められている。測定期間は，取得日現在のこれらの項目を識別し測定するのに必要な情報を入手するための合理的な時間を与えることを目的としている。

(1) 当初の会計処理の完了前の財務報告

　企業結合が生じた報告期間の末日までに企業結合の当初の会計処理が完了していない場合には，**取得企業は，会計処理が完了していない項目の暫定的な金額を財務諸表上で報告する**（IFRS3.45）。企業結合の当初の会計処理が完了するまで，取得企業は財務諸表において，一定の注記事項が求められる（IFRS3.B67(a)）。

（2）測定期間内における暫定的な金額の修正

測定期間中，取得企業は，取得日時点で存在し，それを知っていたならば取得日時点で認識した金額の測定に影響したであろう事実及び状況を反映するために，取得日時点で認識した暫定的な金額を修正する（IFRS3.45）。

（3）測定期間終了後における修正

測定期間終了後における企業結合の会計処理を修正は，IAS 第 8 号「会計方針，会計上の見積りの変更及び誤謬」に従って誤謬を訂正する場合だけであり，財務諸表の修正再表示として取り扱う（IFRS3.50）。

13.10 何が企業結合取引の一部であるかの判定

取得企業は，取得法を適用するにあたり，被取得企業に関する移転された対価及び被取得企業に関する交換で取得した資産と引き受けた負債のみを会計処理の対象として認識し，被取得企業にとっての交換取引の一部ではない金額を企業結合とは別個の取引として識別し，他の関連する IFRS 基準に従って会計処理しなければならない（IFRS3.51）。

企業結合前に，主として被取得企業（または旧所有者）の便益のためではなく，取得企業により若しくは結合後企業の便益のために実行された取引は，別個の取引である可能性が高く，その取引の例として，以下が挙げられる（IFRS3.52）。

(a) 取得企業と被取得企業の間の以前からの関係を実質的に清算する取引
(b) 将来の勤務に関し，被取得企業の従業員等に報酬を与える取引
(c) 取得企業による取得関連コストの支払に関し，被取得企業または旧所有者に補填する取引

ここで，(c) の**取得関連コスト**とは，企業結合を実行するために取得企業に発生するコストをいい，仲介者手数料，助言，法律，会計，評価，その他の専門家またはコンサルティングの報酬，一般管理費（内部の買収部門の維持コ

ストを含む），負債性証券及び持分証券の登録及び発行のコストなどが含まれる。

13.11　段階的に達成される企業結合

　取得企業による支配の獲得が複数の株式購入等により，段階的に達成される企業結合がある（段階取得と呼ぶこともある）。例えば，A社はB社株式の30％を保有していたが，追加で40％を取得し，B社を70％子会社とした場合である。

　段階的に達成される企業結合においても，通常の方法による取得法が適用される。取得企業は従来保有していた被取得企業に対する資本持分（例えば30％）**を，取得日公正価値で再測定し，のれんの計算に用いる**（IFRS3.32(a)）。これは実質的に，取得日において，支配獲得以前に保有していた被取得企業への投資をすべて処分し，その直後に新たに買い戻すという考えによるものである。そして，それにより利得または損失が生じる場合には，取得企業が以前保有していた持分を直接処分したと仮定した場合に要求される基準（第10講参照）と同じ基準で，純損益またはその他の包括利益に認識する（IFRS3.42）。

13.12　事後（企業結合日後）の測定及び会計処理

　取得企業は，企業結合で取得した資産，引き受けた負債，及び発行した資本性金融商品について，当該項目に適用される他のIFRS基準に従い，事後の会計処理を行うことになる。

　しかし，以下の事項については，別途，事後の測定及び会計処理の指針が示されている（IFRS3.54）。

228 第13講 企業結合

(a) 再取得した権利
(b) 取得日時点で認識された偶発負債
(c) 補償資産
(d) 条件付対価

ここでは，以下の2つの項目について記載する。

(1) 偶発負債

当初認識後に負債が決済，取消し，または消滅となるまでの期間について，取得企業は，企業結合で認識された偶発負債を次のいずれか高い方で測定しなければならない（IFRS3.56）。

(a) IAS 37号に従って認識されるであろう金額
(b) 当初認識した金額*

---

*該当がある場合には，IFRS第15号「顧客との契約から生じる収益」の原則に従って認識した収益の累計額を控除した金額

これは，本講13.6.3項のとおり，当初認識において当該項目に適用されるIFRS基準の認識原則に対する例外を設けたため，事後の会計処理も例外を設けないと一貫性のある会計処理ができないためである。

(2) 条件付対価

取得日後の事象により生じた条件付対価の公正価値の変動（例えば，利益目標の達成，一定の株価への到達または研究開発プロジェクトにおけるマイルストーンへの到達）**について，次のとおり会計処理する**（IFRS3.58）。

(a) 資本に分類されている条件付対価は再測定してはならず，その後の決済は資本の中で会計処理しなければならない。
(b) 他の条件付対価については，
　(i) IFRS第9号「金融商品」の範囲に含まれる条件付対価は，各報告日において公正価値で測定し，公正価値の変動をIFRS第9号に従って純損益に認識する。
　(ii) IFRS第9号の範囲に含まれない条件付対価は，各報告日において

公正価値で測定し，公正価値の変動を純損益に認識する。

　実務上，条件付対価は IFRS 第 9 号が適用される金融負債に該当するものが多く，この場合には(b)(i)に従って会計処理されることになる。

13.13　開　示

　取得企業は，当報告期間中及び報告期間の末日後，財務諸表の発行が承認される前までの期間に生じた企業結合の内容及び財務上の影響を，財務諸表の利用者が評価できるようにする情報を開示する（IFRS3.59）。また，取得企業は，報告期間中または以前の報告期間中に発生した企業結合に関連する，当報告期間に認識された修正の財務上の影響を，財務諸表の利用者が評価できるようにする情報を開示する（IFRS3.61）。

　これらの目的を達成するため，具体的には取得企業は**図表 13.3** の情報を開示する。

230　第13講　企業結合

図表 13.3　取得企業による開示情報

区　分	開示項目
全般的事項 （IFRS3.B64 (a)–(d)）	・被取得企業の名称及び説明 ・取得日 ・取得した議決権比率 ・企業結合の主な理由等
移転対価 （IFRS3.B64 (f)）	・移転対価の合計の取得日公正価値 ・対価の主要な種類ごとの取得日公正価値
条件付対価契約 補償資産 （IFRS3.B64 (g)）	・取得日時点で認識した金額 ・契約の説明及び支払金額の算定基礎 ・結果の範囲の見積り（割引前） ・範囲を見積ることができない場合には，その旨及び理由 ・支払の上限額が設けられていない場合には，その旨
取得した資産 引き受けた負債 （IFRS3,B64 (h)–(j)）	取得した債権に関して，債権の主要なクラスごと（貸付金，直接ファイナンス・ リース，及びその他の種類の債権等）に ・当該債権の公正価値 ・契約上の未収金額の総額 ・回収が見込まれない契約上のキャッシュフローの最善の見積り 取得した資産及び引き受けた負債の主要な種類ごとに， ・取得日時点で認識した金額 偶発負債のそれぞれに関して， ・IAS第37号で要求される情報
のれん （IFRS3.B64 (e)(k)）	・のれんを構成する要因 （被取得企業と取得企業の営業活動の統合により期待されるシナジー，個別認識 の要件を満たさない無形資産またはその他の要因等）の定性的説明 ・税務上損金算入可能と見込まれるのれんの総額
割安購入益 （IFRS3.B64 (n)）	・利得の金額及び包括利益計算書の表示科目 ・利得が生じた理由
非支配持分 （IFRS3.B64 (o)）	企業結合のそれぞれに関して ・非支配持分の金額，その測定基礎 公正価値で測定した非支配持分のそれぞれについて ・評価技法及び重大なインプット
段階取得 （IFRS3.B64 (p)）	・取得日直前に保有していた被取得企業の資本持分の取得日公正価値 ・再測定した結果として認識した利得または損失の金額，包括利益計算書の表示 科目
企業結合を構成しない取引 （IFRS3.B64 (l)）	・各取引の説明 ・取得企業の会計処理 ・各取引で認識された金額及び財務諸表の表示科目 ・取引が以前からの関係の実質的な清算である場合には，決済金額を決定するた めに用いられた方法
被取得企業に関する損益情報 （IFRS3.B64 (q)）	・当報告期間に関する連結包括利益計算書に認識されている取得日以降の被取得 企業の収益及び当期利益の金額 ・当期に発生したすべての企業結合について，取得日が事業年度の期首であった とした場合の結合後企業の当報告期間における収益及び当期利益
暫定的な会計処理 測定期間中の修正 （IFRS3.61,B67）	・当初の会計処理が完了していない理由 ・完了していない資産，負債，資本性金融商品または対価の項目 ・測定期間中の修正の性質，金額

13.13 開 示　231

●練習問題●

□ **13.1**　次のそれぞれの内容について，正しいものには○を，誤っているものには×を付けなさい。

(1)　IFRS 第 3 号は，第三者間の企業結合である「取得」のほか，グループ内の組織再編である「共通支配下の企業結合」の会計処理も定めている。

(2)　A 社は，B 社を買収した。買収前の B 社の財務諸表には，製品 X に関する特許権が 100 計上されていた。買収時の A 社の連結財務諸表では，同じ X に関する特許権を 900，買収前の B 社の財務諸表には計上されていない製品 Y に関する特許権を 300，連結貸借対照表に計上したが，その金額が公正価値である限り，問題はない。

(3)　IFRS 第 3 号では，非支配持分を公正価値で測定することも被取得企業の識別可能資産・負債の純額の比例持分として測定することも認めており，結果として，のれんの金額も異なることになる。

(4)　IFRS 第 3 号では，被取得企業から資産・負債を，原則として公正価値で受け入れることを求めており，その評価に時間を要することから，取得日から 1 年以内であれば，たとえその間に本決算があっても，暫定的な金額での財務諸表の作成を許容している。

□ **13.2**　会計上，資産として計上されるのれんは常に「差額」として算定されるが，その本質的な資産価値（構成要素）としては何が考えられるか。代表的な要素を 2 つ挙げなさい。

□ **13.3**　次の情報をもとに，IFRS 第 3 号に従い，のれんの金額を算定しなさい。

・A 社は第三者である B 社を株式交換により完全子会社とした。取得企業は A 社である。

・A 社は株式交換にあたり，自己株式を交付した。交付した自己株式の簿価は 400，公正価値は 800 である。

・B 社の買収前の財務諸表に計上されていた資産は 500（のれん 300 を含む），負債は 200 である。のれんを除き，資産の公正価値は簿価と同額である。

・A 社は，B 社の顧客の獲得を主要目的としており，顧客リストを 200 で無形資産計上した（B 社の財務諸表には計上されていない）。

・B 社は訴訟を抱えており，その公正価値は 50 と見積もられた（B 社では負債計上されていない）。

第 **14** 講
連結財務諸表と持分法

● 学習のポイント

現在の上場企業は，複数の事業を色々な国で営んでいるため，事業や国ごとに子会社または関連会社という形態で，上場企業単体とは別の事業体に投資して事業を運営することが多い。

投資先の子会社財務諸表を取り込む形で作成される連結財務諸表の会計基準は，IFRS 第 10 号「連結財務諸表」において定められている。また，子会社ではなく，関連会社やジョイントベンチャーの業績を取り込む方法については，IFRS 第 11号「共同支配の取決め」及び IAS 第 28 号「持分法及び関連会社に対する投資」において定められている。本講ではこのような企業集団に関する会計処理の取扱いについて，グループ会計と呼ぶこととする。

いわゆる子会社化・M&A については，第 13 講の企業結合で扱っており，本講では，連結の範囲や，企業集団に属する子会社や関連会社の財務諸表を，連結決算に反映する具体的な決算手続き・会計処理を中心に学ぶ。

● キーワード

支配，影響力，共同支配，持分法

● 検討する会計基準

IFRS 第 10 号	「連結財務諸表」
IFRS 第 11 号	「共同支配の取決め」
IFRS 第 12 号	「他の企業への関与の開示」
IAS 第 28 号	「関連会社及び共同支配企業に対する投資」

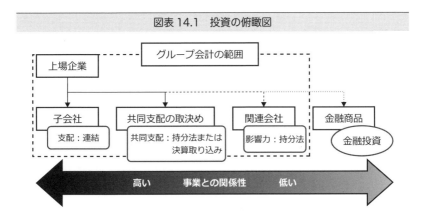

図表 14.1 投資の俯瞰図

企業の投資は図表 14.1 のようにいくつかに分類される。親会社が投資先として子会社として支配している場合，**連結財務諸表**を作成する。**関連会社は持分法，共同支配の取決めは持分法**（共同支配企業の場合）または決算数値の取り込み（主に共同支配事業の場合）を行う。一方，金融商品への投資の場合には，第 11 講の金融商品の会計基準に従う。ただし，事業と関係性が高い金融投資や，逆に事業と関係性の低い関連会社もあることには留意が必要である。

連結財務諸表とは

親会社及びその子会社の資産，負債，収益，費用及びキャッシュフローを単一の経済的実体のものとして表示する企業集団の財務諸表である（IFRS 10. 付録 A）。単体財務諸表では，幅広く事業展開する企業の実態が利用者には分からないため，連結財務諸表の作成が要求される。

合算・消去などを連結決算手続などといい，上場企業では一般的に連結決算システムとスプレッドシートを活用し，各社の IFRS 財務諸表を合算・消去し，連結固有の仕訳を投入したうえで，表示用の連結財務諸表を作成する。

14.1 連結財務諸表の作成

　IFRS を適用している企業（本講では以下「親会社」とする）が子会社を設立し運営管理する場合，または M&A などによりグループ化した場合，親会社単体財務諸表では**企業集団**（グループ）の財政状態及び経営成績の実態を反映することが難しい。そのため，企業集団の連結財務諸表の作成が必要となる。すなわち，親会社が他の企業を**支配**している場合は，当該他の企業は子会社となる。

　では，支配の定義を見てみよう。

> **支配とは**（IFRS10.6, 7）
>
> 　投資者は，投資先への関与により生じる**変動リターンに対するエクスポージャーまたは権利**を有し，かつ，投資先に対するパワーにより当該リターンに**影響を及ぼす能力**を有している場合には，投資先を支配している。

　この定義だけを読んでもよく理解できない方が多いかもしれない。支配は，IFRS において重要な概念であり，**第4講**の「収益認識」や**第6講**の「リース」においても登場する。要は，他者を排除して，支配対象の権利などを自由に利用することで，支配から生まれる便益を享受したり，逆にリスクを引き受けたりすることを指すものと考えられる。連結財務諸表における支配は，株式などの保有や経営陣の派遣を通じて，子会社の戦略，営業，投融資や資金調達などの主要な意思決定を左右することができる能力を親会社が備えており，かつ，配当などによる利益を享受し，子会社の事業の失敗などのリスクも負担する場合に成立する。このような場合に親子会社の IFRS 財務諸表を合算・消去して連結固有の会計処理を行って作成した連結財務諸表を提供することにより，利用者に有用な情報を提供できるようになる。

　また，ここでいう支配は，実質ベースのものであり，投資先への議決権の保有割合などの形式基準だけで子会社かどうかを判定するわけではない。これについては，次の節で見てみよう。

14.2 子会社の判定（連結の範囲）　235

14.2　子会社の判定（連結の範囲）

　14.1 節の定義に基づき，投資先を支配していることをもって子会社かど
うか判定していくわけだが，100％議決権を保有している完全子会社のよう
なケースはともかく，現在の企業による投資は複雑になっているため単純で
はない。IFRS 第 10 号では，複雑な投資形態の場合に備えて，様々な適用指
針も用意して，実態に即した子会社かどうかの判定ができるようになってい
る。すなわち，支配とは何かについて，定義の中の①パワー，②変動リターン
に対するエクスポージャーまたは権利，③影響を及ぼすためのパワーを用いる能
力などの要件を設定しており，これらに基づいて個別に判定していく。なぜ
この判定が重要かというと，子会社の範囲の決定が，連結財務諸表作成のた
めの重要なポイントになっているからである。例えば，規模の大きな企業に
投資したとして，それが子会社か関連会社か，または金融投資かによって，
連結財務諸表の数値が大きく異なってしまうことになる。

(1) 議決権を主とするパワー（IFRS10.10, B9, B35, B38）

　パワーとは関連性のある活動を指図する現在の能力を与える現在の権利と
定義されている（IFRS10. 付録 A）。具体的には，投資先を指図できる法的な
根拠または経済的実質があるということだろう。

　議決権を過半数保有している場合は，通常パワーは制限なく行使でき支配
を有していると考えられる。これが最も単純で多くのケースは議決権過半数
保有というだけで子会社と判定するケースがほとんどであろう。ただし，過
半数を占めていても，何らかの理由で議決権を行使できないなどの場合は例
外となる。

　一方，議決権が過半数を占めていなくても，契約上の取決めや，過去の少
数株主の行動実績，または株式オプションなどの潜在的議決権の状況によっ
ては，子会社と判定することもある。日本基準と同じく，IFRS は連結の範囲
については支配の判定に基づく実質判断である。なお，日本基準では潜在的

236　第14講　連結財務諸表と持分法

議決権の状況については検討しないことになっている。

設例14-1　多数の少数株主の存在

　ある企業が投資先の48％の議決権を取得している。当該投資先は上場企業で，残りの議決権は，数千人の株主が保有しており，積極的にまたは集団では議決権を行使しない。

　相対的な規模に基づいて，投資者は，48％の持分で支配をしていると判定した。

（IFRS10.B43の設例4を基に短く改変しまとめた。）

設例14-2　潜在的議決権

　ある企業が投資先の30％の議決権を取得している。さらに，当該投資先の株式オプション（権利行使日は1年後）を保有しており，権利行使すると60％の議決権を取得し，筆頭株主となる。

　期末日現在，当該企業の株価が500円であるのに対し，株式オプションの権利行使価格は300円である。経済合理性から考えると，株価がこのまま推移した場合，ある企業にとっては，1年後に株式オプションを行使することが確実である。

　したがって，ある企業は，当該企業を子会社と判定する。

（2）配当や投資価値を主とする変動リターンへのエクスポージャー（IFRS10.15，B9）

　投資を行うと，投資への関与から生じる配当，貸付の金利，企業価値の変動などの正または負のエクスポージャーまたはリスクにさらされる。

（3）パワーと変動リターンの関連（IFRS10.17）

　(2)の変動リターンに影響を及ぼすようにパワーを用いる能力を有している場合に，投資先を支配しているとされている。

（4）金融商品の認識の中止との関係

　連結の範囲は，金融商品の会計とも関連がある。つまり，金融資産の流動化などのために，特別目的会社（いわゆるSPC（Special Purpose Company））など設立し，SPCに金融資産を売却した上で，SPCが独自に資金調達すると

いうことがある。このような場合に，金融商品の認識の中止の要件を満たしているかを判断するため，SPCに対するパワーや変動リターンへのエクスポージャーなどを鑑みて子会社となるかどうかを判定する必要がある。

このようなSPCが，IFRS第12号でいう「非連結の組成された企業」に該当することがある。

14.3 連結手続き（会計処理）

14.3.1 IFRS連結財務諸表の前提

連結財務諸表の作成手続きについて，基本的な進め方はIFRSも日本基準と変わらないものの，会計処理について確認しておこう。

具体的には，親子会社の単体財務諸表をIFRSで作成することが必要になる。また，単体財務諸表の前提として**類似の状況における同様の取引及び他の事象に関し，会計方針を統一する**（IFRS10.19）。これは，例えば，広範囲に事業展開している企業集団があり，同一事業を営んでいるのに，会社ごとに異なる会計方針を採用していては利用者に有用な情報を提供できないということであろう。グローバルに1つの事業を営んでいる企業グループがあり，収益認識の方法が各国でバラバラだったら株主・投資家はどう考えるか想像してみよう。

さらに，在外子会社の財務諸表が外貨建ての場合は，親会社の表示通貨建てに換算する必要がある。これについては，第12講を参照のこと。

また，**実務上不可能な場合は除き連結決算日は原則として親会社と同じ報告日とする**（IFRS10.B92）。ただし，仮決算や3か月の差異が許容されている（IFRS10.B93）。

また，投資先の連結は，**投資者が投資先に対する支配を獲得した日から開始し，投資先に対する支配を喪失した日に終了しなければならない**とされている（IFRS10.20）。

238 第14講 連結財務諸表と持分法

❖ コラム14.1 実務上不可能（IAS8.5）

「企業がある要求事項を適用するためにあらゆる合理的な努力を払った後にも，適用することができない場合には，その要求事項の適用は実務上不可能である。」とされている。

そのため，コストなどを理由にすることが難しい。連結財務諸表作成の場合においても，この規定を利用するためには，何らかの合理的な理由・説明が必要になるだろう。

14.3.2 基本的な会計処理

連結財務諸表作成のための手続きを仕訳を示した設例を用いて解説していく。親子会社のIFRSベースの単純合算表を作成したのちに，①単体財務諸表の修正（必要な場合）と，②投資と資本の消去，③債権債務・取引高の消去及び，④未実現利益の消去などの連結仕訳を連結精算表に投入する。この手続き自体は簿記や日本基準で学習する内容と大きくは変わらない。本講ではごく基本的な事項のみ記述する。

なお，以下の設例の数値は仮のものである。また，設例では，便宜上税効果を省略しているが，本来は，純損益または包括利益に影響する連結調整仕訳があれば，関連する繰延税金も調整する。

① 単体財務諸表の修正 M＆Aなどにより取得した子会社については，取得原価配分手続きを企業結合の際に行い，無形資産等を公正価値で再測定しているため，単体決算との差額を修正する。

S社の株式60％をM&Aにより4,200百万円で期首に取得した。S社の資産・負債を公正価値で測定した。取得原価配分の結果，保有不動産の含み益及びブランド価値などの無形資産が識別された。

（借）有形固定資産	1,000	（貸）評価差額	2,000
無形資産	1,000		

② 投資と資本の消去 親会社による投資と，子会社の資本の相殺を行う。また，関連して少数株主に帰属する純損益やその他の包括利益を，非支配持分に配分する。さらに，子会社から配当がある場合，グループ内取引にすぎないため取り消す。

（例） M&Aの際にコントロールプレミアム相当の600百万円を対価に含め

ている。したがって，S社の公正価値は 6,000 百万円（＝(4,200 − 600)/60%）となる。

　M&A に伴い，識別可能純資産と取得対価及び非支配持分との差額がのれんとなる。なお，ここでは非支配持分も公正価値で測定する全部のれんアプローチとした。

（借）S 社純資産	2,000☆	（貸）現　金☆☆	4,200
評価差額	2,000☆	非支配持分	2,400*
のれん	2,600**		

* (4,200 − 600)/60% × 40%
** 4,200 + 2,400 − 2,600 − 2,000
☆ 識別可能純資産を構成する。
☆☆ S 社株式取得額

　期末になり子会社が 2,000 百万円の純利益を計上したので，非支配持分に損益を負担させる。

| （借）非支配持分損益　800 | （貸）非支配持分　800 |

　期中に子会社が配当 1,000 百万円を支払い，親会社が 600 百万円を受領したため取り消す。

| （借）受取配当金　600 | （貸）配当金　1,000 |
| 非支配持分　400 | |

　③　債権債務・取引高の消去　　グループ間の債権債務と取引高を消去する。

| （借）買掛金　500 | （貸）売掛金　　500 |
| 売上高　3,000 | 売上原価　3,000 |

　④　未実現損益の消去　　グループ間で資産売買があり，グループ外に販売されていない棚卸資産や固定資産があれば，未実現利益を消去する。

| （借）売上原価　300 | （貸）棚卸資産　　300 |
| 非支配持分　120 | 非支配持分損益　120 |

14.3.3　子会社持分変動・連結除外の手続き

　子会社が企業集団に取り込まれたのちに，親会社が子会社への持分（議決権）などを増減させることがある。これらについては，以下のように会計処理する。なお，設例の数値は仮のものであり，(1) と (2) ①，②の間の，ま

240　第14講　連結財務諸表と持分法

た，14.3.2 項との連続性はない。

(1) 子会社への持分を増加させる場合（追加取得）

　子会社のままであるため，資本と非支配持分と間の調整を行う。追加取得からのれんは発生しない。

（例）　既に子会社となっている S 社の株式を 1,000 で追加取得した。非支配持分の借方数値は，追加取得時点での S 社の純資産に持分の移動割合を乗じて算出する。資本剰余金の数値は差額である。

（借）非支配持分	1,500	（貸）現　金	1,000
		資本剰余金	500

(2) 子会社への持分を売却などにより減少させる場合

　① 引続き子会社となる場合は，持分減少による損益は発生させない。非支配持分の数値は（1）と同様に売却時点での S 社の純資産に持分の移動割合を乗じて算出する。S 社株式の数値は，親会社単体決算の移動額である。資本剰余金の数値は差額である。なお，単体財務諸表の子会社株式売却損益を取り消す。

（借）現　金	1,100	（貸）非支配持分	1,000
		資本剰余金	100

　② **子会社ではなくなる場合**　　旧子会社への投資を公正価値で再測定し，旧子会社に関連する，のれんを含む資産・負債と非支配持分の認識の中止を行う。子会社ではなくなっても投資を継続する場合，その公正価値と認識中止額との差額を純損益に認識する。

（借）現　金	2,000	（貸）S 社純資産	2,000
S 社株式	1,000	のれん	2,000
非支配持分	1,000	評価差額	1,000
子会社株式売却損失	1,000		

　ここでは，S 社株式は公正価値で測定された数値であり，その数値が親会社単体の新しい帳簿価額となる。S 社純資産，非支配持分，のれん及び評価差額は売却時点での連結上の帳簿価額で，子会社株式売却損失は差額である[1]。

---

[1] 親会社の単体で認識された子会社売却損益と連結財務諸表で認識される子会社売却損益は，売却簿価が異なるため，当然異なる。そのため，通常は単体財務諸表で認識された額と連結財務諸

支配を喪失しても投資先が関連会社になる場合は，喪失時に投資先への帳簿価額を公正価値で再測定したうえで，持分法を適用する。一方，持分は保持しているものの単なる金融投資になる場合，基本的には IFRS 第9号が適用され金融商品として取扱うことになる。

14.4　投資企業の例外

IFRS には投資企業の例外が設けられている。**投資企業**（Investment Company）は読んで字のごとくで，投資自体が本業という企業で，いわゆるベンチャーキャピタルや投資ファンドなどが該当する。このような企業は，異なる事業を営む企業や事業に投資することを本業としており，リターンは主に配当や売却益で構成される。IFRS では投資企業とは次のすべてに該当する企業とされている。

投資企業の要件
(a)　投資管理サービスを提供する目的で資金調達する。
(b)　キャピタルゲイン・インカムゲインまたはその両方からのリターンを得ることだけが事業目的である。
(c)　投資のほとんどすべての測定及び業績評価を公正価値で行う。

投資企業は，投資先を連結子会社として連結財務諸表を作成する必要はない。その代わり投資先を毎期公正価値で測定し，差額を純損益に認識すればよい。公正価値の測定方法は**第12講**に説明のとおりであるが，こういう投資企業であれば，社内に専門家を抱えて，企業価値評価を定期的に行うことが一般的であろう。

ただし，投資企業がキャピタルゲインやインカムゲイン獲得目的ではなく，事業目的で投資先を保有している場合（例えば，投資企業にサービスを提供す

表で認識すべき額との差額が連結修正仕訳となるはずだが，本仕訳例では，そのプロセスを省略し，連結財務諸表で認識されるであろう仕訳のみを想定している。

242 第14講 連結財務諸表と持分法

る管理会社など）は，当該管理会社を連結子会社として財務諸表を連結する。

　また，投資企業にさらに親会社がいて，親会社は投資企業でない場合は，子会社である投資企業とその投資先の財務諸表を連結しなければならない。したがって，投資企業自体は投資先を公正価値測定していても，それは親会社ではリセットされるということである。

❖ コラム 14.2　投資企業 ─────────────────────

　日本の上場会社でも，IFRS 基準の投資企業の実例がある。ソフトバンクグループは投資企業である子会社を持ち，当該投資企業が様々な企業に投資している。当該投資企業は，子会社である投資先を公正価値測定して財務諸表を作成しているものの，上述のとおり，ソフトバンクグループでは投資先を連結しており，子会社である投資先の業績をそのまま取り込んで IFRS 連結財務諸表を作成・公表しているようである。

14.5　持 分 法

　持分法は，影響力を及ぼしている関連会社，または共同支配を有している主に共同支配企業に対して適用される。持分法は，連結財務諸表とは異なり，投資先の財務諸表を合算する手続きは行わない。その代わりに，**投資先の純資産の変動を，投資者の投資残高に加減する会計処理の手法である。**

　支配の次に投資先の行動を左右できるのは共同支配であり，その次が影響力となるが，本講では便宜上まず関連会社についての会計処理である持分法について，次に，共同支配の取決めの 2 類型の会計処理（持分法または決算取り込み）について学ぶこととする。

14.5.1　持分法の範囲

　議決権の 20％以上保有している，または以下のような重要な影響力がある場合は，関連会社として持分法を適用する（IAS28.5）。

影響力の内容
(a) 投資先の取締役会または同等の経営機関への参加
(b) 方針決定プロセスへの参加
(c) 企業と投資先との間の重要な取引
(d) 経営陣の人事交流
(e) 重要な技術情報の提供

また，後述する共同支配の取決めの一部についても持分法を適用する。

14.5.2　持分法手続き（会計処理）

　持分法は一行連結といわれることがある。これは，投資先の損益やその他の包括利益の発生額など純資産の変動を投資勘定に増減させて反映する会計処理である。すなわち，当初認識時に関連会社または共同支配企業に対する投資を取得原価で認識し，帳簿価額を増減させて投資先の純損益に対する持分を認識する（IAS28.10）。

　持分法の前提として会計方針の統一や，報告日の統一は，連結手続に類似している。

　持分法の会計処理は，①取得時，②投資先の持分変動に伴う処理，③未実現損益の消去，④配当の受領である。それでは連結と同様に仕訳の設例をみていこう。

　①　投資先の持分の取得時　　P社はA社の持分30％を現金で取得した。A社の財務諸表ではオフバランスの無形資産や資産の含み益があるので，これらを考慮して連結財務諸表におけるのれんに相当する額も，計算しておく。

　A社の簿価純資産が1,000なのに対して，上記を考慮した（識別可能な）純資産が1,500，取得の対価が800とすると，のれん相当額は1,500×30％－800＝350となる。

　（借）投資有価証券　800　　（貸）現　金　800

　②　投資先の業績の反映　　関連会社が利益を500計上したため，持分に対応する部分を持分法で取り込む。

　（借）投資有価証券　150　　（貸）持分法損益　150

他方，関連会社は確定給付型の退職金制度を有しており，年度末に再測定差額 300 をその他の包括利益において認識したため，持分に対応する部分を持分法で取り込む。

（借）その他の包括利益　90　　（貸）投資有価証券　90

③　未実現損益の消去　　関連会社との間の資産売買等で，グループ外に販売されていないものには，未実現損益が含まれているため消去する必要がある。

（借）持分法損益　30　　　　（貸）投資有価証券　30

なお，関連会社の財務諸表は連結されていないので，債権債務や取引高の消去は必要ない。

④　配当の消去　　関連会社から受領した配当は，取得後に発生した純損益を既に②の段階で取り込まれているので，消去する。

（借）受取配当金　30　　　　（貸）投資有価証券　30

14.5.3　持分法除外の手続き

保有株式の売却などにより投資先に対する影響力が失われると，持分法の使用を中止する。残存持分がある場合，すなわち影響力がなくなっても金融投資を継続する場合は，当該投資を公正価値で測定し，持分法の中止に伴う差額を純損益に認識する（IAS28.22(b)）。

また，株式の買増しなどにより子会社化される場合も持分法の使用を中止する（IAS28.22(a)）。この場合は，第 13 講の IFRS 第 3 号「企業結合」及び IFRS 第 10 号が適用される。

14.6　共同支配の取決め

企業の活動は，関連会社のような出資形態のほかに，例えばジョイントベンチャー，コンソーシアム，アライアンス，合弁，組合などの多種多様な形態で他社と協働して事業展開することがある。一般的に企業には得意分野と

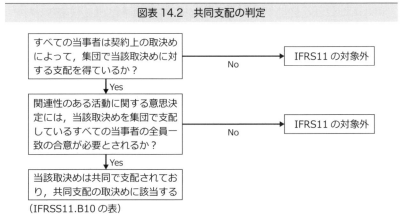

図表14.2 共同支配の判定

(IFRSS11.B10の表)

不得意分野があり，協働によりリソースの不足を補完し合う，それぞれの強みを活かすために他社との協業が行われる。あるいは，海外展開する際に，現地の会社と協働して事業展開する，または各国の出資規制により100％出資の子会社が設立できない場合もある。

このような場合に，他社と，**契約上の取決めを交わして**（例えば株主間協定などを締結し），ある会社単独では投資先の意思決定ができないようにすることがある。

IFRS第11号「共同支配の取決め」はこのような形態の事業展開に対応した会計基準である。すなわち，**出資比率に関係なく，全員一致で重要な意思決定を行う企業または事業**のことをIFRSでは共同支配の取決め（Joint Arrangement）という。

14.6.1 共同支配の取決めの2つの類型

IFRS第11号では，共同支配の取決めに関して，**共同支配企業**（Joint Venture，JV）と**共同支配事業**（Joint Operation，JO）の2つの類型があると考えている。両者の区別は図表14.3のフローチャートのようになっており，**法人格などがある別個の事業体は概ねJVに分類され，契約上の取決めや協業など別個の事業体がない場合はJOに分類される**。ただし，すべて法形式だけで決められるわけではないことに注意が必要である。

図表 14.3 共同支配の取決めの分類：取決めから生じる各当事者の権利及び義務の検討

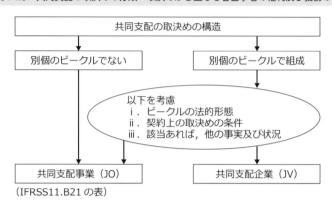

(IFRSS11.B21 の表)

14.6.2 共同支配の2つの会計処理
(1) 共同支配企業の会計処理
　共同支配企業については，関連会社と同様に持分法を適用する (IFRS11.24)。これは，取決めへの参加者である共同支配投資者が，投資先である共同支配企業に対する出資持分に応じてリスクとリターンが生じるからである。
(2) 共同支配事業の会計処理
　共同支配事業については，法的に独立した事業体ではないため，他の事業参加者との共有のような形態であると想定している。したがって，取決めへの参加者である共同支配事業者が JO の資産・負債のリスクとリターンの負担割合に応じて，収益・費用・資産・負債を認識する (IFRS11.20)。
　例えば，JO の事業から得られる収益が 100，費用が 50，資産が 100，負債

図表 14.4　共同支配事業に参加する場合の投資する当事者に帰属する金額

	JO の財務数値	JO 参加者の会計処理（帰属額）
資　産	100	30
負　債	50	15
収　益	100	30
費　用	50	15

が50だとして，負担割合が30％だとすると，図表14.4の数値を出資者である企業の連結財務諸表に取り込む。

(3) まとめ（図表14.5）

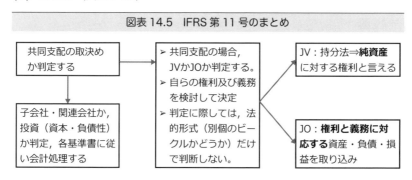

図表14.5　IFRS第11号のまとめ

14.7　グループ会計の開示

　企業集団の実態を把握するために，会計処理だけではなく注記による開示も必要となる。ボリュームが多いため本講では要点だけを記し，詳細は基準書や実際の開示例を見ておくとよい。

　要求されるのは，他の企業への関与の内容，リスク，関与が財務諸表に与える影響を開示するということである（IFRS12.1）。

　これを子会社，共同支配の取決め，関連会社及び非連結の組成された企業ごとに開示していく。特に，非連結の組成された企業については，企業集団から除外されているわけで，開示は必要ないようにも思える。あえて，開示をするのは，当該企業が連結の範囲外であっても，関与の内容や関連するリスクがあれば開示すべきという趣旨に基づいている（IFRS12.BC64）。

248 第14講 連結財務諸表と持分法

●練習問題●

□ **14.1** 次のそれぞれの内容について，正しいものには○を，誤っているものには×を付けなさい。

(1) IFRS における連結の範囲は，投資先へのリスクと経済価値へのエクスポージャーのみを優先的に考えて決定する。

(2) 共同支配の取決めとは，企業または事業の活動の意思決定に対して，支配を共有している当事者の全員一致の合意を必要とするものである。

(3) 持分法において，関連会社の株式等の取得により生じた，のれん相当が持分法の投資原価に含まれる。

(4) IFRS 第12号「他の企業への関与の開示」の趣旨は，子会社なども含めた他の企業への関与から生じるリスクや財務諸表への影響を開示させるためである。

□ **14.2** IFRS 第10号の連結の範囲の決定における支配の考え方について，定義を踏まえて説明しなさい。

□ **14.3** 連結財務諸表に関する次の情報に基づいて，当年度の①のれん，②非支配持分，及び，翌年度の③非支配持分損益，④非支配持分，⑤連結ベースの配当額を計算しなさい。なお，全部のれん方式を用いなさい。

当年度に上場会社 A 社が，別会社 B 社の株式の80％を，5,000 で購入した。なお，支払った対価に含まれる支配プレミアムは1,000 とする。B 社に対して A 社の支配が及ぶため連結の範囲に含めることとした。

B 社の財政状態計算書は下表のとおりである。

資 産	10,000	負 債	8,000
		資 本	2,000

M&A に伴う取得原価配分手続きの結果，B 社において顧客関連資産を識別し，当該無形資産の公正価値は1,000 と測定した。A 社グループに法人所得税は課税されていないものとする。

翌年度，B 社は，純利益を2,000 計上したほか，配当を1,000 実施した。A 社は配当を2,000 実施した。

第 **15** 講

初度適用，関連当事者についての開示，1 株当たり利益など

●学習のポイント

　本講では，主に IFRS 第 1 号「国際財務報告基準の初度適用」，IAS 第 24 号「関連当事者についての開示」，IAS 第 33 号「1 株当たり利益」について学ぶ。IFRS 第 1 号は，企業が初めて IFRS に準拠した財務諸表を作成する場合に適用される会計基準である。IAS 第 24 号は，関連当事者の存在や関連当事者との取引が企業の財政状態及び純損益に影響を与える可能性について必要な開示を要求している。IAS 第 33 号は，証券アナリスト，投資家，財務諸表の利用者によって広く利用されている指標について規定している会計基準である。

　第 1 講では，完全版 IFRS（Full IFRS）の開発の基礎となる「IFRS の概念フレームワーク」を学んだ。本講では，同じ概念フレームワークを基礎として作成された，中小企業向けに開発された IFRS for SMEs について取り上げている。

　IFRS 財団は IASB に加えて ISSB という新しい仕組みを作り，サステナビリティ開示に関する国際的な報告基準を作成した。IFRS 財団の活動は気候変動リスクへの対処を含むものであり，取組みは始まったばかりである。本講では，IFRS サステナビリティ開示基準についても解説している。

●キーワード

初度適用，最初の IFRS 財務諸表，初度適用企業，みなし原価，関連当事者，1 株当たり利益，IFRS for SME，ISSB，IFRS サステナビリティ開示基準

250 第15講 初度適用，関連当事者についての開示，1株当たり利益など

● 検討する会計基準

IFRS第1号	「国際財務報告基準の初度適用」
IAS第24号	「関連当事者についての開示」
IAS第33号	「1株当たり利益」
IFRS for SME	「中小企業向け国際財務報告基準」
IFRS S1号	「サステナビリティ関連財務情報の開示に関する全般的要求事項」
IFRS S2号	「気候関連開示」

15.1 IFRS第1号「国際財務報告基準の初度適用」

第1講で解説したように，IFRSは国際的に事業展開する企業に受け入れられている。例えば，世界中の企業グループを対象とした総収益ランキング，フォーチュン・グローバル500（Fortune Global 500）の半数以上がIFRSに準拠した財務諸表を作成している。またIASBは，世界の150か国のうち140か国以上の法域でIFRSが要求されていると述べており，その広がりを強調している。

企業が初めてIFRSに準拠して財務諸表を作成するときに必要となるガイダンスの役割を果たしているのが，IFRS第1号である。IFRS第1号第1項には基準の目的が述べられており，企業の最初のIFRS財務諸表が高品質の情報を報告すること，とされている。高品質の情報とは，IFRS財務諸表が①透明性と比較可能性を確保し，②IFRSに準拠した会計処理のための出発点となること，③便益を超えないコストで作成されること，とされている。

つまり，IFRS第1号「国際財務報告基準の初度適用」は，企業がIFRSをIFRSの準拠に関する明示的かつ無限定の記述により採用する最初の年次財務諸表（最初のIFRS財務諸表）の表示について定めた会計基準である。**最初のIFRS財務諸表を表示する企業を初度適用企業という**。

本節では，IFRS第1号「国際財務報告基準の初度適用」について解説する。

(1) 経 緯

IFRS第1号は，解釈指針（Standing Interpretations Committee, SIC）第8

号「会計処理の主要な基礎としての IAS の初度適用」に置き換わる基準として公表されたものである。IFRS 第1号では，企業が初めて IFRS を適用して財務情報を作成するにあたり，SIC 第8号において必ずしも明確ではなかった遡及適用が免除される取り扱いが具体的に規定された。

(2) 適用範囲

IFRS 第1号の適用対象は，企業が初めて IFRS に準拠した財務諸表を作成する場合（「最初の IFRS 財務諸表」の作成）とこの初度適用の対象となる会計年度の期中財務諸表を IAS 第34号に基づいて行う場合である（IFRS1.付録A）。

まず，最初の IFRS 財務諸表とは何か，確認しておこう。

> **最初の IFRS 財務諸表（IFRS1.3）**
>
> 企業の最初の IFRS 財務諸表とは，財務諸表において IFRS への準拠の明示的かつ無限定の記述を行うことにより，企業が IFRS を採用する最初の年次財務諸表である。

最初の IFRS 財務諸表の作成とは，IFRS とすべての点で一致していないローカル基準に基づいて財務諸表を作成している場合であるが，次の場合も過去から IFRS 財務諸表を作成していたとはいえない（IFRS1.3）。

すなわち，①最初の財務諸表がすべての点で IFRS に準拠して作成されているが，明確に特に限定を付けることなく IFRS に準拠している旨を示していない場合，②自国の GAAP（一般的に公正妥当と認められる会計基準）の下で直近の財務諸表を作成するとともに，IFRS に準拠した場合の財務数値への調整表を開示している場合，③IFRS に基づく財務諸表を内部用にのみ作成し，外部利用者に公表していない場合，である。

図表 15.1 のように，最初の IFRS 財務諸表に比較期間の IFRS 財務諸表をあわせて表示する場合，初度適用の対象となる IFRS 開始財政状態計算書は比較年度の期首になると考えられる。

(3) 適用免除

IFRS 第1号は，IFRS 開始財政状態計算書の作成にあたり IFRS を遡及的に適用するというのが基本的な立場である。しかし，財務情報の利用者の便益を上回るようなコストを財務諸表の作成者である企業に強いることがない

図表15.1　IFRS第1号における移行日と報告日，IFRS開始財政状態計算書

(注)　移行日とは，最初のIFRS財務諸表において，IFRSに基づく完全な比較情報を表示する最初の期間の期首。報告日とは，財務諸表または期中財務報告の対象となっている最終の報告期間の末日。

ように遡及適用免除が認められた。したがって，初度適用企業は，免除規定をすべて利用することや，任意の項目のみを選択して適用することが認められている。すなわち，

免除規定（IFRS1.18）

企業は，付録Cから付録Eに含まれている免除のうち1つ以上を使用することを選択することができる。企業はこれらの免除を他の項目に類推適用してはならない。

選択可能な具体的な免除規定には，企業結合，有形固定資産，投資不動産，無形資産のみなし原価，従業員給付，在外子会社などの為替換算調整勘定等がある。ここでは，①企業結合（のれん）と②有形固定資産について取り上げる。

①　企業結合　　IFRS移行日前に行われた企業結合については，IFRS第3号「企業結合」を適用しないことができる（IFRS1.C1）。すなわち，従前のGAAPの下での会計処理を修正する必要はない。

しかし，IFRS第3号を適用して過去の企業結合の修正再表示を行った場合には，当該修正再表示された企業結合以後のすべての企業結合を再表示しなければならない。

IFRS第3号「企業結合」を遡及適用しない場合の過去の企業結合の取り扱いについては次のとおりである。IFRS移行日前に行われた企業結合は，IFRS第3号「企業結合」を適用しないことができる。この場合，従前のGAAPの下でなされた取り扱い（取得，逆取得，持分プーリング法の適用等）は，そのまま維持される（IFRS1.C4(a)）。

ここでは，IFRS 開始財政状態計算書におけるのれんの簿価の取り扱いについてのみ説明する。

IFRS 開始財政状態計算書におけるのれんは，次の 2 つの修正を加えた後の，IFRS 移行日現在の従前の GAAP に従った帳簿価額となる。つまり，

(a) 初度適用企業が，過去の企業結合を取得に分類していて，IAS 第 38 号「無形資産」に従えば認識の要件を満たさない項目を無形資産として認識している場合における無形資産からの振替による増額修正や，過去の企業結合で取得された資産または負債が，従前の GAAP の下では認識されなかった場合において無形資産を新たに認識することによる減額修正。

(b) IFRS の初度適用企業は，IFRS 移行日時点において，減損の兆候の有無にかかわらず IAS 第 36 号を適用して，のれんの減損テストを実施し，減損の必要があれば利益剰余金に直接計上することによって減損損失を認識しなければならない。この減損テストは，IFRS 移行日時点の状況に基づいて実施する。この結果として減損が認識された場合に，のれんの簿価修正が行われる。

IFRS 移行日現在ののれんの帳簿価額について，上記以外の修正を行ってはならない。例えば，過去に行われたのれんの償却の修正や，従前の GAAP のもとで認識されたのれんの修正であるが IFRS 第 3 号では認められないのれんの修正の戻しなどは行う必要がない（IFRS1.C4(h)）。

② 有形固定資産　　初度適用企業は IFRS に従った有形固定資産の取得原価または償却後原価を算定する代わりに，IFRS 開始財政状態計算書日現在の公正価値を算定し，みなし原価として用いることができる（IFRS1.D 5）。

また，IFRS 移行日またはそれ以前における従前の GAAP における再評価を，みなし原価とすることもできる。ただしこの場合には，再評価日で，公正価値または IFRS の下での取得原価または償却後原価と再評価がおおむね同じでなければならない（IFRS1.D 6）。このような有形固定資産に関する取扱いは，投資不動産について IAS 第 40 号の原価モデルを採用する場合や，無形資産が IAS 第 38 号における条件を満たしている場合にも適用できる。

254 第15講 初度適用，関連当事者についての開示，1株当たり利益など

❖ コラム 15.1　財務報告のコストと便益 ────────────

　IFRS 第 1 号は，IFRS を遡及的に適用するという基本的な立場を取りながらも，
財務情報の利用者の便益を上回るようなコストを財務諸表の作成者に強いること
がないようにと適用免除を認めている。では，財務報告のコストと便益とは何で
あり，最終的な負担者と受益者は誰なのか。この答えは，「概念フレームワーク」
第 2.40 項に述べられている。「概念フレームワーク」は，財務情報の収集，加工，
検証など労力の大半を費やすのは作成者であるが，利用者は最終的なコスト負担
をするとしている。財務情報の利用者はまた，提供された情報を分析・解釈する
コストを負担する。必要な情報が提供されない場合，利用者にはその情報を他か
ら入手し，見積もるための追加コストが発生する。また，「概念フレームワーク」
は，目的適合性がある財務情報を報告することは，財務情報の利用者が意思決定
するうえで役立ち，資本市場の機能の効率性を高め経済全体にとっての資本コス
トを低くすることになると述べている。

15.2　IAS 第24号「関連当事者についての開示」

　関連当事者とは，財務諸表を作成する企業，すなわち報告企業と関連のあ
る個人または企業をいう。IAS 第 24 号第 9 項(a)では，個人または当該個人
の近親者は，当該個人が次のいずれかに該当する場合は報告企業と関連があ
る，としている。

> ・報告企業に対する支配または共同支配を有している。
> ・報告企業に対する重要な影響力を有している。
> ・報告企業または報告企業の親会社の経営幹部の一員である。

　関連当事者との取引とは，報告企業と関連当事者との間の資源，サービスま
たは債務の移転をいい，対価の有無を問わない。また，個人の近親者とは，企
業との取引において当該個人に影響を与えるかまたは影響されると予想され
る親族の一員をいう。関連当事者が存在する場合，IAS 第 24 号第 9 項の項目
を注記にて開示しなければならない。関連当事者間の取引は，関係が密接な

15.2　IAS 第 24 号「関連当事者についての開示」　　**255**

ために取引そのものや価格に恣意性や圧力が生じやすいからである。

　IFRS では，関連当事者の範囲は実質的な影響によって判断されるが，日本基準では詳細な規定がある点に違いがある。

❖ **コラム 15.2　関連当事者についての開示とアームズレングスの原則** ━━━━

　関連当事者間の取引は，一般取引には通常見られないような条件で行われたり，一般取引とは異なる価格で行われたりすることがある。しかし，関連当事者間の取引も一般取引とともに財務諸表に一体として計上されており，外観からはそれらの区別を容易に識別することができない。つまり関連当事者の開示とは，第三者間取引のように自然と公正になるわけではない取引について，会計基準によって透明性を高めようとするものである。競争的で自由市場における取引では関連当事者間取引は存在せず，アームズレングス（Arm's-length）の原則（互いに支配・従属関係にない当事者間において成立するであろう取引条件や価格などを基準とする考え方）も仮定されない。

❖ **コラム 15.3　「関連当事者についての開示」作成の背景** ━━━━━━━━

　2009 年改訂前の「関連当事者についての開示」では，同一の国の支配下にある企業間の取引は関連当事者取引に該当した。新興国，とりわけ国家による支配が強い，例えば中国やロシアのような諸国において，国家の支配下にある企業間取引が膨大であることを主たる理由として，国の支配下にある企業において関連当事者間取引に対する開示要請が提起されていた。また，「関連当事者についての開示」は権威主義国家のみに懸念があったわけではない。2008 年に始まった世界的な金融危機により，欧米の金融機関が国の管理下に置かれる事態が続き，関連当事者間取引は新興国だけの課題ではなくなった。

　「関連当事者についての開示」作成のもう一つの背景は定義に関するものであった。2009 年以前は，会計基準における関連当事者の定義が複雑であるとされていたが，改訂によって単純化された。

　なお日本では，従前，証券取引法上の規則に基づき行われていた。1990 年に日米構造協議最終報告の中で「関連当事者との取引の開示の充実」が盛り込まれ，関連当事者との取引の開示範囲を米国財務会計基準書（Statments of Financial Accounting Standards，SFAS）第 57 号と同様にすることとし開示範囲が拡充された。その後，純粋持株会社の増加も踏まえ，2005 年に企業会計基準委員会（Accounting Standards Board of Japan，ASBJ）と IASB との会計基準のコンバージェンスに向けた共同プロジェクトでの協議を経て，IAS 第 24 号及び SFAS 第 57 号

との比較検討を行い，企業会計基準第 11 号「関連当事者の開示に関する会計基準」として，整備，公表された。

15.3　IAS第33号「1株当たり利益」

IAS 第 33 号は，IASB と FASB の短期コンバージェンス・プロジェクトとして計算の簡素化と両基準の差異を目指して行われた。**1 株当たり利益（EPS）は，企業の純損益を株式数で割ったもので「企業がどれだけ効率よく利益を上げているのか」を表す指標である。**また，この指標は，証券アナリスト，投資家等，財務諸表の利用者によって広く利用されている。

IFRS では，本基準書の目的において，「利益」の算定に異なった会計方針が用いられるために 1 株当たり利益情報に限界があるとしているものの，一貫性をもって算定された分母は財務報告の価値を高めるという考え方をとっている。

(1)　測　定

IAS 第 33 号の目的は，同一の報告期間における異なる企業間の業績比較及び同一企業の期間ごとの業績比較を向上させるために 1 株当たり利益の算定及び表示に関する原則を定めること（IAS33.1）にある。この目的の下で，IAS 第 33 号は，包括利益計算書に次の利益指標を表示する。

①　**基本的 1 株当たり利益**（IAS33.9, 10）　　企業は親会社の普通株主に帰属する純損益及び親会社の普通株主に帰属する継続事業からの純損益（継続事業からの純損益が表示されている場合）について，基本的 1 株当たり利益を計算しなければならない。計算式は，

親会社の普通株主に帰属する純損益及び継続事業からの純損益
÷当期中の発行済普通株式の加重平均株式数

②　**希薄化後 1 株当たり利益**（IAS33.30, 31）　　企業は親会社の普通株主に帰属する純損益及び親会社の普通株主に帰属する継続企業からの純損益について，希薄化後 1 株当たり利益を計算しなければならない。①をすべての

15.3 IAS 第 33 号「1 株当たり利益」 257

希薄化性潜在的普通株式による影響について調整しなければならない，としている。すると計算式は次のようになる。

（親会社の普通株主に帰属する純損益＋希薄化性潜在的普通株式に係る調整額）÷（当期中の発行済普通株式の加重平均株式数＋希薄化性潜在的普通株式が普通株式に転換した場合に発行されるであろう普通株式数）

❖ コラム 15.4　希 薄 化 ─────────────────────

　転換可能金融商品の転換，オプションやワラントの行使，または特定の条件の充足による普通株式の発行という仮定により生じる，1 株当たり利益の減少または 1 株当たり損失の増加を**希薄化**という。新株予約権や転換証券等が権利行使されることを考慮して発行済株式総数を計算することができるため希薄化のインパクトは重要である。潜在株式（IFRS の定義では，その所有者に普通株式の権利を付与する可能性がある金融商品またはその契約）は**希薄化効果**を持つ。

(2)　表　示

　IAS 第 33 号において，企業は包括利益計算書に，基本的及び希薄化後 1 株当たり利益を，①親会社の普通株主に帰属する継続事業からの純損益について，また②親会社の普通株主に帰属する純損益について，表示しなければならない，としている。表示するすべての期間について，基本的及び希薄化後 1 株当たり利益を同等に表示しなければならない（IAS33.66）。

❖ コラム 15.5　IAS 第 33 号「1 株当たり利益」と日本基準の違い ───────

　IFRS では，1 株当たり利益の会計基準を適用すべき企業は，上場または上場準備企業に限定される。他方，日本基準である企業会計基準第 2 号「1 株当たり当期純利益に関する会計基準」は，上場または上場準備企業に限定されていない。

　IAS 第 33 号と日本基準の間に基本的な考え方や計算式に大きな差異はないが，IAS 第 33 号は継続企業と非継続企業からの損益に区分して開示する点に違いがある（日本基準には非継続企業の規定がない）。また，1 株当たり純資産の開示について，日本基準では基準に沿って開示することが必要であるが，IFRS は 1 株当たり純資産の開示自体が不要である。

　IAS 第 33 号では，企業が連結財務諸表と個別財務諸表の両方を同時に表示する場合には，「連結情報のみに基づいて表示する」必要がある。個別財務諸表をも

258   第 15 講　初度適用，関連当事者についての開示，1 株当たり利益など

とに 1 株当たり利益を開示することを選択する企業は，当該 1 株当たり利益情報
を包括利益計算書のみに表示しなければならない（IAS33.4），としている。
　基本的 1 株当たり利益及び希薄化後 1 株当たり利益の表示に加えて，企業は追
加的 1 株当たり利益を注記において開示することが認められている。計算式の分
子は，親会社の普通株主に帰属する金額とし，経営者が定義した業績指標（IFRS
第 18 号第 117 項に定義されている）も規定されている。

15.4　中小企業向け国際財務報告基準

(1) 中小企業向け国際財務報告基準の開発と公表

　IASB は，中小企業向けの単独の会計基準として中小企業向け国際財務報告
基準（IFRS for Small and Medium-sized Entities，以下 IFRS for SMEs という）も
開発している。これは，第 1 講から第 14 講で解説している「完全版 IFRS
（Full IFRS）」を簡略化したものである。IFRS for SMEs は完全版 IFRS の簡素
版の体裁をとっているといっても，概念フレームワークは完全版 IFRS と同
一である。つまり，同じ概念フレームワークに基づいて完全版 IFRS と IFRS
for SMEs が開発されており，基礎概念は共通である点は重要である。
　IASB が IFRS for SMEs を公表したのは，2009 年 7 月であった。その後，改
訂と包括的レビューがなされた（英文の最新版は 2015 年版である）。IASB の
作業計画では，2025 年中には，第 2 回包括的レビューを終える見込みである。

図表 15.2　IFRS for SMEs の適用状況（2024 年 1 月現在）

	法域の数
IFRS for SMEs が要求または容認	85
IFRS for SMEs の適用を現在検討中	12
IFRS for SMEs は使用されない，または考慮されていない	71
合　計	168

（注）　IASB．Analysis of the IFRS profiles for the IFRS for SMEs Accounting
　　　Standard を参照。

IASB によれば，2024 年 1 月現在における IFRS for SMEs の適用状況は**図表 15.2** のとおりである。IASB のホームページを見ると，IFRS for SMEs が要求または容認されている国が紹介されている。IFRS for SMEs は英連邦圏諸国には普及しているが，適用を検討中もしくは使用されていない法域も残っている。

(2) SMEs の定義

IFRS for SMEs は，邦訳としては「中小企業向け国際財務報告基準」という呼び方が広く使われている。一般に，中小企業とは大企業と対比して使われる用語であり，企業の規模，すなわち資本金，売上高，従業員数などの量的基準に照らして決められる。しかし，IFRS for SMEs においては，SMEs の定義は数値尺度によって決められていない。というのは，IFRS for SMEs が適用される範囲は，各国の規定，すなわち各国が定める財務報告の目的と義務に従って，収益，資産，従業員数等，量的な規模基準がある（IFRS for SMEs，2015「はじめに」P10）ので，IFRS for SMEs においては量的基準による統一的な定義を示さず，代わりに次のような定義で統一している。

IFRS for SMEs において，SMEs とは，以下の企業を意味する。

IFRS for SMEs における SMEs（IFRS for SMEs1.2）
(a) 公的説明責任を有さず，かつ
(b) 外部利用者向けに一般目的財務諸表を公表している。

外部利用者の例には，事業経営に関与していない事業主，現在の及び潜在的な債権者，ならびに格付機関が含まれる。

このように，IFRS for SMEs では「公的説明責任」をキー概念として，質的な定義をしていることに注意を要する。IFRS for SMEs は，世界の法域に適用すべく作成された会計基準であるから，各法域で各国法の下で中小企業の規模が規定されているため，IASB が統一的な数値尺度を規定することはしなかったのである。

(3) 特　徴

IFRS for SMEs は次のような特徴を持っている。第 1 に，完全版 IFRS と同じ概念フレームワークを基礎にして開発されている。第 2 に，一般目的財

務諸表を作成する公的説明責任を有しない企業にとって適切な会計基準である。第3に，資産，負債，収益費用を認識し測定するための完全版 IFRS の諸原則の多くが簡素化されている。第4に，要求される開示項目が少なく，完全版 IFRS と比較して約 10％に簡素化されている。

会計処理については，開発費の資産化とのれん償却について，完全版 IFRS との違いがある。セクション 18「無形資産」では，当初費用として認識された無形項目への支出が，資産のコストの一部として認識されることはない（IFRS for SMEs18.17）。また，セクション 19「企業結合及びのれん」では，すべての企業結合はパーチェス法を適用して会計処理されると規定している（IFRS for SMEs19.6）が，当初認識後，取得のれんは償却累計額及び減損損失を控除する（IFRS for SMEs19.23）ため，IFRS for SMEs ではのれん償却が認められている点が異なる。

基準設定の観点からは，中小企業への負担を考慮し，基準改訂の頻度が遅く安定性が求められることが課題として残されている。

(4) 構　成

IFRS for SMEs では，完全版 IFRS のように第○号という番号振りはしていない。代わりに，「節」，「欄」を意味するセクションが使われている。**図表15.3** は IFRS for SMEs の構成項目である。

図表 15.3　IFRS for SMEs の構成

IFRS for SMEs の構成項目

はじめに	
セクション 1	範囲と定義
セクション 2	概念と原則
セクション 3	財務諸表の表示
セクション 4	財政状態計算書
セクション 5	包括利益及び損益計算書
セクション 6	株主持分変動計算書，損益及び留保利益計算書
セクション 7	キャッシュ・フロー計算書
セクション 8	財務諸表への注記

セクション 9	連結及び個別財務諸表
セクション 10	会計方針，見積り及び誤謬
セクション 11	金融資産と金融負債
セクション 12	その他の金融資産と金融負債
セクション 13	棚卸資産
セクション 14	関連会社に対する投資
セクション 15	ジョイント・ベンチャーに対する持分
セクション 16	投資不動産
セクション 17	有形固定資産
セクション 18	無形資産（のれんを除く）
セクション 19	企業結合及びのれん
セクション 20	リース
セクション 21	引当金及び偶発事象
セクション 22	負債及び持分
セクション 23	収　益
セクション 24	政府補助金
セクション 25	借入費用
セクション 26	ストック・オプション
セクション 27	資産の減損
セクション 28	従業員給付
セクション 29	法人所得税
セクション 30	外国為替レート
セクション 31	超インフレ経済下における財務報告
セクション 32	後発事象
セクション 33	関連当事者についての開示
セクション 34	特定産業（農業，採掘事業，サービス譲与契約）
セクション 35	SME 版 IFRS への移行

（注）　IFRS for SMEs（2015）に基づき訳出。

15.5 IFRS サステナビリティ開示基準

(1) 国際サステナビリティ基準審議会（ISSB）

2021年11月に，国連気候変動枠組条約第26回締約国会議（COP26）において，IFRS財団は，サステナビリティに関する国際的な開示基準を開発することを目的として，国際サステナビリティ基準審議会（International Sustainability Standards Board, ISSB）を設立すると発表した。

そして，2023年6月にISSBは，世界中の資本市場に向けて，サステナビリティに関する情報開示の新時代の到来を告げる最初の基準として，IFRS S1号及びIFRS S2号を公表した。

(2) ISSBが公表した最初の2つのサステナビリティ基準

IFRS S1号は「サステナビリティ関連財務情報の開示に関する全般的要求事項」である。IFRS S1号は，企業が短期，中期，長期にわたって直面する**サステナビリティ関連のリスクと機会**について投資家とのコミュニケーションを可能とするべく設計された一連の開示要求事項を提供している。

開示要求事項（IFRS S1.3）

本基準は，短期，中期または長期にわたり，企業のキャッシュフロー，当該企業のファイナンスへのアクセスまたは資本コストに影響を与える（affect）と合理的に見込み得る，すべてのサステナビリティ関連のリスク及び機会に関する情報を開示することを企業に要求している。

IFRS S2号は，「気候関連開示」である。その目的は次のとおりである。

気候関連開示（IFRS S2.1）

「気候関連開示」の目的は，一般目的財務報告書の主要な利用者が企業への資源の提供に関する意思決定を行うにあたり有用な，当該企業の気候関連のリスク及び機会に関する情報を開示することを当該企業に要求することにある。

15.5 IFRS サステナビリティ開示基準　　**263**

　IFRS S2号は，気候関連の具体的な開示を定め，IFRS S1号との併用を前提としている。どちらも，**気候関連財務開示タスクフォース**（Task force on Climate-related Financial Disclosures，TCFD）の提言に基づく気候関連の開示要求である。

　基準の特徴は次のとおりである。第1に，一般目的財務報告の主要な利用者（投資家等）が，企業価値を評価し企業に資源を提供するかどうかを決定する際に有用な，企業の重大なサステナビリティ関連のリスク及び機会に関する情報を開示することが目的である。第2に，基準は包括的なグローバル・ベースラインを定めるものであり，各法域が当該基準を法域内で適用するか否かを判断する。第3に，開示情報の記載場所については，企業の一般目的財務報告の一部として開示することが要求される（IFRS S1.60）とし，具体的な記載場所は各法域が判断する。なお，S1号及びS2号には，保証に関する規定案は特段設けられていない。

　開示における重要性を**マテリアリティ**という。IFRS財団が策定するサステナビリティ基準は，シングル・マテリアリティに特化している。シングル・マテリアリティとは，企業価値に関連する開示を重視するものであり，政治的・政策的な目的での開示を求めるものではない。つまり，投資家を対象とする企業価値に焦点を当てたサステナビリティ開示基準のグローバル・ベースラインをISSBが提供し，そのうえに各国が政策の優先順位に基づいていて，より広範に開示の要求事項を追加することが許容されている（ビルディング・ブロック・アプローチ）。

　このように会計基準や開示ルールの統合や共通化の領域が拡張しつつあるなかで，サステナビリティ開示基準の本質がいったい何であるかは引き続き注視したい。特に，サステナビリティ関連情報と一般目的財務報告情報との接続性（connectivity），資本市場における適切な意思決定に資する有用な情報の提供という会計情報が持つ根源的な役割への期待は，会計基準と同様サステナビリティ基準にも課されたものだからである。

　❖ コラム15.6　マテリアリティ ─────────────────────
　サステナビリティ開示において，マテリアリティ（materiality）はキーとなる考

え方である。国際的に，マテリアリティに関連して様々な動向がある。ISSB が企業価値に焦点を当てたシングル・マテリアリティに基づくことは既に本文の中で述べた。日本の金融庁は企業が開示する記述情報について，「記述情報の開示に関する原則」において「投資家の投資判断にとって重要か否かにより判断すべき」としており，シングル・マテリアリティに沿った考えを示している。米国証券取引委員会（SEC），気候関連財務情報開示タスクフォース（TCFD）もこの立場をとっている。

　これに対して，欧州連合（EU）では，欧州委員会（EC）がダブル・マテリアリティという考え方を採用している。ダブル・マテリアリティとは，投資家等の市場参加者の意思決定に有用な，企業の発展，業績，財政状態に与える気候変動などの影響だけでなく，企業が環境や社会に与える影響についても報告しなければならないとする考え方である。この方向性は，2021 年 4 月に発表された非財務情報開示指令（Non-Financial Reporting Directive, NFRD）の改定案において示された。

❖ コラム 15.7　EU と日本におけるサステナビリティ開示の動向

　コラム 15.6 で述べた NFRD に代わり，EU では，2023 年 1 月に EU 域内の大企業及び上場企業を対象としたサステナビリティの情報開示に関する指令「企業サステナビリティ報告指令（Corporate Sustainability Reporting Directive, CSRD）」が発効された。2024 年度の会計年度から報告の対象となり，2025 年以降は日本企業も EU 域内の子会社が開示対象の条件に一致した場合は開示の対応が求められる。

　日本では，サステナビリティ基準委員会（Sustainability Standards Board of Japan, SSBJ）が日本版 S1 基準及び S2 基準の公開草案を 2023 年に公表し，確定基準を 2024 年度中（遅くとも 2025 年 3 月末まで）に公表予定である。金融庁の諮問機関として発足した金融審議会ディスクロージャー・ワーキング・グループでは，サステナビリティ情報の開示に関連した議論を重ねており，有価証券報告書への開示義務化についても言及されている。これに先立つ 2021 年には，コーポレートガバナンス・コード（企業統治指針）で，プライム上場企業に TCFD またはそれと同等の枠組みに基づく開示の充実が求められた。EU はもちろん，日本の動向も注視したい。

❖ コラム 15.8　IASB 議長のスピーチ

　2019 年 4 月，IASB のハンス・フーガーホスト前議長は，イギリスのケンブリッジで開催された気候関連財務報告会議で講演した。フーガーホスト氏は，サス

テナビリティの問題によって企業がどのような影響を受けるか、投資家が理解するのに役立つ報告書がいかに前進するか、また、サステナビリティ情報の開示において取締役会が果たすべき役割は何か、について語った。同時に、政策や政治的な介入なしには、サステナビリティ報告に大きな期待を抱くことはできないと警鐘を鳴らした。

　講演では、「より広範な財務報告（Broader financial reporting）」についても語った。「従来の財務報告は今後も IASB の業務の礎であり続けるが、IASB は常にその限界を認識してきた。例えば、財務諸表は、企業のビジネスモデルや事業展開している経済環境に関する情報をほとんど提供していない。また、すべての無形のリソースやビジネスの成功を促進する情報が含まれている訳ではない。」と述べた。無形資産の価値評価が挑戦的な領域であると指摘し、さらには将来志向的な財務報告のニーズに応えるため「非財務情報の開示と経営者による説明（Management Commentary Practice Statement）」についても言及した。詳しくは、IASB のホームページより全文を読むことができる。

　2024 年 7 月現在、IASB はアンドレア・バーカウ議長の下で IFRS 会計基準を、ISSB はエマニュエル・ファベール議長の下で IFRS サステナビリティ基準の開発を行っている。

関連リンク

IFRS Foundation, IFRS Foundation Trustees' Feedback Statement on the *Consultation Paper on Sustainability Reporting*, April 2021. （Retrieved from https://www.ifrs.org/content/dam/ifrs/project/sustainability-reporting/ sustainability-consultation-paper-feedback-statement.pdf, 最終アクセス 2024/05/04）

IFRS, Speech：IASB Chair on what sustainability reporting can and cannot achieve（Retrieved from https://www.ifrs.org/news-and-events/ news/2019/04/speech-iasb-chair-on-sustainability- reporting/, 最終アクセ ス 2024/05/04）

日本公認会計士協会（IFRS S1 号及び IFRS S2 号の邦訳：https://jicpa.or.jp/ specialized_field/ifrs/information/2024/20240213iff.html）

266　第15講　初度適用，関連当事者についての開示，1株当たり利益など

●練習問題●

□ 15.1　以下の問に答えなさい。

(1) IFRS 第1号「国際財務報告基準の初度適用」の目的は何か，調べなさい。

(2) IFRS の初度適用において，遡及適用免除される項目を3つ以上書きなさい。

(3) IASB のホームページには，IFRS for SMEs が要求または容認されている国が紹介されている。検索して調べなさい。

(4) 1株当たり利益について，IFRS 適用日本企業の実例を調べなさい。

(5) 関連当事者の取引の開示について，IFRS 第24号「関連当事者についての開示」と日本の企業会計基準第11号「関連当事者についての開示に関する会計基準」を調べ，違いを1つ述べなさい。

(6) ISSB が公表した，最初の2つのサステナビリティ基準の名称を書きなさい。

参考文献

秋葉賢一著『エッセンシャル IFRS（第7版）』中央経済社，2022年。

あずさ監査法人編・川西安喜著『詳解 IFRS の基盤となる概念フレームワーク』中央経済社，2019年。

あずさ監査法人編・山田辰己責任編集『詳細解説 IFRS 実務適用ガイドブック（第3版）』中央経済社，2023年。

あらた監査法人編『財務諸表の表示・初度適用』第一法規株式会社，2014年。

梅津知充・坂田響・藪原康雅・吉村拓人・武井亮著『IFRS 金融商品の減損——償却・引当の基本的な考え方から実務対応まで』中央経済社，2019年。

西川郁生著『会計基準の考え方——学生と語る23日（三訂版）』税務経理協会，2023年。

橋本尚・山田善隆著『IFRS 会計学基本テキスト（第7版）』中央経済社，2022年。

樋口尚文・石井和敏「IFRS for SMEs（中小企業向け国際財務報告基準）修正基準の概要」『会計・監査ジャーナル』第722号，pp.33-36，2015年。

山田辰己著『IFRS 会計基準の本質　第 II 巻（改訂版）』税務経理協会，2022年。

Kieso, D. E., Weygand, J. J. and Warfield, T. D.（2020）. *Intermediate Accounting: IFRS Edition*，Wiley.

〈会計基準〉

IFRS 財団編・企業会計基準委員会・公益財団法人財務会計基準機構監訳『IFRS 会計基準 2023』中央経済社，2023年。

IASB（2008）. *Preliminary Views on Revenue Recognition in Contracts with Customers.*（邦訳：「ディスカッション・ペーパー　顧客との契約における

収益認識についての予備的見解」)

IASB（2015）. *IFRS for SMEs.*

IASB（2024）. *IFRS 18 Presentation and Disclosure in Financial Statements.*

IFRS S1（2023）. *General Requirements for Disclosure of Sustainability-related Financial Information.*（邦訳：IFRS S1号「サステナビリティ関連財務情報の開示に関する全般的要求事項」）

IFRS S2（2023）. *Climate-related Disclosures.*（邦訳：IFRS S2号「気候関連開示」）

索　引

あ　行

アームズレングス　255
アウトプット法　81
後入先出法　86

意思決定　8
　　──支援機能　8
一時差異　137
インプット法　81

受取配当金　36，169
受取利息　36

営業利益　27，29，40
影響力　242

オペレーティング・リース　98，105
親会社説　14

か　行

外貨換算　204
外貨建取引の換算　204
会計上のミスマッチ　169，189
会計上の見積り　55
　　──の変更　55
会計方針　53
　　──の変更　54
回収可能価額　119
概念フレームワーク　7
開発局面　112
確定給付制度　146
確定拠出制度　145
確認価値　10
過去勤務費用　154
貸倒引当金　128

加重平均法　86
課税所得　136
過年度の誤謬　56
株式に基づく報酬　155
株式報酬費用　160
貨幣性項目　207
借入コスト　86，93
観察可能なインプット　200
間接法　35
完全性　11
関連会社　233，242
関連性　10
関連当事者　254

企業会計審議会　6
企業結合　112，252
　　共通支配下の──　213
　　段階的に達成される──　227
企業内容開示制度　22
議決権　235
気候関連財務開示タスクフォース（TCFD）
　263
期中財務報告　25
機能通貨　204，205
希薄化　257
義務発生事象　129
キャッシュフロー計算書　23，28，33
キャッシュフローの特性　170，171
キャッシュフローヘッジ　191
給付算定式　149
共同支配　242，244
　　──の取決め　233，245
共同支配企業　233，242，245
共同支配事業　233，245
業績指標（MPMs）　28
金融資産　164

270　索　引

——の減損　172
——の認識の中止　183
金融負債　164
——の認識の中止　187

偶発債務　220
偶発資産　131
偶発負債　130
クーポンレート　176
繰越欠損金　139
繰延税金資産　138
繰延税金負債　138
繰延法　137

経済的資源　22
経済的単一体説　13
経済的便益　92
継続企業　13
——の前提　53
継続的関与　186
契約の結合　67
契約の識別　64, 66
契約法律規準　110
決済日　165
減価償却方法　96
原価モデル　95, 97, 113
研究局面　112
現金及び現金同等物　34
現金決済型　155
現在原価　17
現在の価値　17
現在の義務　128
検証可能性　12
減損　115
——の兆候　115, 117
減損損失　115
——の戻入れ　124
減損テスト　116, 117, 123
権利確定日　158
権利行使価格　155
権利行使期間　155
権利行使日　158

コアのれん　223
工事完成基準　79
工事進行基準　79
公正価値　17, 87, 95, 165, 166
——オプション　169
——から処分コストを控除した額　119
——から売却コストを控除した額　89, 106
——から売却コストを控除した正味売却価
　額　88
——測定　199, 241
——ヒエラルキー　201
——ヘッジ　190
——モデル　97
公正な表示　51
公的説明責任　259
購入のれんアプローチ　221
後発事象　49
　修正を要しない——　50
　修正を要する——　50
コール・オプション　187
子会社　233, 235
国際的調和　5
固定性配列法　32
誤謬の会計処理　56
コンバージェンス　5

さ　行

在外営業活動体　205
——に対する純投資のヘッジ　193, 209
最高業務意思決定者　46
財政状態計算書　13, 23, 30
最善の見積り　131
再評価モデル　95, 113
財務及び法人所得税前利益　27
財務業績計算書　13, 40
財務情報の質的特性　10
財務諸表作成の基礎　51
財務報告の目的　7, 8
最有効使用　200
先入先出法　86
残価保証額　101
暫定的な金額　219

自家建設　93
時間価値　134，160
識別可能　110
　　　──性　111
事業セグメント　42，45，46
資金生成単位　117，119，122，123
自己創設のれん　112
自己創設無形資産　111，112
自己の信用リスク　134
資産　14
資産負債アプローチ　32
資産負債法　137
市場参加者　199
実効金利法　165，176
指定国際会計基準　6
支配　184，186，234
　　　──の喪失　16
支払配当金　36
支払利息　36
資本性金融商品　156，157，164
資本取引　14
収益　14，60
集約基準　45〜47
集約と分解　25，26
受託責任　22
取得関連コスト　226
取得企業　215
取得日　217
取得法　214
使用価値　17，119
償却原価　165，167
使用権資産　99，100，102
条件付対価　218，228
使用権モデル　98
情報提供機能　8
情報の非対称性　9
正味実現可能価額　87
将来加算一時差異　138
将来キャッシュフローの見積り　120
将来減算一時差異　138
初度適用　250
慎重性　11，12

進捗度の測定　80
信用減損金融資産　177
信頼性　10

推定的義務　129，136
数理計算上の差異　153
ステージ1・2・3　173
ストック・オプション　144，155，159

税金費用　136，140
生産高比例法　96
正常営業循環期間　32
税務基準額　138
セール・アンド・リースバック　104
　　　──取引　104
全期間の予想信用損失　173
潜在的議決権　235
全社資産　123
全部のれんアプローチ　221

相対的なアプローチ　174
遡及的修正再表示　56
遡及適用　54
測定基礎　11
測定原則　220
その他の包括利益　18，30，154，166，168，
　172
損益計算書　18，23，26
損失評価引当金　172

た　行

対価の測定　217
待機義務　83
貸借対照表　24，31
退職給付費用　149，151，153
退職給付負債　151，153
棚卸減耗損　87
棚卸資産　85

秩序ある取引　200
注記　51
忠実な表現　10，15

索　引

中小企業向け国際財務報告基準　258
中立性　11
長期請負工事　73，80
直接法　35

定額法　96，150
定率法　96
適格資産　86，93
デュープロセス　2
デリバティブ　170

投資企業　241
投資不動産　97，199
当初測定　165
当初認識　111
　──後の測定　113，165
特別目的会社　236
独立販売価格　71，83
取引価格の算定　69
取引価格の履行義務への配分　65，71
取引日　165

な　行

内部収益率（IRR）　176

日本公認会計士協会　5
日本取引所グループ　22
認識の中止　16，182

農産物　85，89
のれん　111，117，253
ノンリサイクル　30

は　行

売却目的で保有する非流動資産　105
パススルー　183
　──要件　184
発生主義会計　53
発生損失モデル　178
パワー　235

比較可能性　12

比較情報　13
非貨幣性項目　207
非継続事業　40，41，42
非資金取引　36
ビジネスモデル　171
非支配持分　14，221
費用　14
評価技法　200
　──へのインプット　201
費用機能法　30
表示通貨　204，205
　──への換算　204，208
費用性質法　30
非連結の組成された企業　247

ファイナンス・リース　98，105
不確実性　133
負債　14，128
ブローカー／トレーダー　89
分離可能性規準　110

ヘッジ会計　188
ヘッジ手段　188
ヘッジ対象　188
ヘッジの有効性　195
返金義務　83
返金負債　84
変動リース料　100
変動リターン　236，237
返品権　83

包括利益計算書　23，30
報告セグメント　44，45，47，48
法人所得税　36
法的義務　129
本源的価値　160

ま　行

マテリアリティ　263
マネジメント・アプローチ　43

無形資産　110，219

未だ使用可能でない―― 116
耐用年数を確定できない―― 114, 116
耐用年数を確定できる―― 114
無謬性 11

免除規定 252

目的適合性 10, 15
持分 14
持分決済型 144, 155
持分変動計算書 23, 33
持分法 233, 242, 243, 246
――による投資損益 29

や 行

有形固定資産 92, 252
有用な情報 8

予想信用損失 172
予想損失モデル 178
予測価値 10

ら 行

リース 98
――期間 102
――負債 99, 100, 101, 103
履行価値 17
履行義務の識別 65, 68
履行義務の充足 66, 72
(一時点) 72, 74
(一定期間) 72～74, 79
リサイクリング 19, 168
リサイクル 18, 30
リスクと経済価値 184
リストラクチャリング 129, 135
離脱規定 52
流動性配列法 32
流動負債 32
量的基準 45, 46, 47

歴史的原価 17

連結財務諸表 233, 234, 237
連結財務諸表規則 6, 25

わ 行

割引現在価値 133
割引率 101, 120
割安購入益 222, 224

数字・欧字

1株当たり利益 256
12か月の予想信用損失 173
75％ルール 49
CAPM 121
EBITDA 26
EDINETシステム 22
EPS 14, 256
FASB 5
FVOCI 166
FVPL 166
GAAP 251
US―― 5
IASB 2, 5
IFRIC 4
IFRS 2, 5
――開始財政状態計算書 251
IFRS財団 2
IOSCO 5
IRR 176
ISSB 262
MPMs 28
OCI 168
OCIオプション 168, 170
PER 26
ROA 26
ROE 26
SEC 6
SMEs 259
SPC 236
SPPI 166
TCFD 263
WACC 121

編著者・執筆者紹介

編著者

西川　郁生（にしかわ　いくお）【第1講執筆】

[現職] 税理士法人髙野総合会計事務所シニアアドバイザー，公認会計士。

[略歴] 企業会計基準委員会（ASBJ）委員長，慶應義塾大学商学部教授，アジア・オセアニア会計基準設定主体グループ（AOSSG）議長，新日本監査法人（現 EY 新日本有限責任監査法人）代表社員，日本公認会計士協会常務理事，企業会計審議会臨時委員，国際会計基準委員会（IASC）日本代表等を歴任。東京大学経済学部卒業。

[主要業績]『会計基準の針路』中央経済社，『会計基準の最前線』税務経理協会，『会計基準の考え方』税務経理協会など。

執筆者

樋口　尚文（ひぐち　なおふみ）【第2・14講執筆】

[現職] 東北大学会計大学院教授，日本公認会計士協会理事，公認会計士。

[略歴] 日本公認会計士協会研究員，IASB SME Implementation Group（中小企業適用グループ）メンバーを歴任。筑波大学大学院ビジネス科学研究科修了，修士（法学）。

[主要業績]「IFRS for SMEs（中小企業向け国際財務報告基準）：現行基準と 2015 年修正の概要」『季刊会計基準』第 51 号，「財務報告の適正性の担保：実務（公認会計士業務・IFAC 等）の観点」『国際会計研究学会年報』2017 年度第 1・第 2 合併号など。

井上　修（いのうえ　しゅう）【第3・6講執筆】

[現職] 神奈川大学経済学部准教授，公認会計士。

[略歴] 慶應義塾大学経済学部卒業，東北大学大学院経済学研究科博士課程後期 3 年の課程修了，博士（経営学）。

[主要業績] "Goodwill impairment and future cash flows under Japanese GAAP and IFRS: Evidence from Japan" *Management and Accounting Review*, 23 (2)　"Classification shifting using discontinued operations and impact on core earnings: evidence from Japan" *Journal of Financial Reporting and Accounting*, 19 (2) など。

木村　太一（きむら　たいち）【第4・9講執筆】

[現職] 慶應義塾大学商学部准教授
[略歴] 多摩大学専任講師を経て現職。慶應義塾大学商学部卒業, 同大学院商学研究科後期博士課程単位取得満期退学。
[主要業績]「全体利益は1つか」『産業經理』第83巻第2号,「持分移動の記録—子会社株式の一部売却取引を題材として」『簿記研究』第5巻第1号など。

澤井　康毅（さわい　こうき）【第5・8講執筆】

[現職] 埼玉大学大学院人文社会科学研究科准教授, 日本銀行金融研究所個別事務委嘱。
[略歴] 慶應義塾大学経済学部卒業, 同大学院商学研究科後期博士課程修了, 博士（商学）。
[主要業績]「排出量取引に関する会計的分析」『金融研究』43巻2号。「見積りを伴う会計論点の検討：財務報告の有用性向上に向けて」『金融研究』42巻1号など。

布施　伸章（ふせ　のぶあき）【第7・13講執筆】

[現職] 合同会社 会計・監査リサーチセンター代表社員, 公認会計士。
[略歴] 企業会計基準委員会（ASBJ）専門研究員（企業結合専門委員会プロジェクトリーダー）, 監査法人トーマツパートナー, 日本公認会計士協会理事, 会計制度委員会委員長, 監査・保証実務委員会委員長, 企業会計審議会 監査部会専門委員を歴任。早稲田大学商学部卒業。
[主要業績]『詳解組織再編会計Q&A』清文社など。

福澤　恵二（ふくざわ　けいじ）【第10・11・12講執筆】

[現職] 共立女子大学ビジネス学部准教授, 公認会計士。
[略歴] 日本銀行国際局国際連携課長, 企業会計基準委員会（ASBJ）専門研究員, 国際会計基準審議会（IASB）客員研究員（金融商品関連プロジェクト担当）等を歴任。名古屋大学法学部卒業, ニューヨーク大学MBA（Stern School of Business, NYU）。
[主要業績]「証券化におけるオフバランス化の問題—金融資産の認識中止の条件について—」『金融研究』第15巻第5号など。

小津　稚加子（おづ　ちかこ）【第15講執筆】

[現職] 九州大学大学院経済学研究院教授。
[略歴] 税理士試験委員, 文化庁文化審議会（文化経済部会基盤・制度ワーキンググループ）委員等を歴任。博士（経営学）。
[主要業績] "Transitioning to IFRS in Japan: Corporate Perceptions of Costs and Benefits" *Australian Accounting Review*, 28(1)（S.J. Gray 他との共著）,『IFRS適用のフェクト研究』（編著）中央経済社,『新興国・開発途上国の会計』中央経済社など。

ライブラリ 会計学15講—7
国際会計論15講

2024年9月25日 ⓒ　　　　　　　初 版 発 行

編著者　西 川 郁 生　　　発行者　森 平 敏 孝
　　　　　　　　　　　　　印刷者　篠 倉 奈 緒 美
　　　　　　　　　　　　　製本者　小 西 惠 介

【発行】　　　　　株式会社　新世社
〒151-0051　東京都渋谷区千駄ヶ谷1丁目3番25号
編集　☎(03)5474-8818(代)　　サイエンスビル

【発売】　　　　株式会社　サイエンス社
〒151-0051　東京都渋谷区千駄ヶ谷1丁目3番25号
営業　☎(03)5474-8500(代)　　振替 00170-7-2387
FAX　☎(03)5474-8900

印刷　㈱ディグ　　　　製本　㈱ブックアート
　　　　　　《検印省略》

本書の内容を無断で複写複製することは，著作者および出
版者の権利を侵害することがありますので，その場合には
あらかじめ小社あて許諾をお求め下さい.

ISBN 978-4-88384-390-9

PRINTED IN JAPAN

サイエンス社・新世社のホームページのご案内
https://www.saiensu.co.jp
ご意見・ご要望は
shin@saiensu. co. jp　まで。